工业和信息化高职高专"十三五"规划教材

高等职业教育**财经类**"十三五"规划

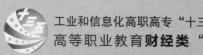

UFIDA ERP-U8 V10.1——TUTORIAL OF
FINANCIAL MANAGEMENT SYSTEM

用友 ERP-U8 V10.1
——财务管理系统教程
（移动学习版 第2版）

朱丽 主编

徐璟 黄进龙 何千君 副主编

人民邮电出版社

北 京

图书在版编目（CIP）数据

用友ERP-U8 V10.1：财务管理系统教程：移动学习版 / 朱丽主编. -- 2版. -- 北京：人民邮电出版社，2018.1

高等职业教育财经类"十三五"规划教材

ISBN 978-7-115-38975-6

Ⅰ. ①用… Ⅱ. ①朱… Ⅲ. ①财务软件－高等职业教育－教材 Ⅳ. ①F232

中国版本图书馆CIP数据核字(2017)第262359号

内 容 提 要

本书立足于真实的工业企业环境，基于工作过程，体现岗位分工，根据项目任务组织教学内容，详细地讲解了 ERP-U8 财务管理系统的主要构成和在该系统中处理会计核算业务的主要流程和操作方法。

全书共分为 8 个项目，以用友 ERP-U8 V10.1 为软件平台，以某制造业企业的真实业务为主线，讲述了 ERP 财务管理系统中的系统管理与基础设置、总账系统、UFO 报表、薪资管理系统、固定资产管理系统、应付款管理系统、应收款管理系统及财务管理系统期末处理。每个项目下设多个任务，每个任务均包含云班课——线上导航、工作情境、岗位描述、背景知识、工作任务、任务实施、评价考核等内容。云班课——线上导航以表格的形式整体呈现翻转课堂的教学理念与设计；工作情境主要讲述企业的工作环境；岗位描述说明岗位的主要工作内容和职责；背景知识提供本项目所需了解的理论知识；工作任务设置任务内容并提供任务资料；任务实施指明任务实施要求和操作指导；评价考核则给出对学生实训结果进行考核和评价的指标。本书附录提供了单项实训操作与综合实训操作各 1 套资料，用以全面检测学生是否掌握本课程所讲述的内容。

本书既可以作为大中专院校会计专业和经济管理类专业的教材，也可以作为会计信息化上岗培训、社会培训、会计信息化考证和自学的参考用书。

◆ 主　　编　朱　丽

副 主 编　徐　璟　黄进龙　何干君

责任编辑　李育民

责任印制　焦志炜

◆ 人民邮电出版社出版发行　　北京市丰台区成寿寺路 11 号

邮编　100164　电子邮件　315@ptpress.com.cn

网址　http://www.ptpress.com.cn

北京市艺辉印刷有限公司印刷

◆ 开本：787×1092　1/16

印张：16.5　　　　　　　2018 年 1 月第 2 版

字数：475 千字　　　　　2018 年 1 月北京第 1 次印刷

定价：45.00 元

读者服务热线：**(010)81055256**　印装质量热线：**(010)81055316**

反盗版热线：**(010)81055315**

广告经营许可证：京东工商广登字 20170147 号

前　言

　　《用友 ERP-U8 V10.1——财务管理系统教程（移动学习版 第 2 版）》在保留了第 1 版全部特色和优点的基础上，做了许多优化和改进，具体体现在以下几个方面。

　　（1）教学理念更新。本书采用以"学生为主体，教师为主导"的教学理念，全部内容均是基于翻转课堂的教学模式进行编写，有利于学生在"做中学，学中做"，从而真正成为课堂的主人。

　　（2）软件版本升级。本书以用友 ERP-U8 V10.1 为蓝本，立足于真实的工业企业环境，基于工作过程，强调岗位分工和岗位职责，结合职业教育教学规律，遵循由浅入深、循序渐进的原则，将最新的财务软件与教学内容相融合。

　　（3）信息化教学手段增强。本书充分体现"互联网+教育"的理念。学生在课前课后线上学习中都可以使用蓝墨云班课，通过书中的邀请码可加入本次班课学习，获得多项教学资源并参与讨论。同时，本书还提供了多个二维码，学生用手机等终端设备扫描书中的二维码，即可免费观看视频、动画，实现随时随地移动学习。

　　（4）配套实训完备。在本书的附录中既有单项实训，又有综合实训，用以全方位检测学生是否掌握本书所讲述的内容。单项实训与本书项目内容相一致，各项目实训间相互关联，处理流程与企业实际工作业务吻合度高。各项目的数据保持连贯，形成一体。综合实训的内容贯穿所有系统的操作，可训练学生对知识点的综合掌握能力，可用于测试或考证的辅助练习。

　　全书共分为 8 个项目，讲述了 ERP 财务管理系统中的系统管理与基础设置、总账系统、UFO报表、薪资管理系统、固定资产管理系统、应付款管理系统、应收款管理系统及财务管理系统期末处理。每个项目下设多个任务，每个任务均包含云班课——线上导航、工作情境、岗位描述、背景知识、工作任务、任务实施和评价考核等内容。

　　本书由江西旅游商贸职业学院朱丽任主编，江西旅游商贸职业学院徐璟、江西通用技术工程学校黄进龙、江西旅游商贸职业学院何干君任副主编，另外，江西旅游商贸职业学院危磊、徐龙、陈钰也参加了编写工作。在教材的编写过程中，借鉴了一些企业管理和信息化建设的相关资料和文献，因人员及其文献较多，不便一一陈述，在此对他们表示衷心的感谢！

编者

2017 年 10 月

目　录

项目一
系统管理与基础设置

财务管理系统是用友 ERP-U8 管理软件的重要组成部分，它是企业会计核算的核心模块，主要包括总账系统、UFO 报表、固定资产管理系统、应收款管理系统、应付款管理系统、网上银行、票据通、成本管理、预算管理、项目管理等。在企业日常业务中，主要涉及总账、UFO 报表、固定资产、应收款管理系统、应付款管理系统等系统的业务处理。考虑到薪资管理也是企业日常会计核算的重要内容，在本书中还涉及人力资源中薪资管理的内容。

用友 ERP 应用系统由多个子系统组成，各个子系统服务于同一主体的不同层面，子系统本身具有相对独立的功能，同时各个子系统之间又有密切的数据传递关系，它们共用一个企业数据库，拥有公共的基础信息、相同的账套，为企业实现财务业务一体化管理提供了基础条件。在一体化管理应用模式下，用友 ERP-U8 应用系统为各个子系统提供了一个公共平台，用于对整个系统的公共任务进行统一管理，如基础信息及基本档案的设置、企业账套的管理、操作员的建立、角色的划分和权限的分配等，企业财务管理系统中的任何模块的独立运行都必须以此为基础。

任务 1.1 | 系统管理员岗位——建账三步曲

云班课——线上导航（邀请码 348846，先安装"蓝墨云"手机客户端）

			项目一 系统管理与基础设置		任务 1.1 系统管理员岗位——建账三步曲		
翻转课堂	场景	对象 性质	学生		教师		互动
空间分布	前置学习	线上云班课	探索	学习资源	**认知** 建账设置流程及操作要点	**构建** 用友 U8 V10.1 系统账套管理资源库	建立资源	沟通	**调查** 知识理解、技能掌握程度
					观看 建账设置的操作视频	**上传** 拍摄操作视频、整理背景知识资料	课前学习评价	学生自评
								教师测评
	课中学习	线下机房实训	归纳、导学	交流互动	**模拟** 1. 增加操作员 2. 建立账套 3. 设置权限 4. 备份	**演示** 系统管理——建账	交流互动	检测效果	**跟踪** 学生团队、学生个人学习效果
				学习检测	**问题提出** 知识问题、技能问题	**答疑解惑** 知识体系的剖析、技能操作的演示、常见错误的原因、解决问题的方法	学习检测	知识的内化与应用	教师讲解剖析
								学生理解掌握
	课后学习	线上云班课	演绎、拓展	学习巩固	**巩固** 单项实训	**评价** 通过练习、测试评价学习效果	评价学习效果	拓展	拓展练习
								拓展测试
				学习拓展	**测试** 综合实训	**共享** 相关资源链接	资源推荐	课后反馈	信息化工具交流

1.1.1 工作情境

企业建立筹划也有一段日子了，会计工作也应当纳入企业的正常轨道。如何让会计数据真正进入会计电算化环境呢？首先，要配备相应的软、硬件。计算机早就有了，用友财务软件也到位了，现在最需要的是要使会计数据有个工作的平台。我们先对用友 ERP-U8 财务软件进行初始设置，给企业建个账套。

1.1.2 岗位描述

系统管理员是指负责对整个账套进行管理的专业人员。该岗位人员负责对各个账套的建立、设置、维护和备份等过程进行管理，同时还为其他各个岗位提供基本的技术支持。根据系统分工的原则，系统管理员不直接参与企业具体业务处理。

1.1.3 背景知识

用友 ERP-U8 管理软件由多个子系统组成，各个子系统之间相互联系、数据共享，实现财务业务一体化管理。系统管理包括新建账套、新建年度账、账套修改和删除、账套备份，根据企业经营管理中的不同岗位职能建立不同角色，新建操作员以及权限的分配等功能。

系统管理的操作员只有系统管理员（Admin）和账套主管。两者的权限与内容有所差异。系统管理员可以指定账套主管，负责整个系统的安全和维护工作，负责账套管理（建立、引入、输出）、角色和用户设置及相应的权限设置。账套主管负责本账套的维护工作和年度账管理及本账套操作员权限的设置。

系统管理的主要功能如下。

1. 账套管理

账套指的是在会计软件中为企业建立的一组相互关联的数据。在用友 ERP-U8 管理软件中，可以为多个企业或企业内多个独立核算的部门分别建立账套，且各个账套数据之间相互独立，互不影响。系统最多允许建立 999 个账套。

账套管理包括账套的建立、修改、引入与输出等。

账套的建立、引入与输出由系统管理员进行操作，账套的修改只能由账套主管进行操作。建立账套是指确定核算企业的基本信息和会计核算的部分制度；账套的修改是对建立的账套的部分信息进行查看或修改，但账套号、启用会计期间等相关信息不允许修改；账套的引入与输出通常是指数据的恢复与备份。

2. 年度账管理

在用友 ERP-U8 系统中，每个账套里都存放有企业不同年度的数据，称为年度账。这样便于使用和查看不同核算单位、不同时期的数据。年度账管理主要包括年度账的建立、输出与引入、清空年度账数据以及结转上年度数据等。年度账管理只能由账套主管的身份进行操作。

3. 用户及权限管理

为了保证系统及数据的安全与保密，系统提供了操作员及操作权限的集中管理功能。通过对系统操作分工和权限的管理，一方面可以避免与业务无关的人员进入系统；另一方面可以对系统所含的各个模块的操作进行协调，以保证各个模块各负其责，流程顺畅。操作权限的集中管理包括定义角色、设定用户和设置权限。

4. 系统安全管理

以系统管理员的身份注册进入系统管理后，可以看到系统管理的功能列表分为上、下两部分，上部分列示的是登录到系统管理的子系统，下部分列示的是登录的操作员在子系统中正在执行的功能。这两部分的内容是动态的，它们都根据系统的执行情况而自动变化。在系统管理中，可以监控并记录整个系统的运行过程、设置数据自动备份、清除系统运行过程中的异常任务等，为企业的财务核算与管理提供了强有力的安全保障机制。

财务管理系统的建账工作是在系统管理中由系统管理员完成的。**建立账套一般需要经历 3 个步骤：第一步，增加操作员；第二步，建立账套；第三步，设置权限。**

1.1.4 工作任务

1. 任务内容
（1）增加操作员。
（2）新建账套。
（3）设置权限。
（4）启用模块。
（5）数据备份。

2. 任务资料
（1）账套信息。

账套号：616；账套名称：江西名峰信息技术有限公司；采用系统默认的账套路径；启用会计日期：2018 年 1 月；会计期间设置：1 月 1 日—12 月 31 日。

单位名称：江西名峰信息技术有限公司；单位简称：江西名峰；单位地址：江西省南昌市北京东路 8 号；法人代表：张晓健；邮政编码：330000。

（2）核算类型。记账本位币：人民币（RMB）；企业类型：工业；行业性质：2007 新会计制度科目；账套主管：李卫；按行业性质预置科目。

（3）基础信息。该企业有外币核算，进行经济业务处理时，需要对存货、客户、供应商进行分类。

（4）编码方案。科目编码级次：42222；存货分类编码级次：1223；客户和供应商分类编码级次：223；部门编码级次：12；结算方式编码级次：12。

（5）数据精度。该企业将存货数量、单价小数位定为 2。

（6）财务分工（口令自拟）。

201　李卫——账套主管：负责账套初始化工作，拥有账套的全部权限。

202　李娜——操作员：负责现金、银行账管理工作，具有出纳签字权限；现金、银行存款日记账和资金日报表的查询及打印权限；支票登记权限及银行对账操作权限。

203　赵青——操作员：负责总账系统的凭证管理工作，具有总账系统的凭证处理、自动转账定义、自动转账生成、凭证查询、明细账查询操作权限及 UFO 报表的所有权限。

204　陈明——操作员：负责薪资管理系统的所有操作，具有凭证处理、查询凭证及薪资管理系统的所有权限。

205　白雪——操作员：负责固定资产管理系统的所有操作，具有凭证处理、查询凭证及固定资产管理系统的所有权限。

206　王晶——操作员：负责客户往来和供应商往来管理工作，具有凭证处理、查询凭证及应收款管理系统和应付款管理系统的所有权限。

（7）启用的系统及启用日期。2018 年 1 月 1 日启用 616 账套的"总账"系统。

1.1.5 任务实施

实施要求如下。

（1）掌握系统管理模块的各项功能与作用。

（2）根据任务资料，熟练运用系统管理模块完成江西名峰信息技术有限公司的建账工作。

（3）运用系统管理模块对新建账套及用户进行管理维护。

（4）备份账套。

实施的具体步骤如下。

1. 注册系统管理

（1）执行"开始"/"程序"/"用友 U8 V10.1"/"系统服务"/"系统管理"，进入系统管理界面。

（2）执行"系统"/"注册"，以 admin 的身份登录，密码为空，账套选择"default"，如图 1-1所示。

单击"登录"按钮，则以系统管理员的身份进入系统管理。

图 1-1 "登录"对话框

1-1 增加操作员

2. 增加操作员（扫二维码 1-1）

（1）在系统管理界面，执行"权限"/"用户"，进入"用户管理"对话框。

（2）单击工具栏中的"增加"按钮，打开"操作员详细情况"对话框。

（3）输入编号"201"、姓名"李卫"、口令暂且不设，在所属角色列表中勾选"账套主管"前的复选框，如图 1-2 所示，进行保存。

（4）单击"增加"按钮，按上述操作增加其他用户，然后保存设置。设置完成后如图 1-3 所示。

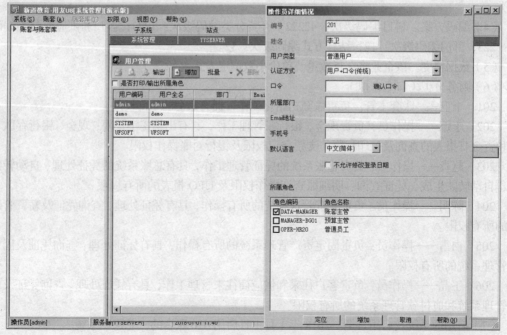

图 1-2 "操作员详细情况"对话框

图 1-3 "用户管理"对话框

◇ 增加操作员与建立账套的顺序可以更改，即可以在完成账套的建立后再增加操作员。

◇ 只有系统管理员才有权限设置用户和角色。

◇ 所设置的操作员用户一旦被引用，便不能被修改和删除。

◇ 如果操作员用户调离企业，可以通过"修改"功能"注销当前用户"。

3．建立账套（扫二维码 1-2）

（1）在"系统管理"窗口中，执行"账套"/"建立"，打开"创建账套"对话框。选择"新建空白账套"，单击"下一步"按钮，如图 1-4 所示。

（2）按任务资料所给内容录入新建账套信息，如图 1-5 所示。

1-2 建立账套

图 1-4 "创建账套—建账方式"对话框

图 1-5 "创建账套—账套信息"对话框

（3）单击"下一步"按钮，打开"单位信息"对话框，按任务资料要求填写。

◇ 在"单位信息"对话框中，单位名称是必填项。

（4）单击"下一步"按钮，打开"创建账套—核算类型"对话框，如图 1-6 所示。

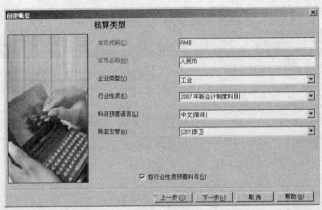

图1-6 "创建账套—核算类型"对话框

 小提示

◇ 系统默认企业类型为"工业"，可以修改。如果选择"工业"企业类型，则系统不能处理受托代销业务；如果选择"商业"企业类型，则系统能处理委托代销和受托代销业务。

◇ 行业性质将决定系统预置科目的内容，必须选择正确。

（5）单击"下一步"按钮，打开"基础信息"对话框。分别选中"存货是否分类""客户是否分类""供应商是否分类"和"有无外币核算"复选框。

 小提示

◇ 如果选择了存货要分类，那么在进行基础信息设置时，必须先设置存货分类，然后才能设置存货档案。如果选择了存货不分类，那么在进行基础信息设置时，可以直接设置存货档案。客户分类与供应商分类也与此相类似。

（6）单击"下一步"按钮，打开"创建账套—开始"对话框，单击"完成"按钮，系统弹出"可以创建账套了么？"提示框，如图1-7所示，单击"是"按钮。由于系统需要按照用户输入的上述信息进行建账，因此需要一段时间，请耐心等待。建账完成后，自动打开"编码方案"对话框。

（7）按所给任务资料修改编码方案，如图1-8所示。编码方案的设置，将会直接影响到基础信息设置中相应内容的编码级次和每级编码的位长。

图1-7 "可以创建账套了么？"提示框

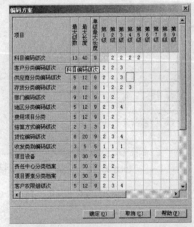

图1-8 "编码方案"对话框

（8）单击"确定"按钮，再单击"取消"按钮，进入"数据精度"对话框，直接单击"确定"按钮，再单击"取消"按钮，采用系统默认的数据精度。

（9）系统弹出建账成功，是否现在进行系统启用的设置的提示框，如图 1-9 所示，单击"是"按钮，进入"系统启用"对话框，单击"总账"模块前的复选框，设置启动自然日期为"2018-1-1"，弹出"提示信息"框询问"确实要启用当前系统吗？"，如图 1-10 所示，单击"是"按钮，完成系统的启用。

图 1-9 建账成功的提示框

✧ 如果在建账的时候未启用系统，也可以登录企业应用平台后，在"基本信息"/"系统启用"中启用。两者的区别在于启用人不同，建账的时候启用人是系统管理员，而在企业应用平台里启用人是账套主管。

（10）启用完毕后，单击"退出"按钮。建账过程结束，系统弹出"系统管理"提示框提示"请进入企业应用平台进行业务操作！"，如图 1-11 所示。单击"确定"按钮返回。

图 1-10 "提示信息"框

图 1-11 "系统管理"提示框

4. 设置用户权限（扫二维码 1-3）

设置操作员权限的工作应由系统管理员或该账套主管通过执行"系统管理"/"权限"命令完成。在权限中既可以对角色赋权，也可以对用户赋权。

（1）在"系统管理"窗口中，执行"权限"/"权限"，打开"操作员权限"对话框。

1-3 设置权限

（2）首先要选择对应账套，账套号为 616，账套时间为 2018，从窗口左侧的操作员列表中选择"201 李卫"，可以看到"账套主管"复选框为选中状态。

（3）选中"202 李娜"，单击"修改"按钮，打开"操作员权限"对话框。

（4）在"操作员权限"对话框中，选中"总账"里的"出纳签字""现金日记账""银行日记账""资金日报""日记账账簿打印""支票登记簿"及"银行对账"操作权限复选框，如图 1-12 所示，单击工具栏上的"保存"按钮，进行保存，完成设置。

图 1-12 "202 李娜权限"对话框

（5）采用相同的方法分别给其他操作员按任务资料设置权限，分别如图1-13～图1-16所示。

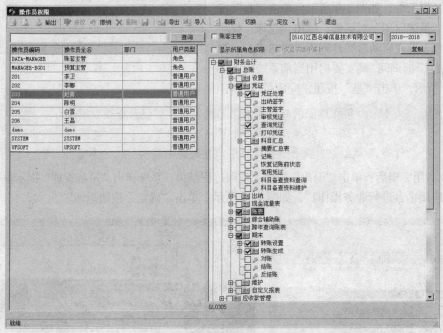

图1-13 "203赵青权限"对话框

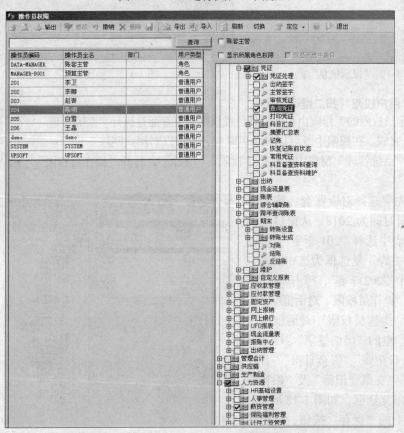

图1-14 "204陈明权限"对话框

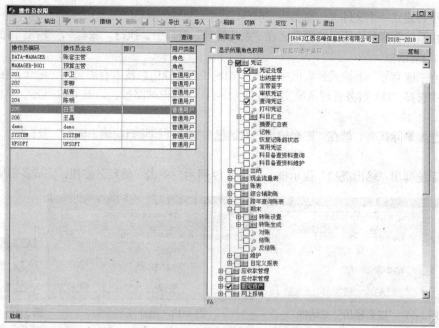

图 1-15 "205 白雪权限"对话框

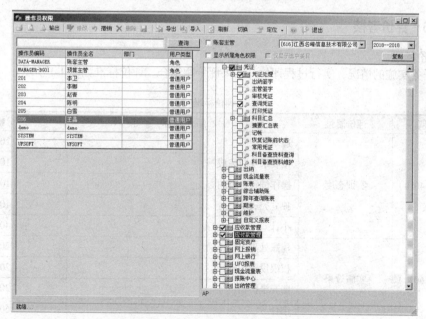

图 1-16 "206 王晶权限"对话框

◇ 只有系统管理员才有权限设置或取消账套主管。而账套主管只能分配所辖账套操作员的权限。一个账套可以有多个账套主管。

◇ 账套主管拥有该账套所有的权限，因而无需再为账套主管赋权。

◇ 设置权限时应注意选择相对应的账套和用户。

5. 账套备份
（1）在 D 盘中建立一个文件夹，命名为"财务管理系统实训数据"，用以存放备份的数据。在此文件夹下再建立一个文件夹，命名为"616-1-1"。

（2）由系统管理员注册系统管理，在"系统管理"窗口中，执行"账套"/"输出"命令，打开"账套输出"对话框。

（3）在"账套号"下拉式列表框中选择"[616]江西名峰信息技术有限公司"账套，在"输出文件位置"中选择"D:\ 财务管理系统实训数据\616-1-1\"备份的路径，如图1-17所示，单击"确认"按钮。

如果想要删除账套，就在"账套输出"对话框中选中"删除当前输出账套"复选框，如图1-18所示。

（4）系统弹出"输出成功"提示框，如图1-19所示。单击"确定"按钮，完成备份操作。

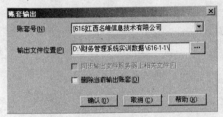
图1-17 "账套输出"对话框

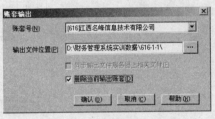
图1-18 删除账套设置

图1-19 "输出成功"提示框

1.1.6 评价考核

1．评价标准

根据任务实施的情况，实行过程评价与结果评价相结合。评价标准如表1-1所示。

表1-1 评价标准

评价类别	评价属性	评价指标	分数
过程评价（40%）	实训态度	遵章守纪	10
		按要求及时完成	10
		操作细致、有耐心	10
		独立完成	10
		小计	40
结果评价（60%）	实施效果	建账处理流程正确	20
		权限设置正确	20
		账套维护到位	20
		小计	60

2．评定等级

根据得分情况评定等级，如表1-2所示。

表1-2 评定等级

等级标准	优	良	中	及格	不及格
分数区间	90分以上	80～89分	70～79分	60～69分	60分以下
实际得分					

任务 1.2 系统管理员岗位和账套主管岗位
——账套管理

云班课——线上导航（邀请码 348846）

翻转课堂	场景	对象 性质	学生		教师		互动	
				认知 账套管理	建立资源	**构建** 系统账套管理资源库	沟通	**调查** 知识理解、技能掌握程度
前置学习	线上云班课	探索	学习资源	**观看** 账套管理的操作视频		**上传** 拍摄操作视频、整理背景知识资料	课前学习评价	**学生自评**
								教师测评
空间分布	课中学习	线下机房实训	归纳、导学	交流互动	**模拟** 1. 引入账套 2. 修改账套 3. 删除账套 4. 输出账套	交流互动	**演示** 账套管理的全部内容及要点	检测效果	**跟踪** 学生团队、学生个人学习效果
			学习检测	**问题提出** 知识问题、技能问题	学习检测	**答疑解惑** 知识体系的剖析、技能操作的演示、常见错误的原因、解决问题的方法	知识的内化与应用	**教师讲解剖析**
								学生理解掌握
	课后学习	线上云班课	演绎、拓展	学习巩固	**巩固** 单项实训	评价学习效果	**评价** 通过练习、测试评价学习效果	拓展	**拓展练习**
								拓展测试
			学习拓展	**测试** 综合实训	资源推荐	**共享** 相关资源链接	课后反馈	**信息化工具交流**

1.2.1　工作情境

在建立账套的过程中如果有些数据未输入完整，想要进行添加，或者在建账过程中有数据要调整，就可以利用账套的修改功能进行修改。李卫今天打开计算机，发现会计数据丢失了，好在有先前已经备份输出的数据，那就先引入数据吧。

1.2.2　岗位描述

账套主管是针对某个账套的管理员。在账套中，账套主管起着统领作用，负责账套操作员的管理和基础数据环境的建立，主要包括系统设置、基础资料设置和初始化数据输入等整个账套前期的工作过程，这个过程称为系统的初始化。系统的初始化一般由账套主管来完成。

1.2.3　背景知识

账套管理包括账套的建立、修改、引入与输出等。

账套的建立、引入与输出由系统管理员进行操作，账套的修改只能由账套主管进行操作。

账套的建立与输出在任务1.1中已经有所阐述，在此不再赘述。这里主要介绍一下账套引入与修改的相关操作。

1.2.4 工作任务

1. 任务内容

（1）引入账套。

（2）修改账套。

（3）数据备份。

2. 任务资料

（1）引入账套，将616账套引入"C:\U8SOFT\Admin\"文件夹中。

（2）修改账套，即修改616账套信息。

填写税号：123456789012345；将存货的编码修改为12。

1.2.5 任务实施

实施要求如下。

（1）理解系统管理员与账套主管岗位的区别。

（2）正确引入与修改账套。

（3）备份账套。

实施的具体步骤如下。

1. 引入账套

（1）执行"系统"/"注册"，以admin的身份登录，密码为空，单击"登录"按钮，则以系统管理员的身份登录"系统管理"。

（2）执行"账套"/"引入"，打开"请选择账套备份文件"对话框，选择将要引入的账套数据，如图1-20所示，单击"确定"按钮。

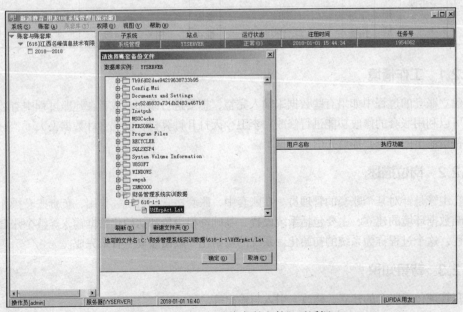

图1-20 "请选择账套备份文件"对话框

（3）系统会自动引入账套数据，弹出"系统管理"提示框，如图 1-21 所示，单击"确定"按钮，弹出"请选择账套引入的目录"对话框，选择引入目录为"C:\U8SOFT\Admin\"，如图 1-22 所示。

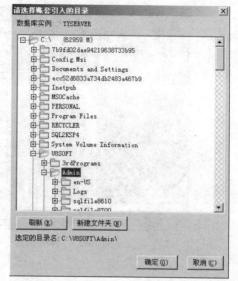

图 1-21 "系统管理"提示框

图 1-22 "请选择账套引入的目录"对话框

（4）单击"确定"按钮，系统弹出"是否覆盖"提示对话框，单击"是"按钮，系统弹出"账套[616]引入成功！"提示框，如图 1-23 所示。单击"确定"按钮，完成账套的引入。

2．修改账套（扫二维码 1-4）

（1）执行"系统"／"注销"，重新注册，执行"系统"／"注册"，以账套主管 201 的身份登录[616]账套，如图 1-24 所示，单击"登录"按钮，进入系统管理。

图 1-23 "账套[616]引入成功"提示框

（2）执行"账套"／"修改"，进入"修改账套"对话框。单击"下一步"按钮，打开"修改账套—单位信息"对话框，填写税号"123456789012345"，如图 1-25 所示。

图 1-24 以账套主管身份注册

1-4 修改账套

（3）单击"下一步"按钮，如果没有需要修改的内容则直接单击"下一步"按钮，直到出现"确认修改账套了么？"提示框，如图 1-26 所示。

（4）单击"是"按钮，弹出"编码方案"对话框，修改存货分类编码级次为"12"，如图 1-27 所示。

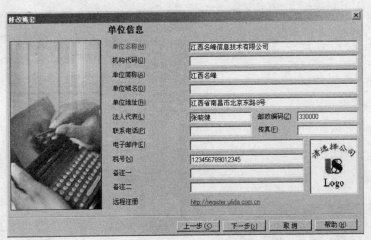

图 1-25 "修改账套—单位信息"对话框

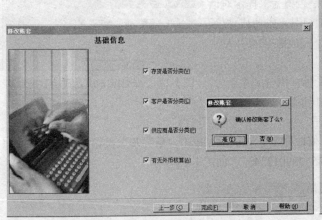

图 1-26 "确认修改账套了么？"提示框

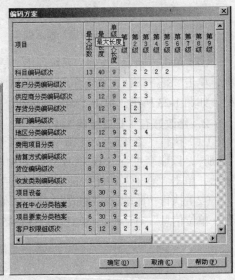

图 1-27 "编码方案"对话框

（5）单击"确定"按钮后，再单击"取消"按钮，弹出"数据精度"对话框，无需修改，直接单击"取消"按钮后退出。

（6）系统弹出"修改账套成功"提示框，如图 1-28 所示。单击"确定"按钮，完成对账套的修改。

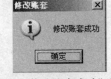

图 1-28 "修改账套成功"提示框

3．数据备份

（1）执行"系统"/"注销"，重新注册，再执行"系统"/"注册"，以 admin 的身份登录。

（2）执行"账套"/"输出"，将数据存储在"D：\财务管理系统实训数据\616-1-2"中。

1.2.6 评价考核

1．评价标准

根据任务实施的情况，实行过程评价与结果评价相结合。评价标准如表 1-3 所示。

表1-3 评价标准

评价类别	评价属性	评价指标	分数
过程评价（40%）	实训态度	遵章守纪	10
		按要求及时完成	10
		操作细致、有耐心	10
		独立完成	10
		小计	40
结果评价（60%）	实施效果	引入账套成功	20
		修改账套正确	20
		输出账套及路径符合要求	20
		小计	60

2．评定等级

根据得分情况评定等级，如表1-4所示。

表1-4 评定等级

等级标准	优	良	中	及格	不及格
分数区间	90分以上	80～89分	70～79分	60～69分	60分以下
实际得分					

任务 1.3 账套主管岗位——基础设置

云班课——线上导航（邀请码348846）

翻转课堂		对象性质 场景		学生		教师		互动
				项目一 系统管理与基础设置		任务 1.3 账套主管岗位——基础设置		
空间分布	前置学习	线上云班课	探索	学习资源	**认知** 基础设置的内容及设置方法	建立资源	**构建** 账套的初始设置资源库	沟通	**调查** 知识理解、技能掌握程度
					观看 基础设置的操作视频		**上传** 拍摄操作视频、整理背景知识资料	课前学习评价	学生自评
									教师测评
	课中学习	线下机房实训	归纳、导学	交流互动	**模拟** 1. 设置部门档案 2. 设置职员档案 3. 设置客户及供应商档案 4. 设置存货档案 5. 外币及结算方式	交流互动	**演示** 基础设置的全部内容及要点	检测效果	**跟踪** 学生团队、学生个人学习效果
				学习检测	**问题提出** 知识问题、技能问题	学习检测	**答疑解惑** 知识体系的剖析、技能操作的演示、常见错误的原因、解决问题的方法	知识的内化与应用	教师讲解剖析
									学生理解掌握
	课后学习	线上云班课	演绎、拓展	学习巩固	**巩固** 单项实训	评价学习效果	**评价** 通过练习、测试评价学习效果	拓展	拓展练习
									拓展测试
				学习拓展	**测试** 综合实训	资源推荐	**共享** 相关资源链接	课后反馈	信息化工具交流

1.3.1 工作情境

一个企业有相应的人员结构、客户、供应商、存货等信息。要把企业的部门、人员、客户、供应商、存货、结算方式、收发类别、费用等详细的资料录入软件中，构建企业完善的信息平台，为了实现这个任务，我们就先来设置基本档案。

1.3.2 岗位描述

基础设置的工作可以由账套主管岗位的人员来操作。

1.3.3 背景知识

用友 ERP-U8 管理软件包含众多子系统，这些子系统共享公用的 20 多项基础信息，为了使这个高度集成的系统能够成为连接企业员工、客户和合作伙伴的公共平台，使系统资源能够得到高效、合理的使用，可以统一进行基础信息的设置，由各个子系统共享。基础设置在用友 ERP-U8 的另一个系统平台——企业应用平台中进行。

企业应用平台包含的内容极为丰富，与系统应用相关的主要项目如下。

1. 基础设置

基础设置是企业应用平台中的一项主要内容，其中许多项目的设置将直接影响到财务管理系统应用方案的选择和使用。基础设置包括基本信息、基础档案、业务参数、个人参数、单据的设置和档案设置。在基本信息中，可以设置系统启用、修改账套的分类编码方案及数据精度；在基础档案中，可以设置用友 ERP-U8 管理软件的各个子系统公用的基础档案信息，具体的内容与启用的子系统有一定的关联，主要有机构人员、客商信息、存货、财务、收付结算、业务、对照表和其他等；在单据的设置中可以设置单据的编号、单据的格式等个性化单据的显示及打印格式的定义等；档案设置包括档案编码设置。

2. 业务工作

用友 ERP-U8 管理软件可分为财务会计、管理会计、供应链、人力资源、集团应用等功能群，每个功能群中又包括若干功能模块，业务工作项目也是用户访问用友 ERP-U8 软件中各个功能模块的唯一通道。

3. 系统服务

用友 ERP-U8 软件提供了一系列常用的系统服务，包括系统管理、服务器配置、工具以及权限设置等基本功能。

（1）系统管理。用友 ERP-U8 V10.1 软件设置了系统管理，为企业资金流、物流、信息流的统一管理提供了有效的方法和工具。系统管理包括新建账套，新建年度账，账套的修改和删除、备份与引入等，根据企业经营管理中的不同岗位职能建立不同角色，新建操作员和权限的分配等功能。系统管理的使用者为企业的信息管理人员，即系统管理员（Admin）和账套主管。

（2）服务器配置。该软件提供了应用服务器配置及远程配置方案。

（3）工具。该软件提供了财务、决策、数据传输、集团应用、多语言预警和定时任务，如科目转换、账务函数转换、财政部报表接口、专家财务数据库维护、数据复制、数据下发、数据接收等维护工具，以便软件使用者使用。

（4）权限。该软件提供了数据权限控制设置、数据权限分配、金额权限分配、功能权限转授和工作任务委托等功能。数据权限针对业务对象进行控制，可以选择对特定业务对象的某些项目和某些记录进行查询和录入的权限控制。金额权限的主要作用有两个方面：一是设置用户在填制凭证时对特定科目允许输入的金额；二是设置用户在填制采购订单时允许输入的采购金额范围。功能权限在系统管理中进行设置，主要规定每个操作员对各模块及细分功能的操作权限。

1.3.4 工作任务

1．任务内容

（1）设置部门档案。

（2）设置职员档案。

（3）设置客户及供应商分类。

（4）设置客户及供应商档案。

（5）设置外币及汇率。

（6）设置存货分类、计量单位及存货档案。

（7）设置结算方式。

（8）账套备份。

2．任务资料

（1）部门档案如表 1-5 所示。

表 1-5　　　　　　　　　　　　　部门档案

部门编码	部门名称
1	行政部
101	总经理办公室
102	财务部
2	采购部
3	销售部
4	研发部门
5	制造车间

（2）职员档案如表 1-6 所示。

表 1-6　　　　　　　　　　　　　职员档案

人员编码	人员姓名	性别	行政部门	雇佣状态	人员类别	是否业务员	业务或费用部门
101	黄剑	男	总经理办公室	在职	管理人员	是	总经理办公室
201	李卫	男	财务部	在职	管理人员	是	财务部
202	李娜	女	财务部	在职	管理人员	是	财务部
203	赵青	男	财务部	在职	管理人员	是	财务部
204	陈明	女	财务部	在职	管理人员	是	财务部
205	白雪	女	财务部	在职	管理人员	是	财务部
206	王晶	女	财务部	在职	管理人员	是	财务部
301	白云	男	采购部	在职	经营人员	是	采购部
401	刘斌	男	销售部	在职	经营人员	是	销售部
402	宋立	男	销售部	在职	经营人员	是	销售部
501	周晓	男	研发部门	在职	研发人员	是	研发部门
502	龚平	女	研发部门	在职	研发人员	是	研发部门
601	李丹	女	制造车间	在职	车间管理人员	是	制造车间
602	董发扬	男	制造车间	在职	生产工人	是	制造车间
603	杜飞	男	制造车间	在职	生产工人	是	制造车间

（3）客户分类如表1-7所示。

表 1-7 客户分类

分类编码	分类名称
01	长期客户
02	短期客户
03	其他

（4）供应商分类如表1-8所示。

表 1-8 供应商分类

分类编码	分类名称
01	主要原料供应商
02	辅料供应商
03	其他材料供应商

（5）地区分类如表1-9所示。

表 1-9 地区分类

分类编码	分类名称
01	本地
02	外地

（6）客户档案如表1-10所示。

表 1-10 客户档案

客户编号	客户名称	客户简称	所属分类码	所属地区
01	北京加各公司	加各公司	01	01
02	天津海达公司	海达公司	01	02
03	上海中兴公司	中兴公司	02	01
04	南昌华夏公司	华夏公司	03	01

（7）供应商档案如表1-11所示。

表 1-11 供应商档案

供应商编号	供应商名称	供应商简称	所属分类码	所属地区
01	北京万科股份有限公司	万科公司	02	02
02	北京联想公司	联想公司	01	02
03	南昌现代公司	现代公司	03	01

（8）外币及汇率。

币符：USD。

币名：美元。

固定汇率：1∶6.275。

（9）存货分类如表1-12所示。

表 1-12 存货分类

分类编码	分类名称
1	原料及主要材料
2	库存商品
3	劳务

（10）存货计量单位如表 1-13 所示。

表 1-13 存货计量单位

计量单位组	计量单位
基本计量单位（无换算）	吨
	台
	千克
	千米

（11）存货档案如表 1-14 所示。

表 1-14 存货档案

存货编号	存货名称	计量单位	税率（%）	所属分类	存货属性
001	A 材料	吨	17	1	外购、生产耗用
002	B 材料	千克	17	1	外购、生产耗用
003	甲产品	台	17	2	自制、内销、外销
004	乙产品	台	17	2	自制、内销、外销
005	运输费	千米	11	3	应税劳务

（12）结算方式如表 1-15 所示。

表 1-15 结算方式

结算方式编码	结算方式名称	票据管理
1	现金结算	否
2	支票结算	否
201	现金支票	是
202	转账支票	是
3	商业承兑汇票	否
4	银行承兑汇票	否

1.3.5 任务实施

实施要求如下。

（1）掌握用友 ERP-U8 系统的基础设置方法。

（2）独立完成供应商、客户和存货分类的设置。

（3）独立完成部门和职员、供应商和客户及存货档案的设置。

（4）独立完成结算方式的设置。

（5）备份账套。

实施的具体步骤如下。

执行"系统"/"注册"，以 admin 的身份登录，密码为空，单击"登录"按钮，则以系统管理员的身份登录"系统管理"，执行"账套"/"引入"，引入"D：\财务管理系统实训数据\616-1-2"中的数据。

执行"开始"/"程序"/"用友 U8 V10.1"/"企业应用平台"，由"201"李卫从企业应用平台登录 616 账套。

 小提示　　◆　如果系统管理员在建账的时候没有启用子系统，则可以在"企业应用平台"中进行启用。

选择基础设置标签项，执行"基本信息"/"系统启用"，在弹出的对话框中选择启用"总账"。设置启用的日期为"2018-01-01"。

1. 设置部门档案（扫二维码 1-5）

选择基础设置标签项，执行"基础档案"/"机构人员"/"部门档案"，打开"部门档案"窗口，单击"增加"按钮，在部门编码和部门名称中输入任务资料中的数据，并单击"保存"按钮或直接按"F6"键。最后的数据如图 1-29 所示。

1-5　设置部门档案

 小提示　　◆　"部门编码""部门名称"是必填项，其他信息可以为空。

◆　"负责人"必须在设置职员档案之后，在"修改"状态下才能参照输入。

◆　在设置部门档案时，必须遵循编码规则，并且要先设置上级，再设置下级。

◆　部门设置保存后，"部门编码"不能再进行修改。

◆　已经使用的部门不允许进行删除。

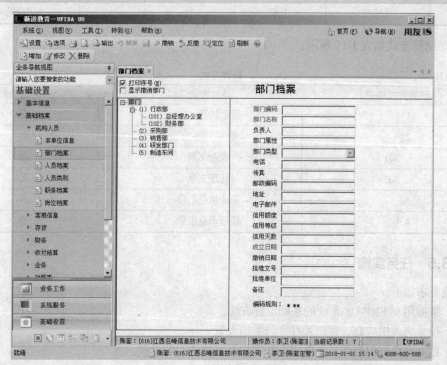

图 1-29　"部门档案"窗口

2．设置职员档案

执行"机构人员"/"人员类别"，打开"人员类别"窗口，选择"正式工"类别，单击"增加"按钮，按任务资料录入人员类别，数据如图 1-30 所示。

图 1-30 "人员类别"窗口

执行"机构人员"/"人员档案"，打开"人员档案"窗口，先选择相应的部门，单击"增加"按钮，增加相应部门的人员。按任务资料录入人员信息，如图 1-31 所示。

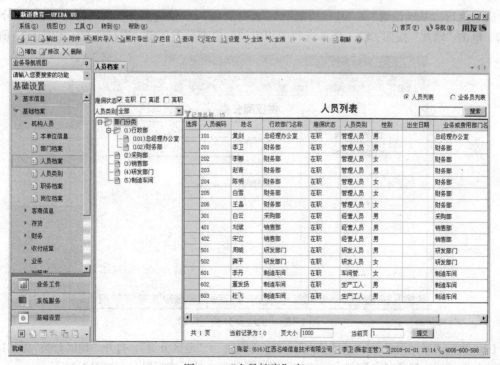

图 1-31 "人员档案"窗口

3．客户分类、供应商分类、地区分类

当企业的客户、供应商较多时，可以先对企业客户、供应商进行分类，以便对客户、供应商进行分类统计和汇总，从而达到分类管理的目的。

客户、供应商分类是指按照客户、供应商的某种属性或特征，将客户或供应商进行分类管理。如果建账时选择了对客户、供应商进行分类，则必须先进行分类，再增加客户、供应商档案。如果建账时未选择对客户、供应商进行分类，则可以直接录入客户、供应商档案。

（1）执行"基础设置"/"基础档案"/"客商信息"/"客户分类"，打开"客户分类"窗口，单击"增加"按钮，输入任务资料中相应的客户分类信息，进行保存，如图1-32所示。

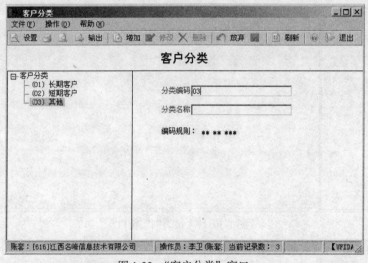

图1-32 "客户分类"窗口

（2）执行"基础设置"/"基础档案"/"客商信息"/"供应商分类"，打开"供应商分类"窗口，单击"增加"按钮，输入任务资料中相应的供应商分类信息，进行保存，如图1-33所示。

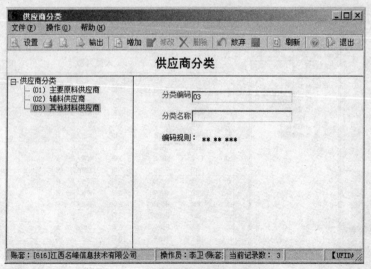

图1-33 "供应商分类"窗口

（3）执行"基础设置"/"基础档案"/"客商信息"/"地区分类"，打开"地区分类"窗口，单击"增加"按钮，输入任务资料中相应的地区分类信息，然后进行保存，如图1-34所示。

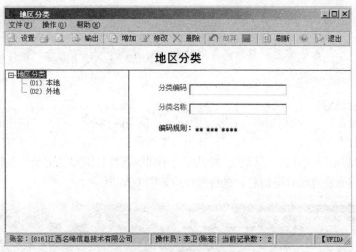

图 1-34 "地区分类"窗口

✧ 分类编码必须符合编码方案中定义的编码规则。
✧ 分类中如果已经输入客户档案,则该客户分类项目资料不能进行修改、删除。
✧ 建立下级分类时,其上级分类必须已经存在。

4. 设置客户档案

执行"基础设置"/"基础档案"/"客商信息"/"客户档案",打开"客户档案"窗口,选择相应的客户分类,单击"增加"按钮,弹出"增加客户档案"窗口,该窗口中包括 4 个选项卡,即"基本""联系""信用""其他"。对客户不同的属性分别归类记录。在此窗口中还可以对客户进行"客户银行""地址""联系人""开票单位"等信息的增加操作。在此窗口中输入任务资料中相应的地区分类信息,单击"保存并新增"按钮,完成所有的客户档案信息,如图 1-35 所示。

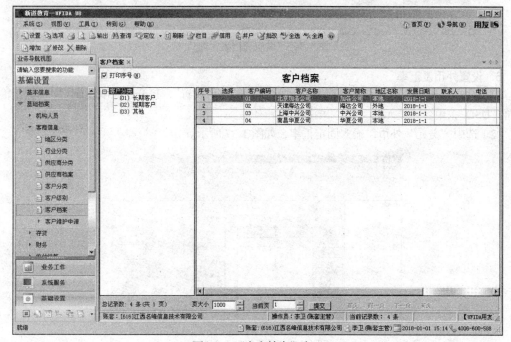

图 1-35 "客户档案"窗口

5. 设置供应商档案

执行"基础设置"/"基础档案"/"客商信息"/"供应商档案"，打开"供应商档案"窗口，选择相应的供应商分类，单击"增加"按钮，弹出"增加供应商档案"窗口，该窗口中包括4个选项卡，即"基本""联系""信用""其他"。对供应商不同的属性分别归类记录。在此窗口中输入任务资料中相应的供应商及地区分类信息，进行保存后如图1-36所示。

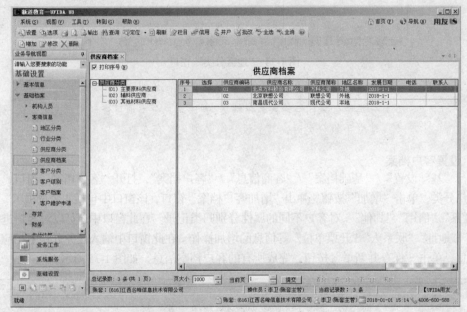

图1-36 "供应商档案"窗口

6. 设置外币及汇率

（1）执行"基础设置"/"基础档案"/"财务"/"外币设置"，打开"外币设置"对话框，输入币符"USD"，币名"美元"，单击"增加"按钮。

（2）选中"美元"外币，输入固定汇率，如图1-37所示。

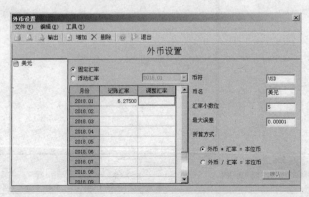

图1-37 "外币设置"对话框

7. 存货的相关信息（扫二维码1-6）

存货是企业的一项重要资料，涉及企业供应链管理的整个流程，是企业供应链和财务核算的主要对象。

1-6 存货信息设置

（1）存货分类。如果企业存货较多，则可以按一定的方式对存货进行分类，以便于管理。存货分类是指按照存货固有的特征和属性，将存货划分为不同的类别，以便于分类核算和统计。

执行"基础设置"/"基础档案"/"存货"/"存货分类"命令，打开"存货分类"窗口，按任务资料输入存货分类的相关信息，如图1-38所示。

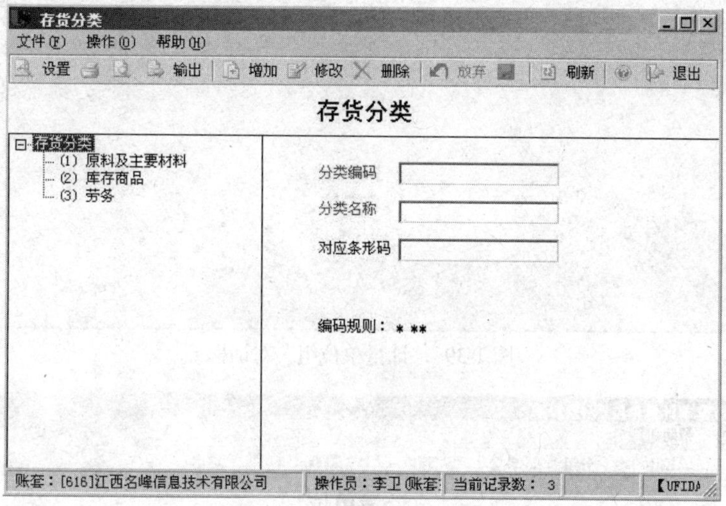

图1-38 "存货分类"窗口

（2）计量单位。企业的存货种类繁多，不同的存货具有不同的计量单位；一种存货用于不同的业务，其计量单位也可能有所不同。例如，对于某种药品，采购、批发、销售可能用"箱"作为计量单位，而库存和零售时，计量单位则可能是"盒"。因此，在基础设置中，需要事先定义好存货的计量单位。

存货的计量单位可以分为"无换算""固定换算"和"浮动换算"3类。"无换算"计量单位一般是指自然单位、度量衡单位等。"固定换算"计量单位是指各个计量单位之间存在着不变的换算比率，这种计量单位之间的换算关系即为固定换算率，这些单位即为固定换算单位。"浮动换算"计量单位则指计量单位之间无固定换算率，即存在浮动换算率，这些单位也称为浮动换算单位。

① 执行"基础设置"/"基础档案"/"存货"/"计量单位"命令，打开"计量单位"对话框。

② 单击"分组"按钮，打开"计量单位组"对话框。

③ 单击"增加"按钮，输入计量单位组编码、名称、组类别等信息，如图1-39所示。

④ 退出"计量单位组"对话框，显示计量单位组列表。

⑤ 选中"基本计量单位"计量单位组，单击"单位"按钮，打开"计量单位"窗口，单击"增加"按钮，输入计量单位编码、名称、计量单位组编码、计量单位名称、计量单位组类别等信息。单击"保存"按钮，保存计量单位信息，如图1-40所示。

（3）存货档案。存货档案主要是对企业全部存货目录的设立和管理。随同发货单或发票一起开具的应税劳务，也应设置在存货档案中。存货档案可以进行多种计量单位的设置。

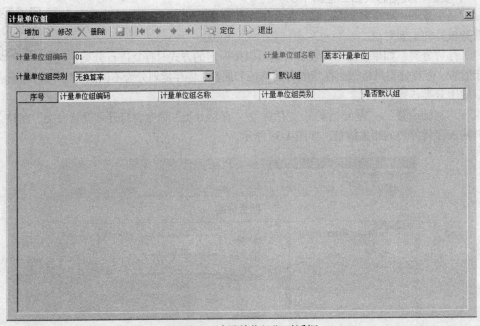

图1-39 "计量单位组"对话框

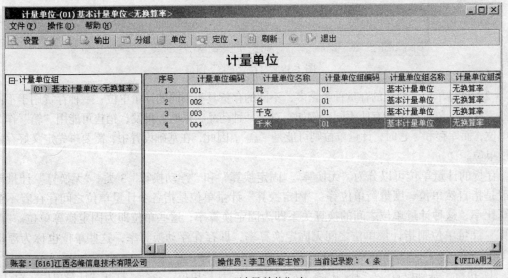

图1-40 "计量单位"窗口

① 执行"基础设置"/"基础档案"/"存货"/"存货档案"命令，弹出"存货档案"窗口。

② 选中"原料及主要材料"，单击"增加"按钮，打开"增加存货档案"窗口。根据任务资料相关内容进行录入，录入"基本"选项卡，录入完毕后单击"保存并新增"按钮。

③ 如果发现录入的数据有错误，可以直接双击该存货，弹出"修改存货档案"窗口，或选中该存货，单击"修改"按钮，修改后直接单击"保存"按钮。

④ 再次输入"库存商品"类的资料，注意设置存货的属性。

⑤ 输入"劳务"的资料，此时存货属性中要增加一项"应税劳务"，并把税率改为"11%"，如图1-41所示。

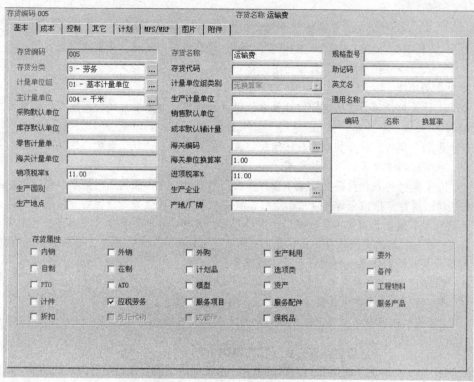

图 1-41　增加存货"运输费"

⑥ 录入完毕后单击"退出"按钮，所有存货档案如图 1-42 所示。

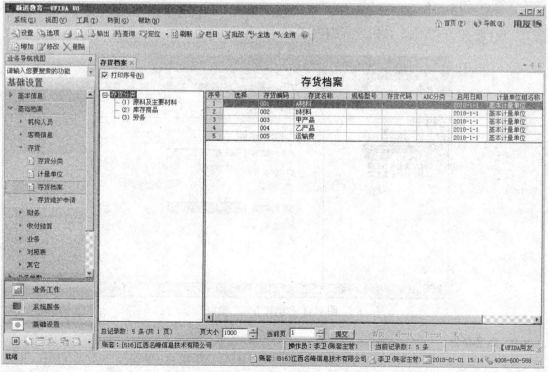

图 1-42　"存货档案"窗口

◇ "增加存货档案"中有8个选项卡，分别为"基本""成本""控制""其他""计划""MPS/MPR""图片""附件"，对存货的不同属性分别进行归类。

◇ 在"基本"选项卡中，存货编码、存货名称、存货分类、计量单位组、主计量单位是必填项。

◇ 主计量单位会根据已选择的计量单位组自动弹出，如果要修改，可以直接删除后，再自行输入。

◇ 采购、销售、库存和成本默认辅助计量：设置各子系统默认时使用的计量单位。

◇ 税率：指该存货的增值税税率。

◇ 存货属性：系统为存货设置了多种属性，其目的是在参照输入时缩小参照范围。具有"内销/外销"属性是指该存货可以用于销售；具有"外购"属性是指该存货可以用于采购；具有"生产耗用"属性是指该存货可以用于生产领用；具有"自制"属性是指该存货可由企业生产；具有"在制"属性是指该存货正在生产；具有"应税劳务"属性的存货可以抵扣进项税额，是指可以开具在采购发票上的运输费等应税劳务。

◇ "成本"选项卡中主要记录与存货计价相关的信息。

◇ "控制"选项卡中主要记录与生产、库存相关的信息。

◇ "其他"选项卡中主要记录与业务环节无关的一些辅助信息。

8. 设置结算方式（扫二维码1-7）

为了提高银行对账的效率，系统提供了设置银行结算方式的功能。该功能主要用来建立和管理用户在经营活动中所涉及的结算方式。结算方式的编码和名称必须输入，且编码要符合编码规则。"票据管理标志"是为出纳对银行结算票据的管理而设置的功能，需要进行票据登记的结算方式要选择此项功能。

1-7 设置结算方式

执行"基础设置"/"基本档案"/"收付结算"/"结算方式"，弹出"结算方式"窗口，单击"增加"按钮，完成任务资料中的相关内容，如图1-43所示。

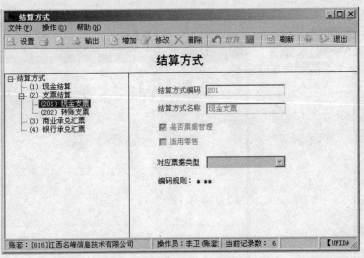

图1-43 "结算方式"窗口

9. 账套备份

退出"企业应用平台"，在系统管理中由系统管理员执行"账套"/"输出"，将数据存储在"D:\财务管理系统实训数据\616-1-3"中。

1.3.6 评价考核

1．评价标准

根据任务实施的情况，实行过程评价与结果评价相结合。评价标准如表 1-16 所示。

表 1-16　　　　　　　　　　　　　　　　评价标准

评价类别	评价属性	评价指标	分数
过程评价 （40%）	实训态度	遵章守纪	10
		按要求及时完成	10
		操作细致、有耐心	10
		独立完成	10
		小计	40
结果评价 （60%）	实施效果	熟练掌握业务基础设置方法	20
		业务基础设置处理流程正确	20
		业务基础项目资料录入准确	20
		小计	60

2．评定等级

根据得分情况评定等级，如表 1-17 所示。

表 1-17　　　　　　　　　　　　　　　　评定等级

等级标准	优	良	中	及格	不及格
分数区间	90 分以上	80～89 分	70～79 分	60～69 分	60 分以下
实际得分					

项目二
总账系统

总账系统又称账务处理系统。会计处理有一套完整的会计核算方法，包括设置会计账户、复式记账、填制和审核会计凭证、登记和管理会计账簿、财产清查、成本计算和编制会计报表。在手工会计方式下，会计核算工作是以业务的种类和工作量的大小进行分工的，并没有明确强调账务处理的概念。为了加强各种会计核算之间的联系，在会计电算化条件下，将设置账户、填制和审核凭证、复式记账、登记和管理会计账簿等功能集中于总账系统，所以总账系统也称账务处理系统。

总账系统属于财务管理系统的一部分，而财务管理系统与其他系统密切联系。总账系统在整个用友 ERP-U8 管理软件中占有核心地位，它接收其他管理系统（如应收款管理系统、应付款管理系统、固定资产管理系统、薪资管理系统等）的数据，各个系统的凭证会自动传递到总账系统中；成本管理系统、项目管理系统引用总账系统提供的数据，同时将生成的凭证和数据传递到总账系统中；总账系统为结算中心提供科目期初余额、每日发生额、每日余额，结算中心为总账系统提供支票和凭证；网上银行系统根据各种单据生成凭证并传输到总账系统，且可以根据总账系统生成的凭证进行管理和查询；网上报销系统根据各种单据等记账依据生成凭证并传输到总账系统，且可以根据总账系统生成的凭证进行管理和查询。

总账管理系统的功能主要包括系统初始化、日常业务的处理、出纳管理、账簿管理、辅助核算管理和期末处理等。

1．系统初始化
根据企业的具体要求建立账务应用环境，是为总账系统日常业务的处理工作所做的准备。企业应用平台的基础设置也为总账系统的操作提供了数据环境。总账系统的初始化主要包括总账参数的设置、会计科目体系、录入期初余额等。

2．日常业务的处理
日常业务的处理主要包括填制凭证、审核凭证、出纳签字、记账及查询汇总记账凭证，提供资金赤字控制、支票控制、预算控制、外币折算误差控制以及查看科目余额等功能，加强对所发生业务的及时管理和控制。

3．出纳管理
总账管理系统为出纳提供了一个集成办公平台，以加强对现金及银行存款的管理；同时，提供了支票登记簿功能，用来登记支票的领用情况，并可查询银行日记账、现金日记账和资金日报表，定期将企业银行存款日记账和银行对账单进行核对，并编制银行存款余额调节表。

4．账簿管理
总账管理系统提供了多种条件查询总账、明细账及日记账等，具有总账、明细账和凭证联查功能，另外还提供了辅助账查询功能。

5．辅助核算
总账管理系统提供了多种辅助核算，如个人往来、部门核算、项目核算、客户往来、供应商往来及其他自定义辅助核算等。

6. 期末处理

总账管理系统具有灵活的自定义转账功能，各种取数公式可满足各类业务的转账工作，不同期间的期末处理具有明显的规律性；完成月末自动转账处理，进行试算平衡、对账、结账，得出月末工作报告。

任务 2.1 | 总账系统的初始设置

云班课——线上导航（邀请码348846）

翻转课堂	对象 性质 场景		学生	教师		互动
			项目二 总账系统	**任务 2.1 总账系统的初始设置**		
空间分布	前置学习	线上云班课	探索	学习资源	**认知** 总账系统初始设置内容	建立资源	**构建** 总账系统资源库	沟通	**调查** 知识理解、技能掌握程度

项目二　总账系统					任务 2.1　总账系统的初始设置		
翻转课堂	对象/性质/场景		学生		教师		互动
空间分布	前置学习	线上云班课	探索	学习资源	**认知** 总账系统初始设置内容	建立资源	**构建** 总账系统资源库	沟通	**调查** 知识理解、技能掌握程度
					观看 总账系统基础设置的操作视频		**上传** 拍摄操作视频、整理背景知识资料	课前学习评价	**学生自评**
									教师测评
	课中学习	线下机房实训	归纳、导学	交流互动	**模拟** 1. 会计科目的设置 2. 凭证类别 3. 录入期初余额 4. 试算平衡	交流互动	**演示** 总账系统初始化	检测效果	**跟踪** 学生团队、学生个人学习效果
				学习检测	**问题提出** 知识问题、技能问题	学习检测	**答疑解惑** 知识体系的剖析、技能操作的演示、常见错误的原因、解决问题的方法	知识的内化与应用	**教师讲解剖析**
									学生理解掌握
	课后学习	线上云班课	演绎、拓展	学习巩固	**巩固** 单项实训	评价学习效果	**评价** 通过练习、测试评价学习效果	拓展	**拓展练习**
									拓展测试
				学习拓展	**测试** 综合实训	资源推荐	**共享** 相关资源链接	课后反馈	**信息化工具交流**

2.1.1　工作情境

企业的生产经营都是连续的，在未正式使用财务软件之前，企业已经有了一段时间的生产经营。为了保证数据的完整性，在开展 2018 年业务之前，需将企业期初的数据录入财务管理系统中。

2.1.2　岗位描述

账套主管负责账套操作人员的管理和基础环境的建立，主要包括系统设置、操作员设置、基础资料的设置和总账系统初始化数据的录入等。

2.1.3 背景知识

用友 U8 V10.1 管理软件提供了符合会计制度规定的一级会计科目，明细会计科目要根据企业经营的性质和生产规模的大小来进行设置。一般来说，当企业规模不大、往来业务较少时，可采用和手工方式一样的科目结构及记账方法，即将往来单位、个人、部门、项目通过设置明细科目来进行核算管理；而对于一个往来业务频繁，清欠、清理工作量大，核算要求严格的企业来说，应该采用总账系统提供的辅助核算功能进行管理，即将这些明细科目的上级科目设为末级科目并设为辅助核算科目，并将这些明细科目设为相应的辅助核算目录。一个科目设置了辅助核算后，它所发生的每一笔业务都将会登记在总账和辅助明细账上。

在开始使用总账系统时，应将经过整理的手工账目的期初余额录入计算机。假如企业是在年初建账，则期初余额就是年初数；假如企业从年中才开始启用总账系统，则应先将各账户此时的余额和年初到此时的借贷方累计发生额计算填列。

2.1.4 工作任务

1．任务内容

（1）设置总账系统参数。

（2）增加会计科目。

（3）修改会计科目。

（4）指定会计科目。

（5）设置凭证类别。

（6）录入期初余额。

（7）试算平衡。

（8）数据备份。

2．任务资料

（1）设置总账参数。选择"出纳凭证必须经由出纳签字""不允许修改、作废他人填制的凭证""可以使用应收系统的受控科目""可以使用应付系统的受控科目"。

（2）会计科目与期初余额如表 2-1 所示。

表2-1　　　　　　　　　　　　　　会计科目与期初余额

科目名称	辅助核算	方向	期初余额
库存现金（1001）	日记	借	6 875.70
银行存款（1002）	银行日记	借	257 579.16
工行存款（100201）	银行日记	借	194 829.16
中行存款（100202）	银行日记外币	借	62 750
	美元（10 000）		
应收账款（1122）	客户往来	借	519 831
应收票据（1121）	客户往来		
预付账款（1123）	供应商往来	借	
坏账准备（1231）		贷	800
其他应收款（1221）	个人往来	借	3 800
原材料（1403）		借	

续表

科目名称	辅助核算	方向	期初余额
A材料（140301）	数量核算（吨）	借	20 000
数量/单价	10吨/2 000元		
B材料（140302）		借	6 000
库存商品（1405）		借	80 000
甲产品（140501）		借	80 000
乙产品（140502）		借	
固定资产		借	575 000
累计折旧		贷	80 028.23
无形资产		借	40 000
短期借款（2001）		贷	269 704.63
应付账款（2202）	供应商往来	贷	257 400
应付票据（2201）	供应商往来	贷	
预收账款（2203）	客户往来	贷	30 000
应交税费（2221）		贷	
应交增值税（222101）		贷	
进项税额（22210101）		贷	
销项税额（22210102）		贷	
应交所得税（222102）		贷	
应交企业所得税（22210201）			
应交个人所得税（22210202）			
实收资本（4001）		贷	640 000
利润分配（4104）		贷	
未分配利润（410401）		贷	248 153
生产成本（5001）		借	17 000
直接材料（500101）	项目核算	借	10 000
直接人工（500102）	项目核算	借	2 000
制造费用（500103）	项目核算	借	3 000
折旧费用（500104）	项目核算	借	2 000
其他（500105）	项目核算	借	
管理费用（6602）	部门核算	借	
工资（660201）	部门核算	借	
办公费（660202）	部门核算	借	
差旅费（660203）	部门核算	借	
招待费（660204）	部门核算	借	
折旧费（660205）	部门核算	借	
福利费（660206）	部门核算	借	
其他（660207）	部门核算	借	

（3）指定"库存现金"为"现金科目"，指定"银行存款"为"银行科目"。

（4）项目目录如表2-2所示。

表2-2 项目目录

项目设置步骤	设置内容
项目大类	生产成本核算
核算科目	生产成本
	直接材料
	直接人工
	制造费用
	折旧费
	其他
项目分类定义	1. 微加工项目
	2. 深加工项目
项目名称	甲产品所属1
	乙产品所属2

（5）辅助核算科目期初余额表如表2-3～表2-7所示。

表2-3 其他应收款期初余额

会计科目：1221 其他应收款 　　　　　余额：借3 800元

日期	凭证号	部门	个人	摘要	方向	期初余额
2017. 10. 25	付-118	总经理办公室	黄剑	出差借款	借	2 000
2017. 11. 10	付-156	销售部	刘斌	出差借款	借	1 800

表2-4 应收账款期初余额

会计科目：1122 应收账款 　　　　　余额：借519 831元

日期	凭证号	客户	摘要	方向	金额	业务员
2017. 12. 25	转-118	加各公司	销售甲产品	借	514 800	宋立
2017. 11. 28	转-15	海达公司	销售甲产品	借	5 031	宋立

表2-5 应付账款期初余额

会计科目：2202 应付账款 　　　　　余额：贷257 400元

日期	凭证号	供应商	摘要	方向	金额	业务员
2017. 11. 15	转-45	万科	购A材料	贷	46 800	白云
2017. 11. 20	转-56	联想	购B材料	贷	210 600	白云

表2-6 预收账款期初余额

会计科目：2203 预收账款 　　　　　余额：贷30 000元

日期	凭证号	客户	摘要	方向	金额	业务员
2017. 11. 30	转-35	中兴	预收款	贷	30 000	宋立

表 2-7 生产成本期初余额

会计科目：5001 生产成本　　　　　　　　　　　余额：借 17 000 元

科目名称	甲产品	乙产品	合计
直接材料（500101）	6 000	4 000	10 000
直接人工（500102）	1 500	500	2 000
制造费用（500103）	2 000	1 000	3 000
折旧费用（500104）	1 500	500	2 000
合计	11 000	6 000	17 000

（6）凭证类别如表 2-8 所示。

表 2-8 凭证类别

凭证类别	限制类型	限制科目
收款凭证	借方必有	1001，100201，100202
付款凭证	贷方必有	1001，100201，100202
转账凭证	凭证必无	1001，100201，100202

2.1.5　任务实施

实施要求如下。

（1）理解总账系统各参数的作用。

（2）掌握会计科目的处理方法。

（3）掌握辅助核算科目期初余额的录入方法。

（4）根据任务资料，熟练录入期初余额并进行试算平衡。

（5）备份账套。

实施的具体步骤如下。

1．设置总账系统参数（扫二维码 2-1）

（1）执行"开始"/"程序"/"用友 U8 V10.1"/"系统服务"/"系统管理"，进入系统管理平台。

（2）执行"系统"/"注册"，以 admin 的身份登录，密码为空，单击"登录"按钮，则以系统管理员的身份进入系统管理。执行"账套"/"引入"，引入"D:\财务管理系统实训数据\616-1-3"中的数据。

2-1　设置总账系统参数

（3）执行"开始"/"程序"/"用友 U8 V10.1"/"企业应用平台"，以账套主管"201"的身份登录"616 江西名峰信息技术有限公司"账套，如图 2-1 所示。

（4）在企业应用平台的"业务工作"选项卡中，执行"财务会计"/"总账"/"设置"/"选项"，打开"选项"对话框，单击"编辑"按钮，选择"权限"与"凭证"标签项，按任务资料进行设置，如图 2-2 和图 2-3 所示，单击"确定"按钮后退出。

图2-1 "登录"对话框

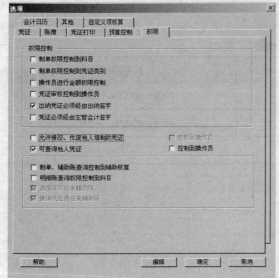

图2-2 "选项"对话框"权限"标签项

图2-3 "选项"对话框"凭证"标签项

<small>小提示</small>

❖ 选择"制单序时控制"，凭证编号必须按日期顺序排列。

❖ 若选择"赤字控制"，则在制单时，当"资金及往来科目"的余额出现负数时，系统将给出提示。

❖ 选择"可以使用应收受控科目"后就可以使用设置了受控于应收系统的会计科目。

❖ 如果想要出纳对涉及现金和银行存款的凭证进行签字，则"出纳凭证必须经由出纳签字"为必选项。

2. 会计科目

（1）增加会计科目（扫二维码2-2）。

2-2 增加会计科目

① 在企业应用平台的"基础设置"选项卡中，执行"基础档案"/"财务"/"会计科目"，打开"会计科目"对话框，单击"增加"按钮，进入"新增会计科目"对话框，录入科目编码"100201"，科目名称为"工行存款"，选择"日记账""银行账"，单击"确定"按钮，如图2-4所示。

② 继续单击"增加"按钮，完成任务资料中其他需要增加的一级科目及明细科目的操作。

③ 全部录入完后，单击"退出"按钮，关闭该对话框。

 ◇ 会计科目编码必须唯一，且会计科目编码的长度及每段位数要符合编码规则。

◇ 若要输入下级科目，必须先定义上级科目。

（2）修改会计科目。

① 在"会计科目"对话框中，单击要修改的会计科目或选中要修改的会计科目双击，弹出"会计科目_修改"对话框，单击"修改"按钮，如修改"应收账款"，将其设置为"客户往来"辅助核算。在辅助核算的"客户往来"复选框中打勾，如图 2-5 所示，单击"确定"按钮后，再单击"返回"按钮退出。

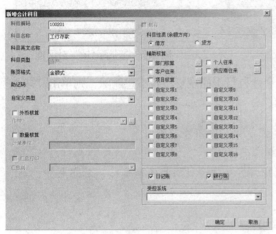 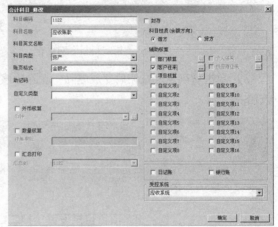

图 2-4 "新增会计科目"对话框　　　　　　图 2-5 "会计科目_修改"对话框

② 按照相同的方法，完成任务资料中所提供的其他会计科目的修改。

 ◇ 已有数据的会计科目不能修改科目性质。

◇ 被封存的会计科目在制单时不可以使用。

◇ 凡是设置辅助核算内容的会计科目，在填制凭证时都需要填制具体的辅助核算内容。

（3）指定会计科目（扫二维码 2-3）。

① 在"会计科目"对话框中执行"编辑"菜单/"指定科目"命令，弹出"指定科目"对话框。

② 选择"现金科目"单选按钮，将"1001 库存现金"由待选科目选入已选科目。

2-3 指定会计科目

③ 选择"银行科目"单选按钮，将"1002 银行存款"由待选科目选入已选科目，如图 2-6 所示。

④ 单击"确定"按钮，完成会计科目的指定。

 ◇ 指定会计科目是指定出纳的专管科目。只有指定会计科目后，才能执行出纳签字，从而实现现金、银行存款管理的保密性，才能查看现金、银行存款日记账。

（4）删除会计科目。

① 在"会计科目"对话框中选中要删除的会计科目，单击"删除"按钮，弹出"删除记录"对话框，如图 2-7 所示。

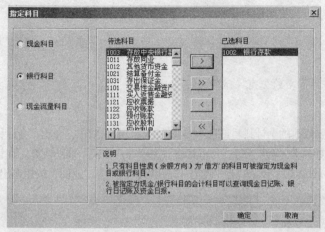

图 2-6 "指定科目"对话框

图 2-7 "删除记录"对话框

② 单击"确定"按钮后完成删除，删除后该会计科目不能恢复；若不想删除，则单击"取消"按钮。

✧ 如果科目已经录入期初余额或制单，则不能删除。

✧ 非末级科目不能删除。

✧ 被指定为"现金科目""银行科目"的会计科目不能删除，若想删除，则必须先取消指定。

3. 项目目录设置（扫二维码2-4）

2-4 项目目录设置

（1）定义项目大类。在企业应用平台"基础设置"选项卡中，执行"基础档案"/"财务"/"项目目录"，弹出"项目档案"对话框。单击"增加"按钮，弹出"项目大类定义_增加"对话框。输入新项目大类名称为"生产成本核算"，如图2-8所示。单击"下一步"按钮，输入要定义的项目级次（采用系统默认值），再单击"下一步"按钮，输入要修改的项目栏目（采用系统默认值），单击"完成"按钮，返回"项目档案"对话框。

（2）指定核算科目。在"项目档案"对话框中打开"核算科目"选项卡，选择项目大类为"生产成本核算"，将"直接材料"等待选科目全部选为已选科目后，单击"确定"按钮，如图2-9所示。

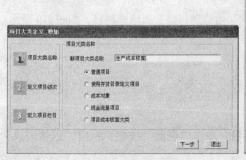

图 2-8 定义项目大类

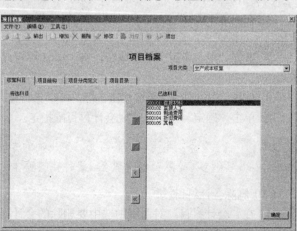

图 2-9 "核算科目"选项卡

◇ 一个项目大类可指定多个科目，一个科目只能指定一个项目大类。

（3）定义项目分类。在"项目档案"对话框中，打开"项目分类定义"选项卡，如图2-10所示。单击右下角的"增加"按钮，输入分类编码为"1"，输入分类名称为"微加工项目"，单击"确定"按钮。按照同样的方法定义"2 深加工项目"。

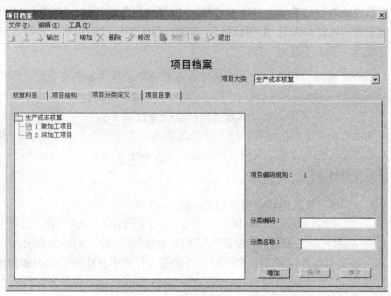

图2-10 "项目分类定义"选项卡

（4）定义项目目录。在"项目档案"对话框中，打开"项目目录"选项卡，单击右下角的"维护"按钮，进入"项目目录维护"对话框，单击"增加"按钮，输入项目编号"01"，输入项目名称"甲产品"，所属分类码"1"。用同样的方法，输入"02 乙产品"所属分类码"2"。如图2-11所示，单击"退出"按钮，回到"项目档案"对话框，完成项目目录的设置。

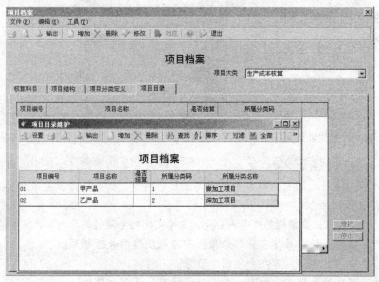

图2-11 "项目目录维护"对话框

4．凭证类别设置（扫二维码2-5）

2-5 凭证类别设置

（1）执行"财务"/"凭证类别"，弹出"凭证类别预置"对话框。选择"收款凭证、付款凭证、转账凭证"单选按钮，单击"确定"按钮，打开"凭证类别"对话框。

（2）单击工具栏中的"修改"按钮，设置收款凭证的限制类型为"借方必有"，在"限制科目"栏中输入"1001，100201，100202"。

（3）设置付款凭证的限制类型为"贷方必有"，限制科目为"1001，100201，100202"。设置转账凭证的限制类型为"凭证必无"，限制科目为"1001，100201，100202"，如图2-12所示。

（4）设置完成后，单击"退出"按钮。

◇ 在填制凭证之前，应根据企业管理和核算的要求在系统中设置凭证类别，以便将凭证按类别分别编制、管理、记账和汇总。系统提供了常用的凭证分类方式，用户可以从中选择，也可以根据实际情况自行定义。

◇ 已使用的凭证类别不能删除，也不能修改类型。

◇ 如果直接录入科目编码，则编码间的标点符号应为英文状态下的标点符号，否则系统会提示科目编码有错误。

5．录入期初余额（扫二维码2-6）

2-6 录入期初余额

（1）录入总账科目余额。在企业应用平台的"业务工作"选项卡中，执行"财务会计"/"总账"/"设置"/"期初余额"，打开"期初余额录入"对话框。在总账科目所对应的期初余额栏里直接输入任务资料中所给出的期初数据，如"库存现金"的期初余额为"6 875.70"，如图2-13所示。按任务资料表2-1中的内容录入其他总账科目的期初数据。

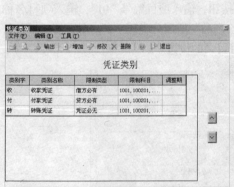

图2-12 设置凭证类别

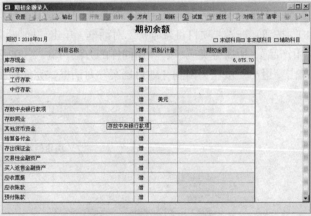

图2-13 总账科目期初余额的录入

◇ 企业如果是年初建账，可以直接录入年初余额；如果是年中建账，则需录入启用当月的期初余额及年初未建账月份的借、贷方累计发生额，系统自动计算年初余额。

◇ 总账科目期初余额栏的底色为白色，直接在期初余额栏里录入累计发生额和期初余额。

◇ 若要修改余额，直接在期初余额栏中输入正确的数据即可。

◇ 若要输入红字，则需在金额前加负号。

◇ 凭证记账后，期初余额变为浏览只读状态，不能再修改。

（2）录入明细账科目余额。如果某科目（非末级科目）有下级明细科目，则要求录入明细科目（末级科目）的余额，其上级科目余额系统会自动汇总。非末级科目期初余额栏的底色为灰色。如"银行存款"有明细科目"工行存款"和"中行存款"，此时只需要录入明细科目的余额，"银行存款"科目会自动汇总，如图2-14所示。

（3）录入辅助账科目余额。如果科目设置为辅助核算，则不允许直接录入余额。在对应的期初余额栏中双击，会弹出辅助核算科目的录入窗口，在该窗口中录入余额后退出，回到期初余额录入窗口，该科目的余额会自动呈现在期初余额栏中。如录入"应收账款"的期初余额，双击"应收账款"所在行的"期初余额"栏，弹出"客户往来期初"窗口，单击"往来明细"按钮，弹出"期初往来明细"窗口，单击"增行"按钮，按任务资料（5）辅助核算科目期初余额表中的表2-4"应收账款期初余额"中的数据输入，单击"汇总"按钮，弹出提示框，如图2-15所示。单击"确定"按钮，再单击"退出"按钮，回到"辅助期初余额"窗口，如图2-16所示。

单击"退出"按钮，返回"期初余额录入"窗口，在黄色底纹上显示数据自动汇总，如图2-17所示。

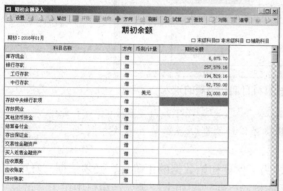

图2-14 明细账科目期初余额的录入

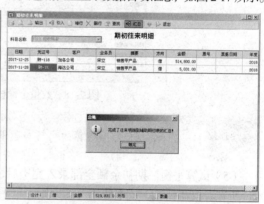

图2-15 "明细账科目辅助汇总"提示框

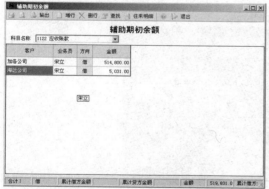

图2-16 "辅助期初余额"窗口

图2-17 "期初余额录入"窗口

将任务资料中出现的其他辅助核算的科目也全部录入。

◇ 设置了辅助核算的科目期初余额栏底色为浅黄色，其发生额只能在辅助核算窗口中录入。

◇ 会计科目中辅助核算的类型共有6种：部门核算、个人往来、客户往来、供应商往来、项目核算及自定义。

◇ 如果使用应收应付系统，则应同时在应收应付系统中录入含客户、供应商账类科目的明细期初余额，并将总账与应收应付系统余额进行对账。

◇ 如果启用了应收应付系统，并且在应收应付系统中已经录入了期初余额，则总账中应收账款和应付账款科目的期初余额也可以引入得到。

（4）录入数量核算的科目余额。录入"原材料-A 材料"的期初余额，先在"原材料-A 材料"科目的期初余额栏中输入期初余额"20 000"，再在其下一行输入数量"10"，如图 2-18 所示。

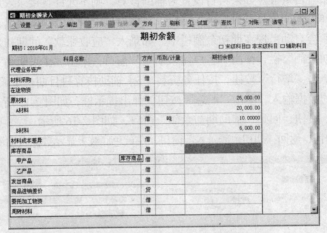

图 2-18　数量金额核算科目期初余额的录入

 ◇ 有外币核算的科目与数量核算科目的期初余额录入方法相同。

（5）试算平衡。期初余额全部录入完毕后，为了保证初始数据的正确性，必须依据"资产=负债+所有者权益+收入-成本费用"的原则进行平衡校验。在"期初余额录入"窗口中单击"试算"按钮，可查看期初余额是否试算平衡，如图 2-19 所示。单击"确定"按钮，再单击"退出"按钮，完成期初余额的录入。

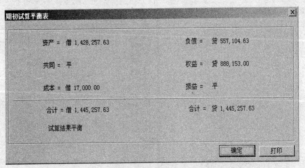

图 2-19　"期初试算平衡表"对话框

 ◇ 系统只能对月初余额的平衡关系进行试算，而不能对年初余额的平衡关系进行试算。
◇ 如果期初余额不平衡，可以填制凭证但不允许记账。
◇ 凭证记账后，期初余额变为只读浏览状态，不能再修改。

6. 账套备份

退出"企业应用平台"，在"系统管理"中执行"系统"/"注册"，以 admin 的身份登录。执行"账套"/"输出"，将数据存储在"D：\财务管理系统实训数据\616-2-1"中。

2.1.6 评价考核

1．评价标准

根据任务实施的情况，实行过程评价与结果评价相结合。评价标准如表 2-9 所示。

表 2-9 评价标准

评价类别	评价属性	评价指标	分数
过程评价（40%）	实训态度	遵章守纪	10
		按要求及时完成	10
		操作细致、有耐心	10
		独立完成	10
		小计	40
结果评价（60%）	实施效果	参数设置正确	10
		凭证类别设置正确	20
		期初余额录入准确并能试算平衡	30
		小计	60

2．评定等级

根据得分情况评定等级，如表 2-10 所示。

表 2-10 评定等级

等级标准	优	良	中	及格	不及格
分数区间	90分以上	80～89分	70～79分	60～69分	60分以下
实际得分					

任务 2.2 日常业务处理

云班课——线上导航（邀请码 348846）

翻转课堂		项目二　总账系统			任务 2.2　日常业务处理		
	场景	性质	对象	学生	教师		互动
空间分布	前置学习	线上云班课	探索	学习资源	**认知** 总账系统日常业务的处理	建立资源	**构建** 总账系统资源库	沟通	**调查** 知识理解、技能掌握程度
					观看 总账系统日常业务的操作流程及操作视频		**上传** 拍摄操作视频、整理背景知识资料	课前学习评价	学生自评
									教师测评
	课中学习	线下机房实训	归纳、导学	交流互动	**模拟** 1. 凭证处理 2. 出纳签字 3. 主管审核 4. 记账	交流互动	**演示** 对应不同岗位的操作内容及操作方法	检测效果	**跟踪** 学生团队、学生个人学习效果
				学习检测	**问题提出** 知识问题、技能问题	学习检测	**答疑解惑** 知识体系的剖析、技能操作的演示、常见错误的原因、解决问题的方法	知识的内化与应用	教师讲解剖析
									学生理解掌握
	课后学习	线上云班课	演绎、拓展	学习巩固	**巩固** 单项实训	评价学习效果	**评价** 通过练习、测试评价学习效果	拓展	拓展练习
									拓展测试
				学习拓展	**测试** 综合实训	资源推荐	**共享** 相关资源链接	课后反馈	信息化工具交流

2.2.1　工作情境

企业账套的初始化工作全部结束以后，将开始日常业务的处理，根据原始凭证填制记账凭证，并由相关的人员进行审核，审核无误后，登记账簿。一个月业务量的多少由企业规模的大小和经营业务的繁简所决定，但会计人员处理日常业务的流程基本相同。

2.2.2　岗位描述

制单岗位的主要任务是根据审核无误的原始凭证，通过自己的职业判断，正确、完整地填制记账凭证。记账凭证是整个账务处理系统的主要数据来源，也是整个财务管理系统最重要的基础数据来源，其正确性将直接影响到整个会计信息系统的真实性、可靠性，所以制单岗位在会计电算化环境下的岗位体系中占有重要地位。

出纳岗位的主要任务是负责货币资金的收发核算，及时对库存现金和银行存款的收付业务进行核算和检查，确保企业财产物资的安全、完整。出纳工作，是按照有关规定和制度，办理本单位的库存现金收付、银行结算等有关业务，保管库存现金、有价证券、财务印章及有关票据等工作的总称。

审核记账岗位的主要任务是审核制单是否正确，凭证中所列示的各个项目是否已经填写齐全、完整，有关经办人员是否按照规定的手续和程序在记账凭证上签章、完成记账（将凭证数据转载到规定格式的账簿上去）、账簿管理和结账工作。该岗位的操作是否正确，直接关系到账簿和会计报表的数据是否正确。该岗位也可以由账套主管兼任。

2.2.3　背景知识

在总账系统中，当初始设置完成后，就可以开始日常业务处理了。日常业务处理的任务主要包括填制凭证，审核凭证，记账，查询和打印各种凭证、账簿等。

2.2.4　工作任务

1. 任务内容

（1）凭证处理（会计制单岗位）。

（2）出纳管理（出纳岗位）。

（3）主管审核、记账（审核记账岗位）。

2. 任务资料

（1）1月1日，财务部李娜从工行提取现金10 000元备用，现金支票号为XJ001，并设置常用凭证。

| 借：库存现金 | 10 000 | |
| 贷：银行存款—工行存款 | | 10 000 |

（2）1月3日，以现金支付总经理办公室办公费800元。

| 借：管理费用—办公费 | 800 | |
| 贷：库存现金 | | 800 |

（3）1月5日，收到好莱集团投资资金10 000美元，汇率为6.275，转账支票号为ZHZ001。

| 借：银行存款—中行存款 | 62 750 | |
| 贷：实收资本 | | 62 750 |

（4）1月7日，黄剑出差回来报销差旅费，交回现金200元。

借：库存现金 200

  管理费用—差旅费 1 800

  贷：其他应收款（黄剑） 2 000

（5）1月10日，用银行存款支付广告费2 000元，转账支票号为GHZ002。

借：销售费用 2 000

  贷：银行存款—工行存款 2 000

（6）1月13日，销售部销售给加各公司库存甲产品一批，货款80 000元，税款13 600元，款项尚未收到，同时结转已销产品的成本64 000元。

借：应收账款 93 600

  贷：主营业务收入 80 000

   应交税费—应交增值税（销项税额） 13 600

借：主营业务成本 64 000

  贷：库存商品—甲产品 64 000

（7）1月15日，采购部白云采购A材料12吨，原币单价2 000元，税率17%，材料直接入库，货款以转账支票支付，支票号为GHZ003。

借：原材料—A材料 24 000

  应交税费—应交增值税（进项税额） 4 080

  贷：银行存款—工行存款 28 080

（8）1月17日，销售部收到上月加各公司转来的转账支票一张，金额是514 800元，用以偿还前欠货款，支票号为GHZ004。

借：银行存款—工行存款 514 800

  贷：应收账款 514 800

（9）1月19日，生产部生产甲产品领用A材料5吨，每吨单价2 000元。

借：生产成本—直接材料 10 000

  贷：原材料—A材料 10 000

（10）1月20日，支付违规罚款支出1 000元，用现金支付。

借：营业外支出 1 000

  贷：库存现金 1 000

（11）1月22日，期初在产品乙产品全部完工入库。

借：库存商品—乙产品 6 000

  贷：生产成本—直接材料 4 000

   生产成本—直接人工 500

   生产成本—制造费用 1 000

   生产成本—折旧费用 500

（12）1月25日，公司转让一项无形资产，取得收入60 000元，收到转账支票一张，支票号为GHZ005，应交增值税3 600元，该项无形资产的账面余额为40 000元。

借：银行存款—工行存款 60 000

  贷：无形资产 40 000

   应交税费—应交增值税（销项税额） 3 600

   营业外收入 16 400

（13）1月26日，收到银行本月利息收入560元，存入工行，转账支票号为GHZ006。

借：银行存款—工行存款　　　　　　　　　　　　　　　　　　　560

借：财务费用　　　　　　　　　　　　　　　　　　　　　　　　-560

（14）1月26日，银行支付万科公司材料款46 800元，用于偿还前欠的货款，转账支票号为GHZ007。

借：应付账款　　　　　　　　　　　　　　　　　　　　　46 800

　　贷：银行存款—工行存款　　　　　　　　　　　　　　　　46 800

（15）1月31日，结转本月各损益类账户发生额到"本年利润"账户。

（16）1月31日，按本月"本年利润"账户余额的25%计所得税，计算应交的所得税，并将"所得税费用"账户余额结转到"本年利润"账户中去。

 注意　第15笔与第16笔业务留待期末处理操作。

2.2.5　会计制单岗位任务实施——凭证处理

会计制单岗位任务实施，要求能够正确地填制凭证，完成凭证修改、删除和查询等日常操作。

执行"系统"/"注册"，以 admin 的身份登录，密码为空，单击"登录"按钮，则以系统管理员的身份登录"系统管理"。执行"账套"/"引入"，引入"D：\财务管理系统实训数据\616-2-1"中的数据。

将系统的时间改为月末，执行"开始"/"程序"/"用友 U8 V10.1"/"企业应用平台"，以会计制单岗位"203"的身份登录"[616]江西名峰信息技术有限公司"账套。

2-7　第1笔业务凭证

1．填制凭证

（1）录入第1笔业务的凭证（扫二维码2-7）。在企业应用平台的"业务工作"选项卡中，执行"财务会计"/"总账"/"凭证"/"填制凭证"，打开"填制凭证"窗口。

单击"增加"按钮，参照任务资料中的第1笔业务，单击凭证类别的参照按钮，选择"付款凭证"，修改填制凭证的日期为"2018.01.01"。在摘要栏中输入"提取现金"；按"Enter"键，单击"科目名称"栏，单击"科目名称"栏的参照按钮，选择"1001 库存现金"；按"Enter"键，单击"借方金额"栏，录入借方金额"10 000"。按"Enter"键，系统自动复制上一栏的摘要，按"Enter"键，单击"科目名称"栏，单击"科目名称"栏的参照按钮，选择"100201 工行存款"，弹出"辅助项"对话框，输入结算方式、票号，如图2-20所示。单击"确定"按钮，按"Enter"键。在"贷方金额"栏中输入"10 000"。

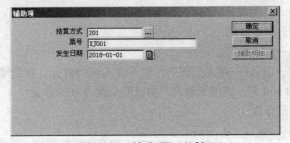

图2-20　"辅助项"对话框

单击"保存"按钮，弹出"凭证"对话框，显示"凭证已成功保存！"，如图2-21所示。单击"确定"按钮后，完成第1笔业务凭证的填制。

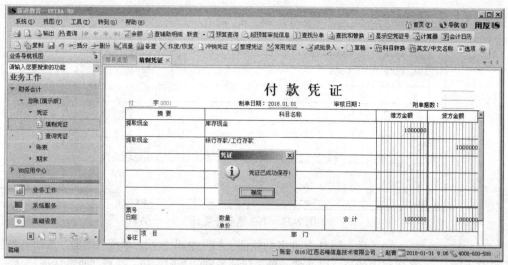

图 2-21 第 1 笔业务凭证

◇ 增加凭证可以直接按"F5"键。

◇ 单击"科目名称"栏的参照按钮可以直接按"F2"键。科目编码必须是末级科目。

◇ 如果科目参照中没有相关科目,可以通过编辑科目添加所需要的科目,但需要注意操作员的权限。

◇ 若当前分录的金额为其他所有分录的借、贷方差额,则在金额处按"="键即可。

◇ 金额不能为零,若红字以"-"号表示。

◇ 如果凭证的金额录错了方向,可以直接按空格键改变金额方向。

◇ 若选择了"支票控制",则该结算方式被设为支票管理时,银行账辅助信息不能为空,而且该方式的票号应在支票登记簿中有记录。

(2)录入第 2 笔业务的凭证(扫二维码 2-8)。单击"增加"按钮,参照任务资料中的第 2 笔业务,单击凭证类别的参照按钮,选择"付款凭证",修改填制凭证的日期为"2018.01.03"。在摘要栏中输入"支付办公室办公费",按"Enter"键,单击"科目名称"栏的参照按钮,选择"660202 管理费用/办公费",按"Enter"键,弹出"辅助项"对话框,输入部门,如图 2-22 所示。

图 2-22 "辅助项"对话框

2-8 第 2 笔业务凭证

单击"确定"按钮,回到"填制凭证"窗口,单击"借方金额"栏,录入借方金额"800"。按"Enter"键,系统自动复制上一栏的摘要,按"Enter"键,单击"科目名称"栏的参照按钮,选择"1001 库存现金",在"贷方金额"栏中输入"800"。单击"保存"按钮,完成第 2 笔业务凭证的填制,如图 2-23 所示。

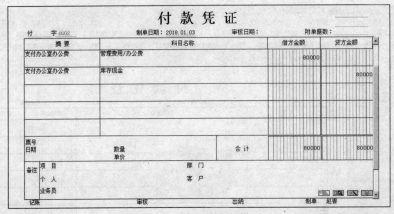

图 2-23　第 2 笔业务凭证

2-9　第3笔业务凭证

（3）录入第 3 笔业务的凭证（扫二维码 2-9）。单击"增加"按钮，参照任务资料中的第 3 笔业务，单击凭证类别的参照按钮，选择"收款凭证"，修改填制凭证的日期为"2018.01.05"。在摘要栏中输入"收到好莱集团投资款"，按"Enter"键，单击"科目名称"栏的参照按钮，选择"100202 中行存款"，按"Enter"键，弹出"辅助项"对话框，输入结算方式"转账支票"、票号"ZHZ001"，单击"确定"按钮，按"Enter"键。在"外币"栏中输入"10 000"，按"Enter"键，在"借方金额"里自动计算出人民币"62 750"。在"贷方科目"栏里参照输入"4001 实收资本"，完成凭证所需填写的其他内容，单击"保存"按钮，如图 2-24 所示。

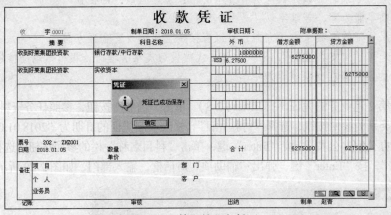

图 2-24　第 3 笔业务凭证

小提示

✧　辅助项如果没有设置或设置错误，则先选中辅助核算科目，将光标定位在辅助内容处，当光标变成钢笔头时，双击，会弹出"辅助项"对话框，直接修改，单击"确定"按钮后退出。

（4）录入第 4 笔业务的凭证（扫二维码 2-10）。单击"增加"按钮，录入第 4 笔业务的凭证，选择"收款凭证"，修改填制凭证的日期为"2018.01.07"。在摘要栏中输入"黄剑报销差旅费"，按"Enter"键，单击"科目名称"栏的参照按钮，选择"1001 库存现金"，参照任务资料输入金额，以相同的方法选择"660203管理费用/差旅费"弹出"辅助项"对话框，输入部门"总经理办公室"，单击"确定"按钮，按"Enter"键。在"科目名称"栏里选择"1221 其他应收款"，弹出

2-10　第 4 笔业务凭证

"辅助项"对话框,输入相关内容,如图 2-25 所示。单击"确定"按钮,输入相应的金额后单击"保存"按钮,如图 2-26 所示。

图 2-25 "辅助项"对话框　　　　　　　图 2-26 第 4 笔业务凭证

(5)录入第 5 笔业务的凭证。单击"增加"按钮,参照任务资料选择凭证类型,输入制单日期、摘要、科目名称、借方金额、贷方金额等,并根据系统提示进行支票类型和编号的录入,完成该笔业务后,凭证如图 2-27 所示。

(6)录入第 6 笔业务的凭证。单击"增加"按钮,参照任务资料选择凭证类

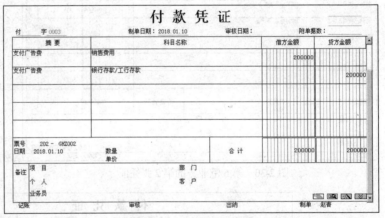

图 2-27 第 5 笔业务凭证

型,输入制单日期、摘要、科目名称、借方金额、贷方金额等,并根据系统提示进行"应收账款"辅助项的录入,如图 2-28 所示,填制完该张凭证后,如图 2-29 所示,再填制该笔业务结转成本的凭证,完成后如图 2-30 所示。

(7)录入第 7 笔业务的凭证(扫二维码 2-11)。单击"增加"按钮,参照任务资料选择凭证类型,输入制单日期、摘要、科目名称、借方金额、贷方金额等,并根据系统提示进行"原材料/A 材料"辅助项数量和单价的录入,如图 2-31 所示,单击"确定"按钮,系统自动计算出金额填入"借方金额"栏。完成该笔业务后,凭证如图 2-32 所示。

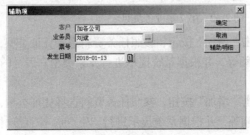

图 2-28 "辅助项"对话框

2-11 第 7 笔业务凭证

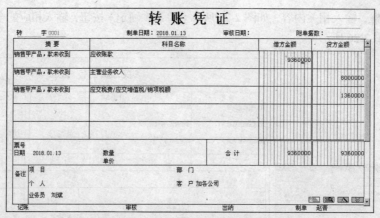

图 2-29　第 6 笔业务的第 1 张凭证

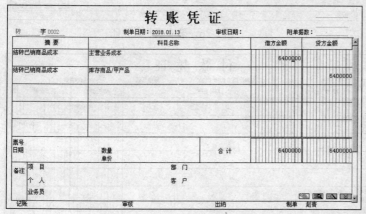

图 2-30　第 6 笔业务的第 2 张凭证

图 2-31　"辅助项"对话框

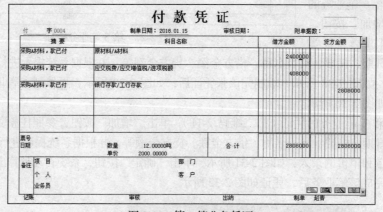

图 2-32　第 7 笔业务凭证

（8）录入第 8 笔业务的凭证。单击"增加"按钮，参照任务资料选择凭证类型，输入制单日期、摘要、科目名称，借方金额、贷方金额等，并根据系统提示进行支票类型和编号的录入，完成该笔业务后，凭证如图 2-33 所示。

（9）录入第 9 笔业务的凭证。单击"增加"按钮，参照任务资料选择凭证类型，输入制单日期、摘要、科目名称，借方金额、贷方金额等，并根据系统提示进行"生产成本/直接材料"辅助项项目名称的录入，如图 2-34 所示，完成该笔业务后，凭证如图 2-35 所示。

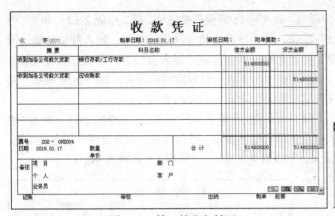

图 2-33　第 8 笔业务凭证

图 2-34　"辅助项"对话框

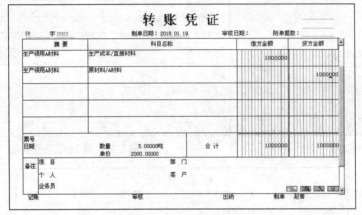

图 2-35　第 9 笔业务凭证

✧　选中贷方科目名称"原材料/A 材料"后，弹出"辅助项"对话框，输入数量和单价，系统自动计算出金额填入"借方金额"栏内，此时按空格键，将金额转到"贷方金额"栏内。

（10）录入第 10 笔业务的凭证。单击"增加"按钮，参照任务资料选择凭证类型，输入制单日期、摘要、科目名称、借方金额、贷方金额等，完成该笔业务后，凭证如图 2-36 所示。

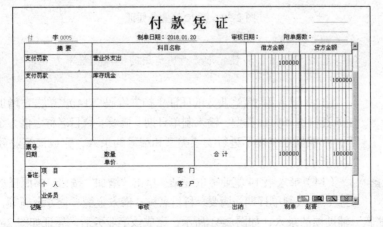

图 2-36　第 10 笔业务凭证

2-12 第11笔业务凭证

2-13 第12笔业务凭证

（11）录入第11笔业务的凭证（扫二维码2-12）。单击"增加"按钮，参照任务资料选择凭证类型，输入制单日期、摘要、科目名称、借方金额、贷方金额等，并根据系统提示进行"生产成本"下级科目辅助项的录入，如图2-37所示，完成该笔业务后，凭证如图2-38所示。

（12）录入第12笔业务的凭证（扫二维码2-13）。单击"增加"按钮，参照任务资料选择凭证类型，输入制单日期、摘要、科目名称、借方金额、贷方金额等，并根据系统提示进行支票类型和编号的录入，完成该笔业务后，凭证如图2-39所示。

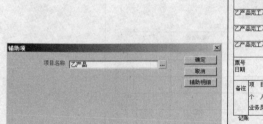
图2-37 "辅助项"对话框

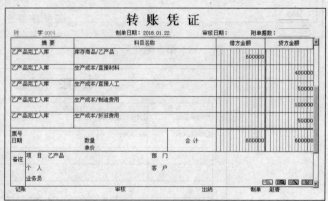
图2-38 第11笔业务凭证

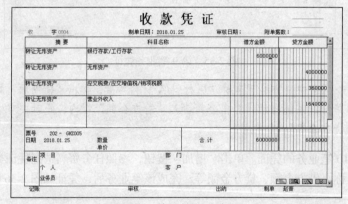
图2-39 第12笔业务凭证

❖ "营改增"后，转让无形资产所适用的增值税税率为6%。

2-14 第13笔业务凭证

（13）录入第13笔业务的凭证（扫二维码2-14）。单击"增加"按钮，参照任务资料选择凭证类型，输入制单日期、摘要、科目名称、借方金额、贷方金额等，并根据系统提示进行支票类型和编号的录入，完成该笔业务后，凭证如图2-40所示。

（14）录入第14笔业务的凭证。单击"增加"按钮，参照任务资料选择凭证类型，输入制单日期、摘要、科目名称、借方金额、贷方金额等，并根据系统提示进行"应付账款"辅助项的录入，如图2-41所示，完成该笔业务后，凭证如图2-42所示。

图 2-40　第 13 笔业务凭证 　　　　　　　　　图 2-41　"辅助项"对话框

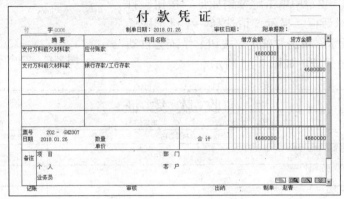

图 2-42　第 14 笔业务凭证

2. 修改凭证

输入凭证时，尽管系统提供了多种控制错误的手段，但错误操作还是在所难免，记账凭证的错误必然影响系统的核算结果。为了更正错误，可以通过系统的修改功能对错误凭证进行修改。可修改的内容包括摘要、科目、辅助项、金额及方向、增加或删除分录等。

凭证的修改有两种形式，即无痕迹修改和有痕迹修改。

（1）无痕迹修改。无痕迹修改即不留下任何曾经修改的线索和痕迹，也就是调出原已录入的凭证，直接修改。有两种状态下的错误凭证可进行无痕迹修改：一是凭证输入后，还未审核，此时可以利用凭证的编辑输入功能直接由制单人修改并保存；二是凭证虽已通过审核，但还未记账，此时先由审核人员取消审核，再由制单人利用凭证编辑输入功能修改并保存。

在"填制凭证"窗口中单击"查询"按钮或直接按"F3"键，在弹出的"凭证查询"对话框中设置凭证类别、凭证号等，如图 2-43 所示。

图 2-43　"凭证查询"对话框

单击"确定"按钮，找到需要修改的凭证，直接修改，完成修改后，单击"保存"按钮。

◇　未审核的凭证可以直接修改，但是凭证类别及编号不能修改。
◇　如果在总账系统的选项中没有选中"允许修改、作废他人填制的凭证"，则只能由原制单人在"填制凭证"功能中修改或作废凭证。
◇　如果凭证已经审核或由出纳签字但未记账，则错误凭证不能直接修改，需先取消审核、签字后才能进行修改。

（2）有痕迹修改。有痕迹修改即留下曾经修改的线索和痕迹，也就是用红字冲销的方法来修改凭证。一般在已经记账的情况下，如发现有错误的凭证采用此种方法来修改。在"填制凭证"窗口中单击"冲销凭证"按钮，打开"冲销凭证"对话框，提示"请选择一张已记账凭证"，如图2-44所示，单击"确定"按钮。系统会自动制作一张红字冲销凭证，如图2-45所示。

图2-44　"冲销凭证"对话框

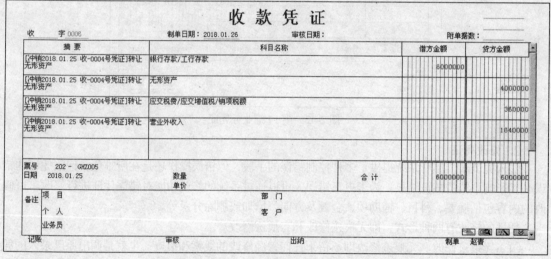

图2-45　红字冲销凭证

在本例中，为保证数据的完整性，不保存该凭证。

◇　冲销凭证是针对已记账凭证由系统自动生成的一张红字冲销凭证。
◇　制作红字冲销凭证后，需要对该业务录入正确的蓝字凭证。
◇　红字冲销凭证应被视为正常凭证进行保存和管理，仍需审核、记账。

2-15　作废及删除凭证

3．作废及删除凭证（扫二维码2-15）

当不想要某张凭证或凭证中出现不便修改的错误时，可将其作废。执行"凭证"/"填制凭证"，打开"填制凭证"窗口，查询并选中"转字0001"号凭证，单击工具栏中的"作废/恢复"按钮，该凭证左上角将打上红色的"作废"字样，如图2-46所示。

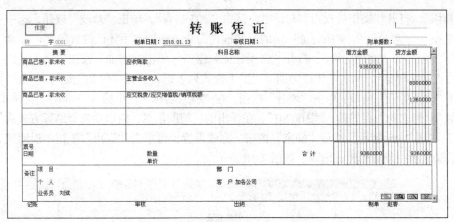

图 2-46　作废凭证

✧　作废凭证仍保留内容和编号，只显示"作废"字样。

✧　作废凭证不能修改，不能审核。

✧　在记账时，已作废凭证将参与记账，否则月末无法结账。

✧　若当前凭证已作废，可执行"制单"菜单中的"作废/恢复"，即可恢复作废凭证为有效凭证。

如果不想保留作废凭证，单击工具栏中的"整理凭证"按钮，弹出"凭证期间选择"对话框，选择"2018.01"，如图 2-47 所示。单击"确定"按钮，弹出"作废凭证表"对话框，单击"全选"按钮，如图 2-48 所示。再单击"确定"按钮，将删除该张凭证。

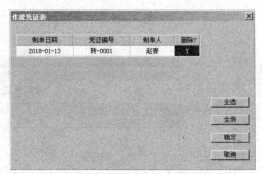

图 2-47　"凭证期间选择"对话框　　　　　图 2-48　"作废凭证表"对话框

在本例中，为保证数据的完整性，单击"取消"按钮，并单击"作废/恢复"按钮，恢复凭证。

✧　凭证整理就是删除所有作废凭证，并对未记账凭证重新编号。

✧　如果凭证已记账，则不能进行凭证整理。需先取消记账，再做凭证整理。

4．常用凭证

在企业日常的经济业务中，许多业务经常重复发生，如从银行提取现金、对外销售产品、购买办公用品等。这些业务的会计凭证的分录格式一致，不同的仅仅是金额。为了方便这类凭证的输入，可以预先定义这类凭证的分录格式，即常用凭证，使用时直接调用，以提高凭证填制的速度。

（1）定义常用凭证（扫二维码 2-16）。打开"系统管理"窗口，执行"权

2-16　定义常用凭证

限"/"权限"，打开"操作员权限"对话框，选中"203 赵青"，单击"修改"按钮，选中"财务会计"/"总账"/"凭证"/"常用凭证"前的复选框，为 203 增加常用凭证的权限。

执行"凭证"/"常用凭证"，打开"常用凭证"窗口。单击"增加"按钮，录入编码"001"，录入说明"提取现金"，单击"凭证类别"栏的下拉式列表框，选择"付款凭证"，单击"详细"按钮，打开"常用凭证"窗口，单击"增分"按钮，在"科目名称"栏里输入"1001"，再单击"增分"按钮，在"科目名称"栏里输入"100201"，在弹出的"辅助信息"窗口中选择结算方式为"201 现金支票"，如图 2-49 所示，单击"确定"按钮，完成设置，再单击"退出"按钮，返回到"常用凭证"对话框显示一条常用凭证记录，如图 2-50 所示。

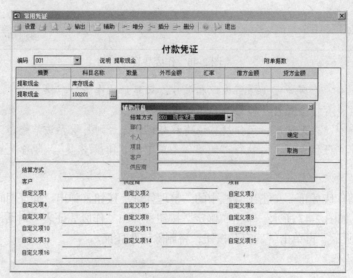

图 2-49 "辅助信息"对话框

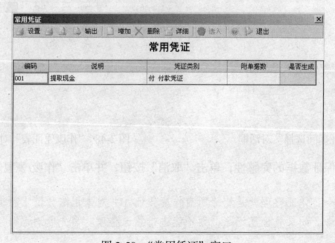

图 2-50 "常用凭证"窗口

2-17 调用常用凭证

（2）调用常用凭证（扫二维码 2-17）。执行"凭证"/"填制凭证"，在打开的"填制凭证"窗口中单击"常用凭证"按钮下拉列表中的"调用常用凭证 F4"，弹出"调用常用凭证"对话框，输入常用凭证代号"001"，如图 2-51 所示，单击"确定"按钮，系统自动生成一张凭证，要求输入相应的金额，在弹出的"辅助信息"窗口中录入本次所需的信息，单击"保存"按钮，即生成一张新凭证。

5. 查询凭证

在工作过程中，可以通过"查询"功能对凭证进行查看，以便随时了解经济业务发生的情况，保证填制凭证的正确性。

执行"凭证"/"查询凭证"，弹出"凭证查询"对话框，如图 2-52 所示。

图 2-51 "调用常用凭证"对话窗

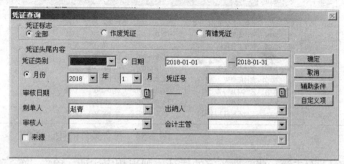

图 2-52 "凭证查询"对话框

选择需要查询的凭证的相应内容，如是否已记账、凭证类别及凭证号等，以便快速地找到所需查询的凭证。

- ◇ 单击凭证右下方的图标▤▤（左一），将显示当前分录是第几条分录。
- ◇ 单击凭证右下方的图标▦（中间），则显示生成该分录的原始单据类型、单据日期及单据号。
- ◇ 单击凭证右下方的图标◣（右一），则显示当前科目的自定义。
- ◇ 在"科目名称"栏移动光标，备注栏将动态显示出该分录的辅助信息。

2.2.6 出纳岗位任务实施——出纳管理

1. 出纳签字（扫二维码 2-18）

出纳岗位任务实施要求能够对符合条件的凭证进行出纳签字操作。

出纳签字是指由出纳人员通过"出纳签字"功能对制单人员填制的带有现金和银行科目的凭证进行检查核对，主要核对凭证的出纳科目与金额是否正确。如果凭证正确，则在凭证上进行出纳签字；经审查如果认为该张凭证有错误或有异议，则不予进行出纳签字，应交由填制人员修改后再核对。

（1）在企业应用平台中执行"系统"/"重注册"，在弹出的"登录"窗口中以"202"出纳的身份登录企业应用平台。

（2）执行"财务会计"/"总账"/"凭证"/"出纳签字"，弹出"出纳签字"对话框，如图 2-53 所示。

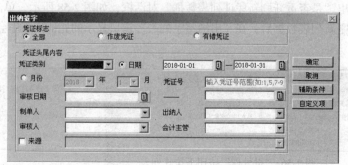

2-18 出纳签字

图 2-53 "出纳签字"对话框

（3）单击"确定"按钮，将弹出符合条件的所有凭证，如图2-54所示。

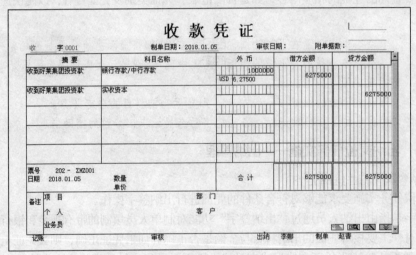

图2-54 符合条件的凭证列表

（4）双击第一张需要签字的凭证。弹出相应凭证，单击"签字"按钮，系统在凭证"出纳"处自动签上出纳的姓名，如图2-55所示。

收 款 凭 证

收   字 0001　　　　制单日期：2018.01.05　　　审核日期：　　　附单据数：

摘　要	科目名称	外　币	借方金额	贷方金额
收到好莱集团投资款	银行存款/中行存款	1000000 USD 6.27500	6275000	
收到好莱集团投资款	实收资本			6275000

票号 202－ZHZ001
日期 2018.01.05　　数量　　　　　　　合　计　　　6275000　　6275000
　　　　　　　　　　单价

备注 项　目　　　　　　　　　　部　门
　　　个　人　　　　　　　　　　客　户
　　　业务员

记账　　　　　审核　　　　　　出纳 李娜　　制单 赵青

图2-55 已进行出纳签字的凭证

（5）单击"下张凭证"按钮，对正确的凭证单击"签字"按钮，完成对所有收付款凭证的签字。

（6）在"出纳签字"窗口中还可以通过"批处理"按钮下拉式列表中的"成批出纳签字"完成该功能。如图2-56所示。单击"成批出纳签字"，弹出提示完成出纳签字信息的对话框，如图2-57所示。

单击"确定"按钮，弹出"是否重新刷新凭证列表数据"对话框，如图2-58所示，单击"是"按钮，完成所有签字任务。刷新列表数据后，在"出纳签字列表"窗口显示的凭证列表中会标明已经出纳签字。

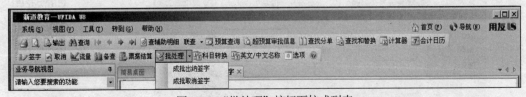

图2-56 "批处理"按钮下拉式列表

图 2-57　提示完成出纳签字信息的对话框　　　图 2-58　"是否重新刷新凭证列表数据"对话框

（7）完成签字后，单击"退出"按钮，退出"出纳签字"窗口。

◇　若要实现出纳签字操作，必须在总账系统的选项中设置"出纳凭证必须由出纳签字"，并在系统初始化的科目设置中指定"库存现金"为"现金科目"，指定"银行存款"为"银行科目"。

◇　已签字凭证如有错误，可由出纳单击"取消"按钮，取消签字，再由制单人修改。

◇　出纳签字时，可以单击"批处理"按钮下拉列表中的"成批出纳签字"选项；取消签字时，则可以单击"批处理"按钮下拉列表中的"成批取消签字"选项完成相应的操作。

2. 查询现金日记账/银行日记账

该项功能需要先进行审核记账后才能操作。

执行"总账"/"出纳"/"现金日记账"，弹出"现金日记账查询条件"对话框，如图 2-59 所示。单击"确定"按钮，显示"现金日记账"页面，如图 2-60 所示。执行"总账"/"出纳"/"银行日记账"，弹出"银行日记账查询条件"对话框，单击"确定"按钮，显示"银行日记账"页面，如图 2-61 所示。

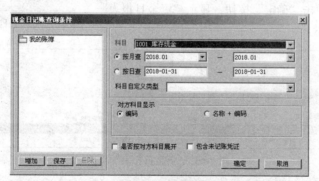

图 2-59　"现金日记账查询条件"对话框

现金日记账

科目　1001 库存现金　　　　　　　　　　　　　　　　月份：2018.01-2018.01

2018年 月 日	凭证号数	摘要	对方科目	借方	贷方	方向	余额	
		上年结转				借	6,875.70	
01 01	付-0001	提取现金	100201	10,000.00		借	16,875.70	
01 01		本日合计		10,000.00		借	16,875.70	
01 03	付-0002	支付办公室办公费	660202		800.00	借	16,075.70	
01 03		本日合计			800.00	借	16,075.70	
01 07	收-0002	黄剑报销差旅费	1221	200.00		借	16,275.70	
01 07		本日合计		200.00		借	16,275.70	
01 20	付-0005	支付罚款	6711		1,000.00	借	15,275.70	
01 20		本日合计			1,000.00	借	15,275.70	
01		当前合计		10,200.00	1,800.00	借	15,275.70	
01		当前累计		10,200.00	1,800.00	借	15,275.70	
		结转下年				借	15,275.70	

图 2-60　"现金日记账"页面

银行日记账

金额式

科目 1002 银行存款

月份：2018.01-2018.01

2018年 月	日	凭证号数	摘要	结算号	对方科目	借方	贷方	方向	余额
			上年结转					借	257,579.16
01	01	付-0001	提取现金_201_XJ001_2018.01.01	现金支票-XJ001	1001		10,000.00	借	247,579.16
01	01		本日合计				10,000.00	借	247,579.16
01	05	收-0001	收到好莱集团投资款_202_ZHZ001_2018.01.0	转账支票-ZHZ001	4001	62,750.00		借	310,329.16
01	05		本日合计			62,750.00		借	310,329.16
01	10	付-0003	支付广告费_202_GHZ002_2018.01.10	转账支票-GHZ002	6601		2,000.00	借	308,329.16
01	10		本日合计				2,000.00	借	308,329.16
01	15	付-0004	采购A材料，款已付_202_GHZ003_2018.01.15	转账支票-GHZ003	140301, 22210101		28,080.00	借	280,249.16
01	15		本日合计				28,080.00	借	280,249.16
01	17	收-0003	收回各公司前欠货款_202_GHZ004_2018.01	转账支票-GHZ004	1122	514,800.00		借	795,049.16
01	17		本日合计			514,800.00		借	795,049.16
01	25	收-0004	转让无形资产_202_GHZ005_2018.01.25	转账支票-GHZ005	1701, 22210102, 6	60,000.00		借	855,049.16
01	25		本日合计			60,000.00		借	855,049.16
01	26	收-0005	收存本月利息_202_GHZ006_2018.01.26	转账支票-GHZ006	6603	560.00		借	855,609.16
01	26	付-0006	支付万科前欠材料款_202_GHZ007_2018.01.2	转账支票-GHZ007	2202		46,800.00	借	808,809.16
01	26		本日合计			560.00	46,800.00	借	808,809.16
01			当前合计			638,110.00	86,880.00	借	808,809.16
01			当前累计			638,110.00	86,880.00	借	808,809.16

图 2-61 "银行日记账"页面

3. 查询资金日报表

执行"总账"/"出纳"/"资金日报"，打开"资金日报表查询条件"对话框，如图 2-62 所示。选择日期，输入"2018-01-25"，选中"包含未记账凭证"和"有余额无发生也显示"两个选项，单击"确定"按钮，显示"资金日报表"页面，如图 2-63 所示。

图 2-62 "资金日报表查询条件"对话框

资金日报表

日期：2018.01.25

科目编码	科目名称	币种	今日共借	今日共贷	方向	今日余额	借方笔数	贷方笔数
1001	库存现金				借	15,275.70		
1002	银行存款		60,000.00		借	855,049.16	1	
合计			60,000.00		借	870,324.86	1	
		美元			借	20,000.00		

图 2-63 "资金日报表"页面

✧ 使用"资金日报"功能可以查询现金、银行存款科目某日的发生额及余额。
✧ 查询资金日报表可以查询包含未记账凭证的资金日报表。
✧ 如果在"资金日报表查询条件"对话框中选择"有余额无发生也显示"选项，则即使现金或银行存款科目在查询当日无发生额，只要有余额也显示。
✧ 在"资金日报表"页面，还可以单击"昨日"按钮，即可显示"昨日余额"等内容。

4. 登记支票登记簿

执行"总账"/"出纳"/"支票登记簿"，打开"银行科目选择"对话框，选择"工行存款（100201）"，如图 2-64 所示，单击"确定"按钮，进入"支票登记簿"窗口。单击"增加"按钮，输入领用日期为"2018.01.10"，领用部门为"销售部"，支票号为"GHZ001"，预计金额"2 000"及用途"支付广告费"，对方科目"6601"，报销日期为"2018.01.10"，实际金额"2 000"，单击"保存"按钮，如图 2-65 所示。

图 2-64 "银行科目选择"对话框

图 2-65　"支票登记簿"页面

 小提示

　　◇　　只有在总账系统的"初始设置"选项中选择"支票控制",并在"结算方式"中设置"票据结算"和在"会计科目"中指定银行账的科目,才可以使用支票登记簿。

　　◇　当支票登记簿中的报销日期为空时,表示该支票未报销。

　　◇　报销日期不可在领用日期之前。

　　◇　已报销的支票可成批删除。

2.2.7　审核记账岗位任务实施——主管审核、记账

　　审核记账岗位任务实施,要求能够判别凭证处理是否正确,对于正确的凭证进行审核记账,对于有错的凭证加以标错并提交给制单岗位修改。

1. 审核凭证

　　审核凭证是指由具有审核权限的操作员按照会计制度的规定,对制单人员填制的记账凭证进行合法性检查,其目的是防止错误与舞弊。**按照会计制度的规定,凭证的审核与制单不能为同一人。**

　　① 在企业应用平台中执行"系统"/"重注册",以"201"账套主管的身份登录企业应用平台。

　　② 执行"财务会计"/"总账"/"凭证"/"审核凭证",弹出"凭证审核"对话框,单击"确定"按钮,弹出所有符合条件的凭证列表,如图 2-66 所示。

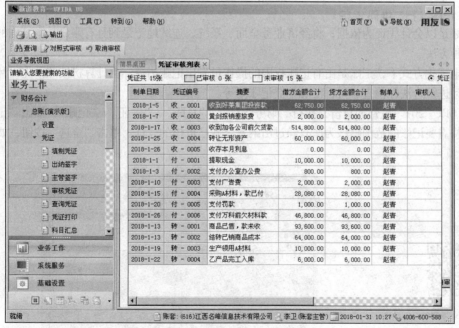

图 2-66　符合条件的凭证列表

　　③ 双击第一张需要审核的凭证。单击"审核"按钮,系统将在凭证"审核"处自动签上审核人的姓名,如图 2-67 所示。

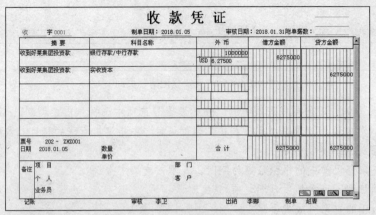

图 2-67　已经完成审核的凭证

④ 单击"下张凭证"按钮，对正确的凭证单击"审核"按钮，完成对所有凭证的审核。

⑤ 完成审核后，单击"退出"按钮，退出"凭证审核"窗口。

◇　若发现凭证有错误，可以单击"标错"按钮，对错误的凭证进行标记。

◇　对于有错误的凭证，应交由制单人员修改后再进行审核。

◇　凭证一经审核，就不能修改、删除，只有被取消审核后，才能修改、删除。

◇　作废凭证不能被审核，也不能被标错。

◇　主管审核时，如果检查所有的凭证都没有错误，可以单击"批处理"按钮下拉式列表中的"成批审核凭证"选项，完成批量审核；取消审核时，也可以单击"批处理"按钮下拉式列表中的"成批取消审核"选项，完成批量取消审核的操作。

2．记账（扫二维码 2-19）

记账是以会计凭证为依据，将经济业务全面、系统、连续地记录到具有账户基本结构的账簿中去的一种方法。

在电算化方式下，记账是由有记账权限的操作员发出记账指令，由计算机按照预先设计的记账程序自动进行合法性检查、科目汇总并登记账簿等。

（1）以"201"主管的身份，执行"财务会计"/"总账"/"凭证"/"记账"，弹出"记账"对话框，将需要记账的范围默认为所有经过出纳签字并已审核的凭证。单击"全选"按钮，如图 2-68 所示。

2-19　记账

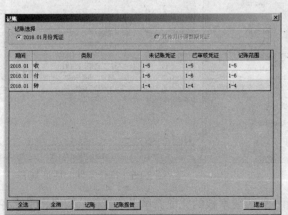

图 2-68　选择记账范围

（2）单击"记账"按钮，系统首先对期初数据进行试算平衡检查，并弹出"期初试算平衡表"窗口，显示检查结果，如图 2-69 所示。

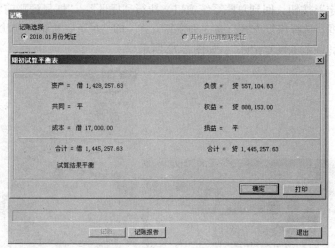

图 2-69　期初试算平衡检查结果

（3）单击"确定"按钮，系统自动进行记账，并显示记账进程，完成记账后，如图 2-70 所示。

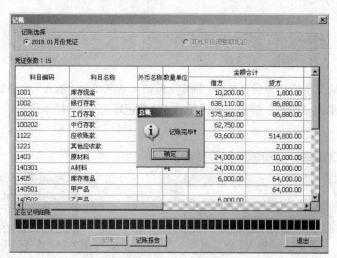

图 2-70　记账完毕

✦　若期初余额试算不平衡，则本月不能进行记账。
✦　上月未结账，本月不能记账。
✦　所选范围内有未审核凭证，不允许记账，但作废凭证无需审核可直接记账。
✦　一个月内可以多次记账。
✦　记账后不能整理凭证断号。

3．取消记账（扫二维码 2-20）

如果由于某种原因，事后发现本月已记账凭证有错误且必须在本月修改，可以利用"恢复记账前状态"功能，将本月已记账凭证恢复到未记账状态，进行修改、审核后再进行记账。

（1）执行"财务会计"/"总账"/"期末"/"对账"，打开"对账"对话

2-20　取消记账

　　框，单击1月份所对应的"对账日期"，按"Ctrl+H"组合键，激活恢复记账前状态功能，弹出提示框显示"恢复记账前状态功能已被激活。"如图2-71所示。

　　（2）单击"确定"按钮，回到总账系统窗口，执行"凭证"/"恢复记账前状态"，弹出"恢复记账前状态"对话框，选择恢复方式。有3种恢复方式，即"最近一次记账前状态""2018年01月初状态"和"选择凭证范围恢复记账"，如图2-72所示。

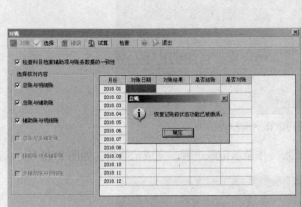 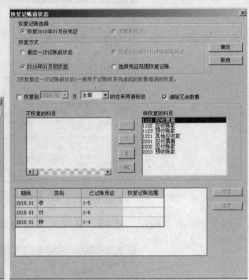

图 2-71　"对账"对话框　　　　　　　图 2-72　选择恢复方式

　　（3）根据具体情况进行选择后，单击"确定"按钮。系统弹出"输入"对话框，如图2-73所示。输入相关的口令，单击"确定"按钮，系统显示"恢复记账完毕！"提示信息，完成恢复记账功能，如图2-74所示。

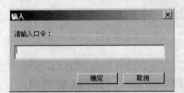　　　　　　　　

图 2-73　"输入"对话框　　　　　　图 2-74　恢复记账完毕

◇　取消记账只能由账套主管来完成。
◇　对于已结账的月份，本月不能恢复记账。
◇　如果再按"Ctrl+H"组合键，则隐藏"恢复记账前状态"功能。

4．数据备份

　　退出企业应用平台，执行"系统"/"注册"，以admin的身份登录。执行"账套"/"输出"，将数据存储在"D：\财务管理系统实训数据\616-2-2"中。

2.2.8　评价考核

1．评价标准

　　根据任务实施的情况，实行过程评价与结果评价相结合。评价标准如表2-11所示。

表2-11　　　　　　　　　　　　　　　　评价标准

评价类别	评价属性	评价指标	分数
过程评价（40%）	实训态度	遵章守纪	10
		按要求及时完成	10
		操作细致、有耐心	10
		独立完成	10
		小计	40
结果评价（60%）	实施效果	填制凭证正确	30
		完成出纳签字	10
		完成审核、记账与反记账工作	20
		小计	60

2．评定等级

根据得分情况评定等级，如表2-12所示。

表2-12　　　　　　　　　　　　　　　　评定等级

等级标准	优	良	中	及格	不及格
分数区间	90分以上	80～89分	70～79分	60～69分	60分以下
实际得分					

任务 2.3 ｜ 总账系统的期末处理

云班课——线上导航（邀请码348846）

翻转课堂	对象性质场景		学生		教师		互动
空间分布	前置学习	线上云班课	探索	**认知** 总账系统期末业务的处理	建立资源	**构建** 总账系统资源库	沟通	**调查** 知识理解、技能掌握程度
			学习资源	**观看** 总账系统期末业务的操作流程及操作视频		**上传** 拍摄操作视频并整理相应的学习资料	课前学习评价	**学生自评**
								教师测评
	课中学习	线下机房实训	归纳、导学	交流互动	**模拟** 1. 银行对账 2. 转账设置 3. 转账生成 4. 结账与反结账	交流互动	**演示** 期末处理的操作演示并提示重难点	检测效果	**跟踪** 学生团队、学生个人学习效果
				学习检测	**问题提出** 知识问题、技能问题	学习检测	**答疑解惑** 知识体系的剖析、技能操作的演示、常见错误的原因、解决问题的方法	知识的内化与应用	**教师讲解剖析**
									学生理解掌握
	课后学习	线上云班课	演绎、拓展	学习巩固	**巩固** 单项实训	评价学习效果	**评价** 通过练习、测试评价学习效果	拓展	**拓展练习**
									拓展测试
				学习拓展	**测试** 综合实训	资源推荐	**共享** 相关资源链接	课后反馈	**信息化工具交流**

2.3.1 工作情境

时间过得真快，转眼就到了月末，月末有一堆的事情等着处理，原来在手工环境下，这几天可是会计人员最累的日子，不过，现在在会计电算化环境下，月末处理不再是那么费劲的一件事了。

2.3.2 岗位描述

出纳岗位的主要任务是负责货币资金的收发核算，及时对库存现金和银行存款的收付业务进行核算和检查，确保企业财产物资的安全、完整。银行对账是货币资金管理的重要内容，是企业出纳人员最基本的工作之一。

制单岗位的主要任务是根据审核无误的原始凭证，通过自己的职业判断，正确、完整地填制记账凭证。考虑到凭证的审核与制单不能是同一人，期末生成凭证就由制单岗位来操作。

账套主管的主要任务是负责账套操作员的管理和基础数据环境的建立，到了期末，主要负责数据的汇总、对账、结账与反结账工作。

2.3.3 背景知识

期末处理是指会计人员将本月所发生的日常经济业务全部登记入账后，在每个会计期末都需要完成的一些特定的会计工作，主要包括期末转账设置、转账生成凭证、试算平衡、对账、结账及期末会计报表的编制等。由于各会计期间的许多期末业务均具有较强的规律性，因此在会计电算化环境下，由计算机来处理期末会计业务，不但可以规范会计业务的处理，还可以大大提高处理期末业务的工作效率。

2.3.4 工作任务

1. 任务内容

（1）银行对账（出纳岗位）。

（2）转账设置与生成（会计制单岗位）。

（3）结账与反结账（账套主管岗位）。

2. 任务资料

（1）银行对账。江西名峰信息技术有限公司银行账的启用日期为 2018 年 1 月 1 日，单位日记账的调整前余额为 194 829.16 元；银行对账单的调整前余额为 234 829.16 元。对账单期初未达项40 000 元。银行对账单如表 2-13 所示。

表 2-13　　　　　　　　　　　　　　　银行对账单

日期	结算方式	票号	借方金额	贷方金额
1 月 2 日	201	XJ001		10 000
1 月 10 日	202	GHZ002		2 000
1 月 15 日	202	GHZ003		28 080
1 月 17 日	202	GHZ004	514 800	
1 月 25 日	202	GHZ005	60 000	

（2）期末转账处理。

设置自定义转账：①计提短期借款利息，利息率为 5%；②计提所得税，税率为 25%。

设置期间损益结转：将所有损益类账户转到"本年利润"中去。

设置对应结转：将"本年利润"结转到"利润分配"中去。

（3）结账与反结账。

2.3.5 出纳岗位任务实施——银行对账

出纳岗位任务实施，要求能够对单位的银行存款日记账和银行对账单进行处理，生成银行存款余额调节表。

执行"系统"/"注册"，以 admin 的身份登录，密码为空，单击"登录"按钮，则以系统管理员的身份登录"系统管理"。执行"账套"/"引入"，引入"D：\财务管理系统实训数据\616-2-2"中的数据。

将系统的时间改为月末，执行"开始"/"程序"/"用友 U8 V10.1"/"企业应用平台"，以"202"出纳岗位的身份登录"[616]江西名峰信息技术有限公司"账套。

为了准确掌握银行存款的实际金额，了解实际可以使用的货币资金数额，防止记账发生差错，企业必须定期将银行存款日记账与银行出具的对账单进行核对，并编制银行存款余额调节表。

银行对账一般通过以下几个步骤完成：录入银行对账期初、录入银行对账单、银行对账、编制余额调节表和核销已达账。

1. 录入银行对账期初数据（扫二维码 2-21）

（1）执行"总账"/"出纳"/"银行对账"/"银行对账期初录入"，弹出"银行科目选择"对话框，选择"工行存款"，如图 2-75 所示。

（2）单击"确定"按钮，弹出"银行对账期初"对话框，在单位日记账的"调整前余额"栏里输入"194 829.16"，在银行对账单的"调整前余额栏"里输入"234 829.16"，如图 2-76 所示。

2-21 录入银行
对账期初数据

图 2-75 "银行科目选择"对话框

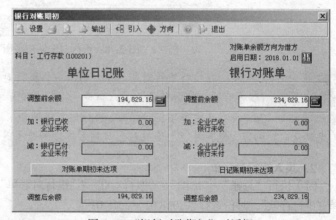

图 2-76 "银行对账期初"对话框

◆ 第一次使用银行对账功能前，系统要求录入银行存款日记账和对账单的期初余额及未达账项，在开始使用银行对账之后，则不再需要录入银行对账期初余额，其期初余额系统会自动生成。

◆ 如果银行存款日记账与银行发来的对账单方向相同、金额相等，则对账方向为借方；若方向相反、金额相等，则对账方向为贷方。可以单击"方向"按钮，完成对账方向的更改。

（3）单击"对账单期初未达项"按钮，弹出"银行方期初"对话框。单击"增加"按钮，依据任务资料输入相应的内容后，单击"保存"按钮，如图 2-77 所示。

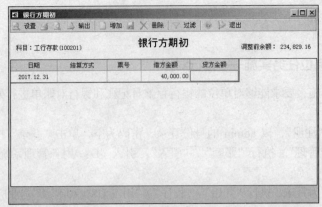

图 2-77 "银行方期初"对话框

（4）单击"退出"按钮，返回"银行对账期初"对话框，系统显示调整前余额、未达账项及调整后余额，如图 2-78 所示。单击"退出"按钮，完成银行对账期初录入工作。

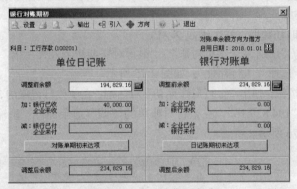

图 2-78 银行对账期初平衡

小提示
　　◇ 在执行银行对账功能之前，应将银行对账期初调平，否则，在对账后编制"银行存款余额调节表"时，会造成银行存款与单位银行账的余额不平。
　　◇ 在录完单位日记账、银行对账单期初未达账后，请不要随意调整启用日期，尤其是向前调整，这样可能会造成启用日期后的期初数不能再参与对账。

2．录入银行对账单

（1）执行"总账"/"出纳"/"银行对账"/"银行对账单"，弹出"银行科目选择"对话框，选择"工行存款"，月份选择"2018.01～2018.01"。

（2）单击"确定"按钮，弹出"银行对账单"窗口，单击"增加"按钮，依据任务资料表 2-13 输入相关数据，如图 2-79 所示。

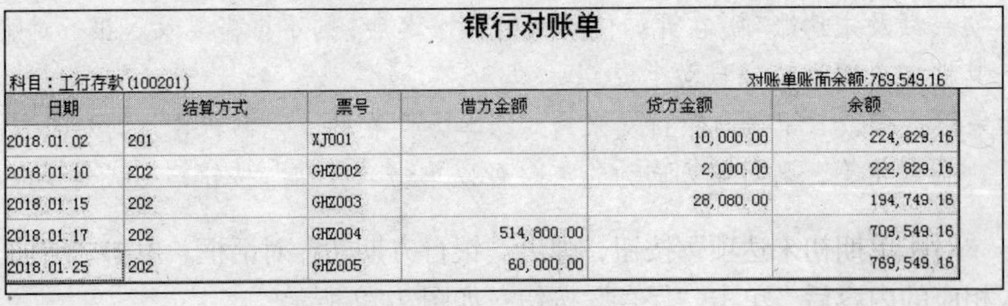

银行对账单

科目：工行存款(100201)　　　　　　　　　　　　　　　　　对账单账面余额:769,549.16

日期	结算方式	票号	借方金额	贷方金额	余额
2018.01.02	201	XJ001		10,000.00	224,829.16
2018.01.10	202	GHZ002		2,000.00	222,829.16
2018.01.15	202	GHZ003		28,080.00	194,749.16
2018.01.17	202	GHZ004	514,800.00		709,549.16
2018.01.25	202	GHZ005	60,000.00		769,549.16

图 2-79 银行对账单录入

（3）单击"保存"按钮后，再单击"退出"按钮，返回"总账"窗口。

3. 银行对账（扫二维码2-22）

2-22 银行对账

（1）执行"总账"/"出纳"/"银行对账"/"银行对账"，弹出"银行科目选择"对话框，选择"工行存款"，月份选择"2018.01～2018.01"。

（2）单击"确定"按钮，弹出"银行对账"窗口，单击"对账"按钮，打开"自动对账"窗口，选择"截止日期"为"2018-01-31"，单击"日期相差 12 天之内""结算方式相同""结算票号相同"复选框，如图 2-80 所示。

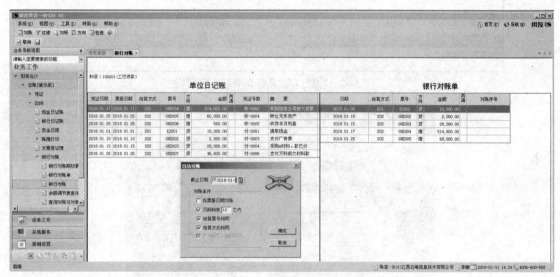

图 2-80 "自动对账"窗口

✧ 在银行对账之前，一定要进行记账，否则单位日记账会没有数据。
✧ 对账条件中的"方向相同、金额相同"是必选条件。
✧ 对账截止日期可以输入，也可以不输入。

（3）单击"确定"按钮，系统会自动对账，并显示自动对账结果，如图 2-81 所示。单击"退出"按钮，回到"总账"窗口。

科目：100201（工行存款）

单位日记账									银行对账单					
票据日期	结算方式	票号	方向	金额	两清	凭证号数	摘要	对账序号	日期	结算方式	票号	方向	金额	两清	对账序号
2018.01.17	202	GHZ004	借	514,800.00	○	收-0003	收到加各公司前欠货款	20180313100003	2018.01.02	201	XJ001	贷	10,000.00	○	2018013100005
2018.01.25	202	GHZ005	借	60,000.00	○	收-0004	转让无形资产	20180313100004	2018.01.10	202	GHZ002	贷	2,000.00	○	2018013100001
2018.01.26	202	GHZ006	借	560.00	○	收-0005	收存本月利息		2018.01.15	202	GHZ003	贷	28,080.00	○	2018013100002
2018.01.01	201	XJ001	贷	10,000.00	○	付-0001	提取现金	20180313100005	2018.01.17	202	GHZ004	借	514,800.00	○	2018013100003
2018.01.10	202	GHZ002	贷	2,000.00	○	付-0001	支付广告费	20180313100001	2018.01.25	202	GHZ005	借	60,000.00	○	2018013100004
2018.01.15	202	GHZ003	贷	28,080.00	○	付-0004	采购A材料，款已付	20180313100002							
2018.01.26	202	GHZ007	贷	46,800.00		付-0006	支付万科前欠材料款								

图 2-81 显示对账结果

✧ 银行对账有两种方式：自动对账与手工对账。
✧ 已经由系统自动对账的会在"两清"栏里显示红色"○"，手工对账的会显示红色"√"。
✧ 手工对账是对自动对账的补充，为了保证对账更彻底，可通过手工对账进行调整勾销。

2-23 查询余额
调节表

4．查询余额调节表（扫二维码2-23）

（1）执行"总账"/"出纳"/"银行对账"/"余额调节表查询"，打开"银行存款余额调节表"窗口，如图2-82所示。

（2）选择"工行存款"账户，单击"查看"按钮，弹出由系统编制的银行存款余额调节表，如图2-83所示。

银行存款余额调节表

银行科目（账户）	对账截止日期	单位账面余额	对账单账面余额	调整后存款余额
工行存款(100201)	2018.01.31	683,309.16	769,549.16	723,309.16
中行存款(100202)		10,000.00	0.00	10,000.00

图2-82 "银行存款余额调节表"窗口

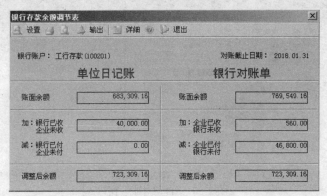

图2-83 "银行存款余额调节表"查看窗口

5．查询对账勾对情况

在进行核销已达账之前，应先查询单位日记账和银行对账单的对账结果，在检查无误后，可核销已达账。

（1）执行"总账"/"出纳"/"银行对账"/"查询对账勾对情况"，弹出"银行科目选择"对话框，选择"工行存款"，单击"确定"按钮，弹出"查询银行勾对情况"窗口，有"银行对账单"和"单位日记账"选项卡，分别显示勾对情况，如图2-84所示。

银行对账单

□已对账　　□未对账

科目　工行存款(100201)

日期	结算方式	票号	借方金额	贷方金额	两清标志	对账序号
2017.12.31			40,000.00			
2018.01.02	201	XJ001		10,000.00	○	2018013100005
2018.01.10	202	GHZ002		2,000.00	○	2018013100001
2018.01.15	202	GHZ003		28,080.00	○	2018013100002
2018.01.17	202	GHZ004	514,800.00		○	2018013100003
2018.01.25	202	GHZ005	60,000.00		○	2018013100004
合计			614,800.00	40,080.00		

图2-84 "银行对账单"和"单位日记账"选项卡

（2）分别查询银行对账单与单位日记账后，单击"退出"按钮。

6. 核销已达账（扫二维码 2-24）

（1）执行"银行对账"/"核销银行账"，弹出"核销银行账"对话框，选择"工行存款"，单击"确定"按钮，弹出"您是否确实要进行银行账核销？"提示信息，如图 2-85 所示。

（2）单击"是"按钮，系统完成核销工作，如图 2-86 所示。

2-24 核销已达账

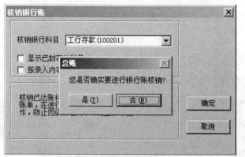

图 2-85 "您是否确实要进行银行账核销？"提示信息

图 2-86 "银行账核销完毕！"提示信息

✧ 核销已达账后，查看不到已经对到账的数据。

✧ 银行对账不平时，不能使用核销功能。

✧ 系统提供了反核销操作功能。在银行对账菜单中选择"核销银行账"，选择需要反核销的银行科目，按"Alt+U"组合键，依据系统提示完成反核销操作。

2.3.6 会计制单岗位任务实施——转账设置与生成

会计制单岗位任务实施，要求在期末进行转账设置和转账生成操作。

1. 转账设置

执行"重注册"，以"203"会计制单岗位的身份登录[616]账套。

（1）自定义转账设置（扫二维码 2-25）。

① 执行"财务会计"/"总账"/"期末"/"转账定义"/"自定义结转"，弹出"自定义转账设置"窗口，单击"增加"按钮，弹出"转账目录"对话框，输入转账序号、转账说明及凭证类别，如图 2-87 所示。

2-25 自定义转账
设置

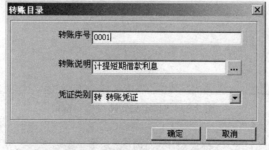

图 2-87 "转账目录"对话框

单击"确定"按钮，返回"自定义转账设置"窗口，单击"增行"按钮，在"借方科目"栏里选择科目编码（财务费用 6603）、借方和金额公式，再次单击"增行"按钮，输入贷方科目的科目编码（应付利息 2231）、贷方和金额公式，如图 2-88 所示。

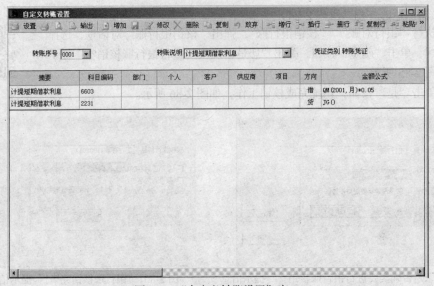

图 2-88 "自定义转账设置"窗口

② 用同样的方法进行计提所得税的自定义转账设置，单击"增加"按钮，完成转账目录设置后，在"自定义转账设置"窗口中单击"增行"按钮，在"借方科目"栏里选择科目编码（所得税费用 6801）、借方和金额公式，再次单击"增行"按钮，输入贷方科目的科目编码（应交企业所得税 22110201）、贷方和金额公式，如图 2-89 所示。

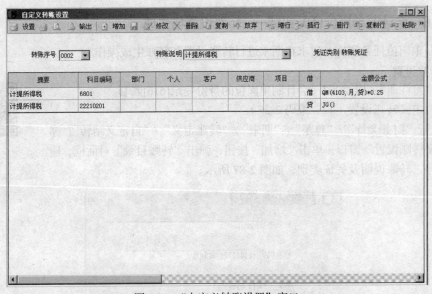

图 2-89 "自定义转账设置"窗口

◇ "JG（ ）"表示取对方科目计算结果。

◇ 当所输入的科目为部门核算，且按某部门进行结转时，需指定部门；否则，按所有部门进行结转。

◇ 当所输入的科目为个人核算，且按某个人进行结转时，需指定个人；否则，按所有个人进行结转。项目、客户、供应商栏目的处理方法与个人栏目的处理方法相同。

（2）期间损益结转设置（扫二维码 2-26）。执行"财务会计"/"总账"/"期末"/"转账定义"/
"期间损益结转"，弹出"期间损益结转设置"对话框，将凭证类别设置为"转 转账凭证"，本年利
润科目设置为"4103"，单击"确定"按钮，退出设置窗口，如图 2-90 所示。

2-26 期间损益
转账设置

图 2-90 "期间损益结转设置"对话框

✦ 自动转账定义主要包括自定义转账设置、对应结转设置、销售成本结转设
置、汇总损益结转设置、期间损益结转设置、自定义比例结转设置、费用摊销和预
提设置。

✦ 销售成本的结转要求库存商品科目、商品销售收入科目和商品销售成本科目及下级科
目的结构必须相同，其账簿格式必须为数量金额式，否则无法设置。

✦ 汇总损益的结转只处理外币账户，且汇总损益入账科目不能是辅助账科目。

（3）对应结转设置（扫二维码 2-27）。执行"财务会计"/"总账"/"期末"/"转账定义"/"对
应结转"，弹出"对应转账设置"窗口，输入编号、凭证类型、摘要、选择转出科目（本年利润 4103），
单击"增行"按钮，输入转入科目编码（未分配利润 410401）及结转系数，如图 2-91 所示，单击
"保存"按钮后退出。

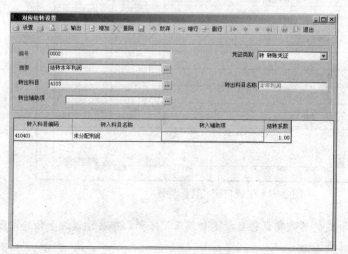

2-27 对应结转
设置

图 2-91 "对应结转设置"窗口

✧ 对应结转不仅可以进行两个科目一对一的结转，还提供科目一对多结转，但必须注意如果科目有辅助核算，那么结转的两个科目的辅助核算必须相同。而且该功能只结转期末余额，发生额要进行结转，需在自定义结转中设置。

✧ 所有的转账设置只需设置一次，下月再使用时只需"转账生成"即可。

2. 转账生成

（1）自定义转账生成（扫二维码2-28）。执行"财务会计"/"总账"/"期末"/"转账生成"，弹出"转账生成"对话框，选择"自定义转账"，选择编号为"0001"的自定义转账，在"是否结转"下面双击，打上"Y"，表示选中该设置，如图2-92所示。单击"确定"按钮，系统自动生成一张凭证，如图2-93所示。

2-28 自定义转账生成

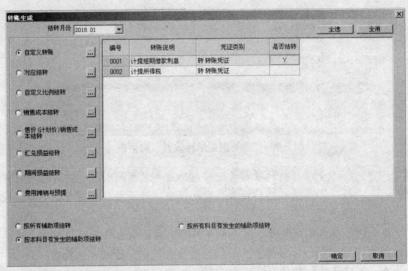

图2-92 "转账生成"对话框

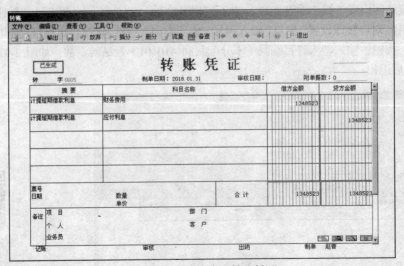

图2-93 生成自定义转账凭证

✧ 所有生成的转账凭证将自动追加到未记账凭证中去，通过审核、记账才能真正完成结转工作。

此时需更换操作员，由账套主管"201"进行审核记账，以便期间损益结转数据正确。

（2）期间损益转账生成（扫二维码 2-29）。执行"财务会计"/"总账"/"期末"/"转账生成"，弹出"转账生成"对话框，选择"期间损益转账"，类型选择"全部"，单击"全选"按钮，如图 2-94 所示。

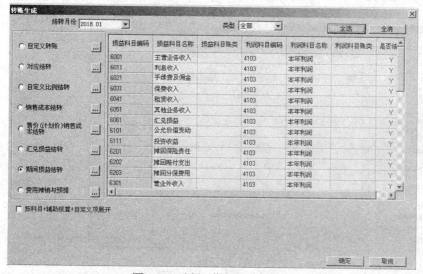

2-29 期间损益
转账生成

图 2-94 选择"期间损益结转"

单击"确定"按钮，系统自动生成一张凭证，如图 2-95 所示。

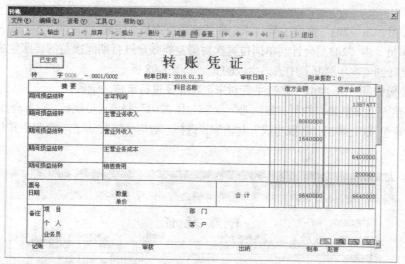

图 2-95 生成期间损益转账凭证

更换操作员，由"201"账套主管对未记账凭证进行审核、记账。

 ✧ 在生成期间损益转账凭证前，一定要将所有的凭证审核并记账，否则会有数据遗漏，未结转到"本年利润"中去。

 ✧ 转账凭证每月只生成一次。

 ✧ 生成凭证的类型可以选择"全部"，生成一张凭证；也可以分别选择"收入""支出"，生成两张凭证。

 ✧ 生成凭证时，必须注意业务的先后顺序，否则计算金额时就会发生差错。

（3）计算所得税。重注册，由"203"会计制单岗位执行"财务会计"/"总账"/"期末"/"转账生成"，弹出"转账生成"对话框，选择"自定义转账"，选择编号为"0002"的自定义转账，在"是否结转"下面双击，打上"Y"，表示选中该设置，如图2-96所示。单击"确定"按钮，系统自动生成一张凭证，如图2-97所示。

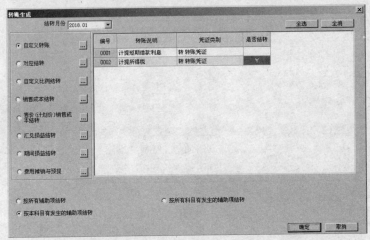

图2-96 "转账生成"对话框

✧ 计提所得税的金额=13 874.77×25%≈3 468.69

更换操作员，由"201"账套主管对未记账凭证进行审核、记账。

更换操作员，由"203"会计制单岗位再次对损益类账户进行期间损益的转账生成。即将"所得税费用"结转到"本年利润"中去，生成的凭证如图2-98所示。

再次更换操作员，由"201"账套主管对未记账凭证进行审核、记账。

（4）对应结转生成凭证。执行"重注册"命令，由"203"制单人员执行"财务会计"/"总账"/"期末"/"转账生成"，弹出"转账生成"对话框，选择"对应结转"，单击"全选"按钮，如图2-99所示。

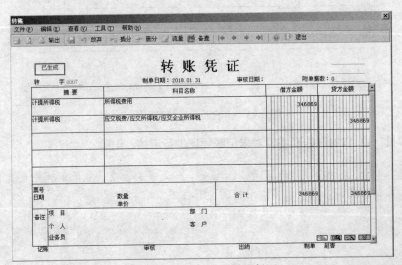

图2-97 生成自定义转账凭证

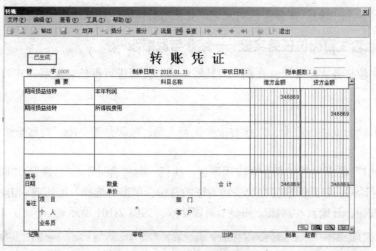

图 2-98　生成期间损益转账凭证

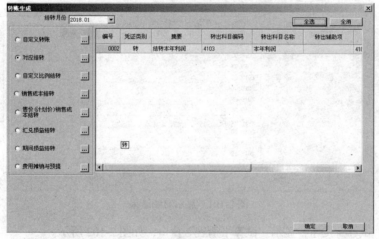

图 2-99　"转账生成"对话框

单击"确定"按钮，系统自动生成一张凭证，如图 2-100 所示。

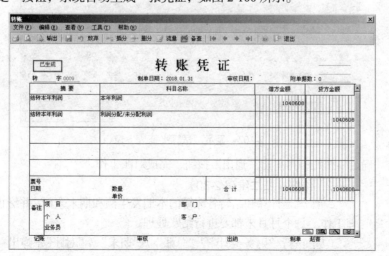

图 2-100　生成对应结转转账凭证

更换操作员，由"201"账套主管对未记账凭证进行审核、记账。

2.3.7 账套主管岗位任务实施——结账与反结账

账套主管岗位任务实施要求，在期末对转账生成的凭证进行审核、记账，并对本月的业务进行对账、结账。

1. 对账

对账是对账簿数据进行核对，以检查记账是否正确、账簿是否平衡。对账至少一个月一次，一般可在月末结账前进行。

（1）由"201"账套主管登录企业应用平台，执行"财务会计"/"总账"/"期末"/"对账"，弹出"对账"对话框，将光标定位在要进行对账的月份，单击"选择"按钮或双击"是否对账"栏，单击"对账"按钮，开始自动对账，并显示对账结果，如图2-101所示。

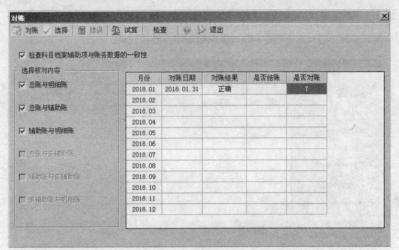

图2-101 显示对账结果

（2）单击"试算"按钮，显示"试算平衡表"窗口，如图2-102所示。

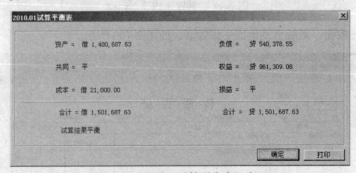

图2-102 显示"试算平衡表"窗口

（3）单击"确定"按钮，再单击"退出"按钮，完成对账工作。

2. 结账（扫二维码2-30）

结账就是计算和结转各账簿的本期发生额和期末余额，并终止本月的账务处理工作。每个月月末都要进行结账处理。

（1）执行"财务会计"/"总账"/"期末"/"对账"，弹出"结账—开始结账"对话框，选择结账的月份，如图2-103所示。

2-30 结账

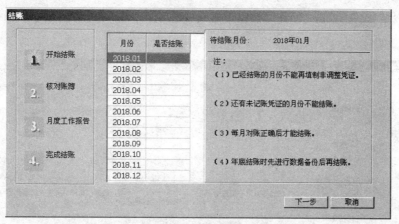

图 2-103 "结账—开始结账"对话框

（2）单击"下一步"按钮，弹出"结账—核对账簿"对话框，显示账簿核对情况，如图 2-104 所示。

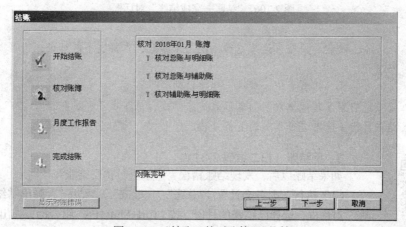

图 2-104 "结账—核对账簿"对话框

（3）单击"下一步"按钮，弹出"结账—月度工作报告"对话框，如图 2-105 所示。

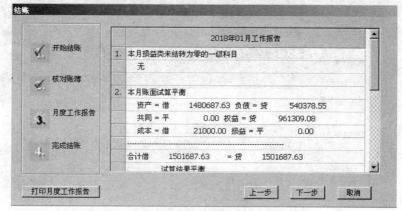

图 2-105 "结账—月度工作报告"对话框

（4）单击"下一步"按钮，弹出"结账—完成结账"对话框，如图 2-106 所示。提示"工作检查完成，可以结账。"，单击"结账"按钮，完成结账工作。若不符合结账要求，系统将提示不能结账。

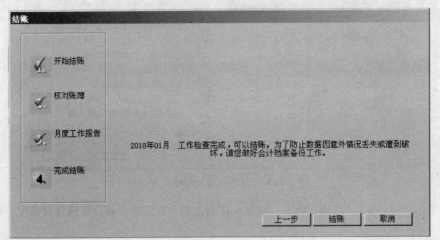

图2-106 "结账—完成结账"对话框

 小提示
✧ 结账必须按月连续进行，上月未结账，本月也不能结账，但可以填制、审核凭证。
✧ 本月还有未记账凭证，不能结账。
✧ 如果系统启用了其他模块，则其他系统未结账，总账也不能结账。
✧ 已结账月份不能再进行本月的业务处理。

2-31 反结账

3．反结账（扫二维码2-31）
如果结账以后，发现结账错误，可以进行"反结账"。
（1）执行"财务会计"/"总账"/"期末"/"结账"，弹出"结账—开始结账"对话框，选择已结账的月份，按"Ctrl+Shift+F6"组合键，弹出"确认口令"对话框，如图2-107所示。

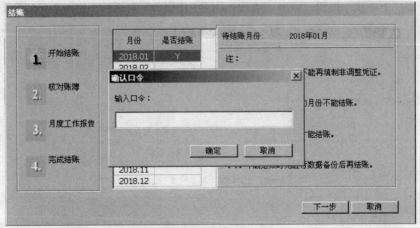

图2-107 "确认口令"对话框

（2）输入账套主管的口令，单击"确定"按钮，完成反结账工作。

4．备份账套

退出"企业应用平台"，在系统管理中由系统管理员执行"账套"/"输出"，将数据存储在"D:\财务管理系统实训数据\616-2-3"中。

2.3.8 评价考核

1．评价标准

根据任务实施的情况，实行过程评价与结果评价相结合。评价标准如表 2-14 所示。

表 2-14　　　　　　　　　　　　　　　　　评价标准

评价类别	评价属性	评价指标	分数
过程评价 （40%）	实训态度	遵章守纪	10
		按要求及时完成	10
		操作细致、有耐心	10
		独立完成	10
		小计	40
结果评价 （60%）	实施效果	正确进行银行对账，数据准确	20
		期末数据处理正确	20
		能够顺利结账	20
		小计	60

2．评定等级

根据得分情况评定等级，如表 2-15 所示。

表 2-15　　　　　　　　　　　　　　　　　评定等级

等级标准	优	良	中	及格	不及格
分数区间	90 分以上	80～89 分	70～79 分	60～69 分	60 分以下
实际得分					

项目三
UFO 报表

用友 ERP-U8 V10.1 管理软件中的 UFO 报表是报表处理的工具，它与用友财务管理系统有完美的接口，具有方便的自定义报表功能和数据处理功能，内置多个行业的常用会计报表。利用 UFO 报表既可以编制对外报表，也可以编制对内报表。它的主要任务是设计报表的格式和编制公式，从总账或其他系统中取得相关的会计信息，自动编制各种会计报表，完成对报表的审核、汇总。

任务 3.1 | 总账报表岗位——会计报表的设计

云班课——线上导航（邀请码 348846）

项目三 UFO 报表				任务 3.1 总账报表岗位——会计报表的设计		
翻转课堂 场景	性质	对象	学生	教师		互动
前置学习	线上云班课	探索	学习资源	**认知** UFO 报表的界面与功能	**构建** 利用已有的总账数据生成 UFO 报表资源库	沟通	**调查** 知识理解、技能掌握程度
				观看 UFO 报表设计的操作视频	建立资源	**上传** 拍摄操作视频并整理相应的学习资料	课前学习评价	**学生自评**
							教师测评
空间分布	课中学习	线下机房实训	归纳、导学	交流互动	**模拟** 1. 自定义货币资金表 2. 报表模板生成资产负债表 3. 报表模板生成利润表 4. 自定义财务指标分析表	交流互动	**演示** 会计报表的设计操作演示并重点强调公式的设置	检测效果	**跟踪** 学生团队、学生个人学习效果
			学习检测	**问题提出** 知识问题、技能问题	学习检测	**答疑解惑** 知识体系的剖析、技能操作的演示、常见错误的原因、解决问题的方法	知识的内化与应用	教师讲解剖析
								学生理解掌握
课后学习	线上云班课	演绎、拓展	学习巩固	**巩固** 单项实训	评价学习效果	**评价** 通过练习、测试评价学习效果	拓展	拓展练习
								拓展测试
			学习拓展	**测试** 综合实训	资源推荐	**共享** 相关资源链接	课后反馈	信息化工具交流

3.1.1 工作情境

赵会计上午刚刚接到老板的电话，要求将这个月货币资金的使用情况编制成一个简表报到老板办公室去。同时，因为到了月末，这个月对外的会计报表也需要进行编制和报出了。赵会计偷偷地乐了，如果还是用手工方式编制会计报表，那可要累惨了，不过，现在有了用友 ERP-U8 这个神器，这些事还不是小菜一碟？

3.1.2 岗位描述

总账报表岗位的主要任务是在报表管理系统中根据需要设计并编制各种内外部报表，能够利用公式，从财务管理系统的其他系统中自动取数，完成报表数据的核对和审查工作。

3.1.3 背景知识

UFO 报表有两种状态，即格式状态和数据状态。在报表格式状态下进行有关格式设计的操作，如表尺寸、行高列宽、单元属性、单元风格、组合单元、关键字；定义报表的单元公式、审核公式及舍位平衡公式。在格式状态下所看到的是报表的格式，报表的数据全部隐藏。在格式状态下所做的操作对本报表所有的表页都发生作用，在格式状态下不能进行数据的录入、计算等操作。

3.1.4 工作任务

1. 任务内容

（1）设置报表格式。

（2）编辑报表公式。

（3）设置关键字。

（4）数据备份。

2. 任务资料

（1）自定义货币资金表，如表 3-1 所示。

表 3-1 　　　　　　　　　　　　　　自定义报表
　　　　　　　　　　　　　　　　　　货币资金表

编制单位：　　　　　　　　　　　　　年　月　日　　　　　　　　　　　　　　　　单位：元

项目	行次	期初数	期末数
库存现金	1		
银行存款	2		
合计	3		

制表人：赵青

（2）报表单元公式。

库存现金期初数：QC（"1001"，月）

库存现金期末数：QM（"1001"，月）

银行存款期初数：QC（"1002"，月）

银行存款期末数：QM（"1002"，月）

期初数合计：C6=C4+C5

期末数合计：D6=D4+D5

（3）利用报表模板生成资产负债表（zcfzb.rep）与利润表（lrb.rep）。

（4）利用自定义报表生成财务指标分析表，如表 3-2 所示。

表3-2

财务指标分析表

2018 年 1 月

指标	要求	公式	指标数值（%）
资产负债率	利用 zcfzb.rep 定义表间取数公式	负债总额/资产总额	
营业净利率	利用 lrb.rep 定义表间取数公式	净利润/营业收入	
营运资本周转率	利用 zcfzb.rep 和 lrb.rep 定义表间取数公式	销售收入净额/平均营运资金	

3.1.5 任务实施

实施要求如下。

（1）理解 UFO 报表的两种状态。

（2）合理地设计出美观大方的报表。

（3）了解报表关键字的正确使用。

（4）备份账套。

实施的具体步骤如下。

打开"系统管理"，执行"系统"/"注册"，以 admin 的身份登录，密码为空，单击"登录"按钮，则以系统管理员的身份登录"系统管理"。执行"账套"/"引入"，引入"D:\财务管理系统实训数据\616-2-3"中的数据。

修改"203"赵青的权限，执行"权限"/"权限"，选择"203 赵青"操作员，单击"修改"按钮，单击 UFO 报表前的复选框，如图 3-1 所示，单击"保存"按钮后退出。

1. 自定义报表设计货币资金表（扫二维码 3-1）

以"203"总账报表岗位的身份登录企业应用平台，进入 UFO 报表系统。

（1）执行"业务工作"/"财务会计"/"UFO 报表"，进入 UFO 报表系统，执行"文件"/"新建"命令，增加一张新的报表。

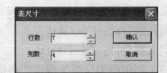

3-1 设计货币资金表

（2）单击窗口左下角的"格式"按钮，切换到格式状态。执行"格式"/"表尺寸"，弹出"表尺寸"对话框，按照任务资料表 3-1 的要求，输入 7 行 4 列，如图 3-2 所示。

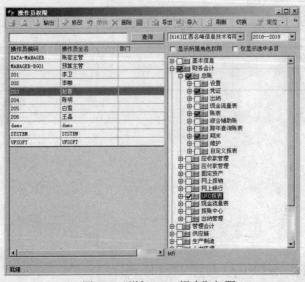

图 3-1 "增加 UFO 报表"权限　　　　图 3-2 "表尺寸"对话框

◇ 可以使用格式菜单中的"插入"或"删除"来增加或减少行或列来调整报表的大小。

（3）**选择所有单元**，执行"格式"/"行高"，或直接使用工具栏中的"行高"按钮，弹出"行高"对话框，将行高修改为 8，执行"格式"/"列宽"，弹出"列宽"对话框，将列宽修改为 35。

 ◇ 单元是组成报表的最小单位。单元名称由所在行、列标志。例如，C7 表示第 3 列第 7 行所对应的那个单元。

◇ 单元类型有数值单元、字符单元、表样单元 3 种。

◇ 组合单元由相邻的两个或更多的单元组成，这些单元必须是同一种单元类型（表样、数值、字符），UFO 在处理报表时将组合单元视为一个单元。组合单元的名称可以用区域的名称或区域中的任何一个单元的名称来表示。

◇ 可以通过菜单来定义行高和列宽，也可以直接利用鼠标拖动某行或某列来调整行高和列宽。

（4）将 A1：D1 组合成一个单元。选中 A1：D1，执行"格式"/"组合单元"，弹出"组合单元"对话框，如图 3-3 所示。

选择"按行组合"或"整体组合"按钮，将 A1：D1 组合成一个新单元。

图 3-3 "组合单元"对话框

 ◇ 区域由一张表页上的相邻单元组成，自起点单元至终点单元是一个完整的长方形矩阵。在 UFO 中，区域是二维的，最大的区域是整个表页，最小的区域是一个单元。

◇ 一个 UFO 报表最多可容纳 99 999 张表页，一个报表中的所有表页具有相同的格式，但其中的数据不同。表页在报表中的序号在表页的下方以标签的形式出现，称为"页标"。

（5）在 A1：D1 组合的单元内，输入"货币资金表"，执行"格式"/"单元属性"，弹出"单元格属性"对话框，单击"对齐"标签项，设置文字居中，如图 3-4 所示。

选择"字体图案"标签项，进行字体、字型、字号及颜色图案的设置，如图 3-5 所示。

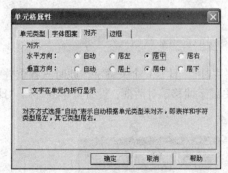

图 3-4 "单元格属性"对话框

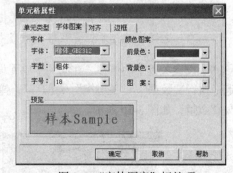

图 3-5 "字体图案"标签项

（6）选中 D2 单元，输入"单位：元"，设置单元属性为"右对齐"，按照任务资料表 3-1 中提供的表样，在对应的单元中录入文字，设置文字居中，字体为"宋体"，字号为"14"，如图 3-6 所示。

图3-6 录入文字并设置

（7）选中 A3：D6，执行"格式"/"区域画线"，弹出"区域画线"对话框，如图3-7所示。

选择"网线"单选按钮，确定画线类型和样式，单击"确认"按钮后完成区域画线，完成区域画线后的表如图3-8所示。

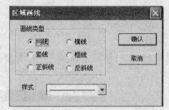

图3-7 "区域画线"对话框　　　　图3-8 完成区域画线后的表

　　　◇　画好的表格线在格式状态下变化并不明显，操作完后，可以在数据状态下查看效果。

（8）定义关键字。选中 A2 单元，执行"数据"/"关键字"/"设置"，弹出"设置关键字"对话框，如图3-9所示。

选择"单位名称"单选按钮，单击"确定"按钮，完成"单位名称"关键字的设置。选中 C2 单元，执行"数据"/"关键字"/"设置"，分别设置"年""月""日"关键字。

　　　◇　关键字是一种特殊的单元，可以唯一表示一个表页，用于在大量表页中快速选择表页。UFO 报表共提供了 8 种关键字，它们是"单位名称""单位编号""年""月""日""季""日期""自定义"。当定义名称为"周"和"旬"时有特殊意义，可以用于业务函数中代表取数日期。
　　　◇　每个报表可以同时定义多个关键字。
　　　◇　关键字的显示位置在格式状态下设置，关键字的值则在数据状态下录入。

（9）设置关键字的偏移。在同一个单元设置了"年""月""日"3 个关键字，此时三者重叠在一起。执行"数据"/"关键字"/"偏移"，弹出"定义关键字偏移"对话框，设置"年""月""日"的偏移数量，如图3-10所示。

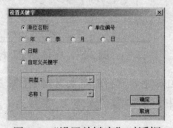

图3-9 "设置关键字"对话框　　　图3-10 "定义关键字偏移"对话框

✧ 正数表示向右偏移，负数表示向左偏移。

（10）定义单元公式。选中 C4 单元，执行"数据"/"编辑公式"/"单元公式"，弹出"定义公式"对话框。在"定义公式"对话框中直接或参照输入函数公式：QC（"1001"，月），单击"确定"按钮。

使用相同的方法，在 C5 单元中输入函数公式：QC（"1002"，月），在 D4 单元中输入函数公式：QM（"1001"，月），在 D5 单元中输入函数公式：QM（"1002"，月）。在 C6 单元中输入公式："＝C4+C5"，在 D6 单元中输入公式："＝D4+D5"。设置完成后，表格如图 3-11 所示。

图 3-11　定义单元公式

✧ 单元公式中涉及的符号均为英文半角字符。

✧ 单击"fx"按钮或双击某公式单元或按"＝"键，都可以打开"定义公式"对话框。

（11）保存报表。执行"文件"/"保存"，弹出"另存为"对话框，将报表保存在"D：\财务管理系统实训数据"下，文件名为"货币资金表"，单击"另存为"按钮，保存文件。

（12）定义舍位平衡公式（扫二维码 3-2）。当报表数据比较大时，可以扩大显示数据的单位，如由"元"修改为"千元"或"万元"，方便显示数据，此时可以通过设置报表中的舍位平衡公式来实现。执行"数据"/"编辑公式"/"舍位公式"，弹出"舍位平衡公式"对话框。输入舍位表名为"舍位表"，舍位范围为"C4：D6"，舍位位数为"3"，平衡公式为"C6=C4+C5，D6=D4+D5"，如图 3-12 所示。

图 3-12　"舍位平衡公式"对话框

3-2　定义舍位
平衡公式

单击"完成"按钮，退出公式的设置。单击"保存"按钮，完成对报表的修改。

✧ 在进行舍位平衡公式的设置前一定要对报表进行保存。

2. 利用报表模板生成报表

（1）在 UFO 报表窗口中新建一张报表，执行"格式"/"报表模板"，弹出"报表模板"对话框，选择“2007年新会计制度科目”的“资产负债表”，如图3-13所示。

（2）单击“确认”按钮，弹出提示对话框，如图3-14所示。

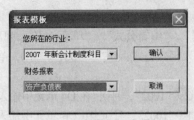

图3-13　选择资产负债表模板

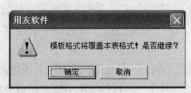

图3-14　提示对话框

（3）单击“确定”按钮，显示系统内置的资产负债表格式状态，执行“文件”/“保存”，弹出“另存为”对话框，将报表保存在“D:\财务管理系统实训数据”下，文件名为“资产负债表”，单击“另存为”按钮，保存文件，如图3-15所示。

			资产负债表				
							会企01表
编制单位:		xxxx 年	xx 月	xx 日			单位:元
资　产	行次	期末余额	年初余额	负债和所有者权益（或股东权益）	行次	期末余额	年初余额
流动资产:				流动负债:			
货币资金	1	公式单元	公式单元	短期借款	32	公式单元	公式单元
交易性金融资产	2	公式单元	公式单元	交易性金融负债	33	公式单元	公式单元
应收票据	3	公式单元	公式单元	应付票据	34	公式单元	公式单元
应收账款	4	公式单元	公式单元	应付账款	35	公式单元	公式单元
预付款项	5	公式单元	公式单元	预收款项	36	公式单元	公式单元
应收利息	6	公式单元	公式单元	应付职工薪酬	37	公式单元	公式单元
应收股利	7	公式单元	公式单元	应交税费	38	公式单元	公式单元
其他应收款	8	公式单元	公式单元	应付利息	39	公式单元	公式单元
存货	9	公式单元	公式单元	应付股利	40	公式单元	公式单元
一年内到期的非流动资产	10			其他应付款	41	公式单元	公式单元
其他流动资产	11			一年内到期的非流动负债	42		
流动资产合计	12	公式单元	公式单元	其他流动负债	43		
非流动资产:				流动负债合计	44	公式单元	公式单元
可供出售金融资产	13	公式单元	公式单元	非流动负债:		演示数据	
持有至到期投资	14	公式单元	公式单元	长期借款	45	公式单元	公式单元
长期应收款	15	公式单元	公式单元	应付债券	46	公式单元	公式单元
长期股权投资	16	公式单元	公式单元	长期应付款	47	公式单元	公式单元
投资性房地产	17	公式单元	公式单元	专项应付款	48	公式单元	公式单元
固定资产	18	公式单元	公式单元	预计负债	49	公式单元	公式单元
在建工程	19	公式单元	公式单元	递延所得税负债	50	公式单元	公式单元

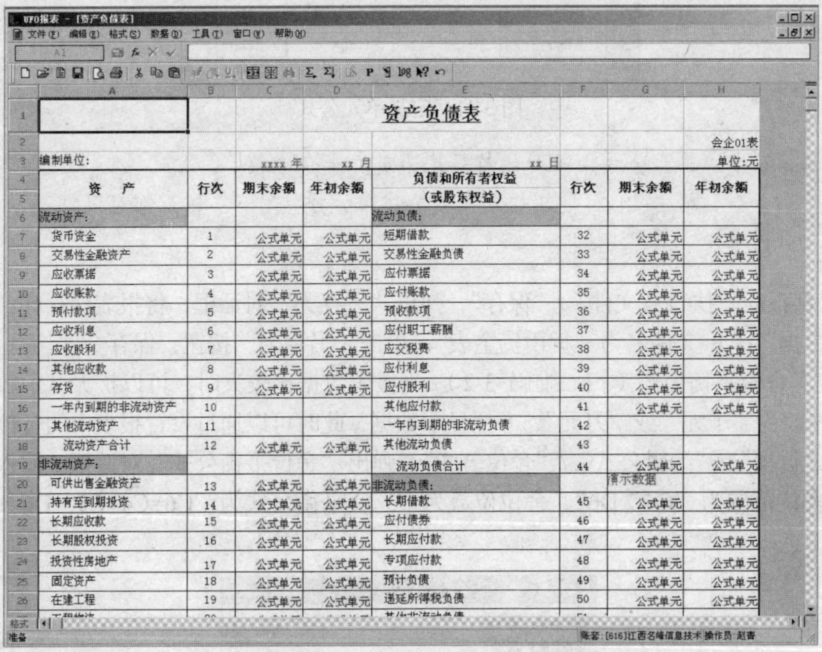

图3-15　调用的“资产负债表”模板

（4）再次新建一张报表，执行“格式”/“报表模板”，弹出“报表模板”对话框，选择“2007年新会计制度科目”的“利润表”，如图3-16所示。单击“确认”按钮，弹出提示对话框，单击“确定”按钮，显示系统内置的利润表格式状态，执行“文件”/“保存”，弹出“另存为”对话框，将报表保存在“D:\财务管理系统实训数据”下，文件名为“利润表”，单击“另存为”按钮，保存文件。

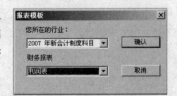

图3-16　选择利润表模板

3．自定义报表设计财务指标分析表（扫二维码3-3）

（1）单击“新建”按钮，执行“格式”/“表尺寸”，弹出“表尺寸”对话框，输入7行2列。

（2）选择所有单元，执行“格式”/“行高”，弹出“行高”对话框，将行高修改为8，执行“格式”/“列宽”，弹出“列宽”对话框，将列宽修改为70。

（3）按任务资料表 3-2 中的内容输入表体，组合单元 A1：B1，将 A3：B6 完成区域画线、录入关键字等，完成后的表格如图 3-17 所示。

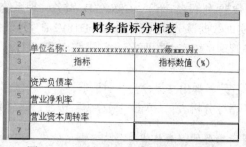

3-3 设计财务指标
分析表

图 3-17 "财务指标分析表"格式状态

（4）选中 B4：B6，执行"格式"/"单元属性"，打开"单元格属性"对话框，单击"单元类型"标签项，选择单元类型为"数值"，在格式里选择"百分号"，如图 3-18 所示。

单击"对齐"标签项，选择水平方向对齐和垂直方向对齐，如图 3-19 所示。

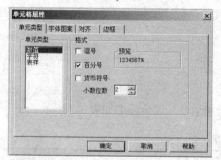

图 3-18 "单元类型"标签项

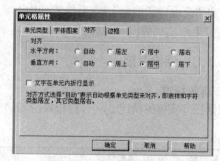

图 3-19 "对齐"标签项

（5）选中 B4 单元，执行"编辑公式"/"单元公式"，打开"定义公式"对话框，单击"筛选条件"按钮，在弹出的"筛选条件"对话框中输入"all"，如图 3-20 所示。

单击"确认"按钮，继续单击"关联条件"按钮，在"当前关键值"栏中选择"月"，在"关联表名"栏中选择"D:\财务管理系统实训数据\资产负债表.rep"，在"关联关键值"栏中选择"月"，如图 3-21 所示。单击"确认"按钮，打开"定义公式"对话框，复制 B4 栏中["D:\财务管理系统实训数据\资产负债表.rep"->]部分，删除 B4 栏中所有的内容后，粘贴刚才复制的内容，并在其后录入[G29/]，在其后再次粘贴刚才复制的内容，再在其后录入[C38]。

图 3-20 "筛选条件"对话框

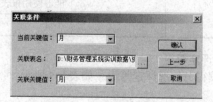

图 3-21 "关联条件"对话框

也可以在单元格中直接输入["D:\财务管理系统实训数据\资产负债表.rep"->G29/"D:\财务管理系统实训数据\资产负债表.rep"->C38]，单击"确认"按钮，完成该单元格公式的定义。

（6）选中 B5 单元，执行"编辑公式"/"单元公式"，打开"定义公式"对话框，在单元格中输入["D:\财务管理系统实训数据\利润表.rep"->C21/"D:\财务管理系统实训数据\利润表.rep"->C5]，单击"确认"按钮，完成该单元格公式的定义。

（7）选中 B6 单元，执行"编辑公式"/"单元公式"，打开"定义公式"对话框，在单元格中输入["D:\财务管理系统实训数据\利润表.rep"->C5/(("D:\财务管理系统实训数据\资产负债表.rep"->C18+"D:\财务管理系统实训数据\资产负债表.rep"->D18)/2-("D:\财务管理系统实训数据\资产负债表.rep"->G19+"D:\财务管理系统实训数据\资产负债表.rep"->H19)/2)]，单击"确认"按钮，完成该单元格公式的定义。

（8）执行"文件"/"保存"，弹出"另存为"对话框，将报表保存在"D：\财务管理系统实训数据"下，文件名为"财务指标分析表"，单击"另存为"按钮，保存文件。

    ✧   如果所需要的报表格式或公式与调用的模板有所不同，可以在格式状态下直接修改。

    ✧   用户除了使用系统中的会计报表模板外，还可以根据本单位的实际需要定制内部报表模板，并将自定义的报表加入系统提供的模板库中。

4．备份账套

退出"企业应用平台"，在系统管理中由系统管理员执行"账套"/"输出"，将数据存储在"D：\财务管理系统实训数据\616-3-1"中。

3.1.6　评价考核

1．评价标准

根据任务实施的情况，实行过程评价与结果评价相结合。评价标准如表 3-3 所示。

表 3-3　　　　　　　　　　　　　　　　评价标准

评价类别	评价属性	评价指标	分数
过程评价 （40%）	实训态度	遵章守纪	10
		按要求及时完成	10
		操作细致、有耐心	10
		独立完成	10
		小计	40
结果评价 （60%）	实施效果	定义报表正确	20
		报表公式设置正确	30
		能够使用报表模板生成报表	10
		小计	60

2．评定等级

根据得分情况评定等级，如表 3-4 所示。

表 3-4　　　　　　　　　　　　　　　　评定等级

等级标准	优	良	中	及格	不及格
分数区间	90 分以上	80～89 分	70～79 分	60～69 分	60 分以下
实际得分					

任务 3.2 | 总账报表岗位——会计报表数据的处理

云班课——线上导航（邀请码 348846）

翻转课堂	场景	对象性质	学生		教师		互动
			项目三　UFO 报表		任务 3.2　总账报表岗位——会计报表数据的处理		
空间分布	前置学习 线上云班课	探索	学习资源	**认知** UFO 报表的界面与功能	建立资源	**构建** 利用已有的总账数据生成 UFO 报表资源库	沟通	**调查** 知识理解、技能掌握程度
				观看 UFO 报表数据生成的操作视频		**上传** 拍摄操作视频并整理相应的学习资料	课前学习评价	学生自评
								教师测评
	课中学习 线下机房实训	归纳、导学	交流互动	**模拟** 1. 生成货币资金表 2. 生成资产负债表 3. 生成利润表 4. 生成财务指标分析表	交流互动	**演示** 会计报表的数据生成操作演示	检测效果	**跟踪** 学生团队、学生个人学习效果
			学习检测	**问题提出** 知识问题、技能问题	学习检测	**答疑解惑** 知识体系的剖析、技能操作的演示、常见错误的原因、解决问题的方法	知识的内化与应用	教师讲解剖析
								学生理解掌握
	课后学习 线上云班课	演绎、拓展	学习巩固	**巩固** 单项实训	评价学习效果	**评价** 通过练习、测试评价学习效果	拓展	拓展练习
								拓展测试
			学习拓展	**测试** 综合实训	资源推荐	**共享** 相关资源链接	课后反馈	信息化工具交流

3.2.1 工作情境

赵青把报表格式设计好了，现在报表里还没有数据。只要系统自动生成数据，赵青的工作就完成了，办事效率很高吧！等着看老板惊讶的表情吧！

3.2.2 岗位描述

总账报表岗位的主要任务是在报表管理系统中根据需要设计并编制各种内外部报表，能够利用公式，从财务管理系统的其他系统中自动取数，完成报表数据的核对和审查工作。

3.2.3 背景知识

报表的数据状态主要是用来管理报表的数据，如输入数据、增加或删除表页、审核、舍位平衡、制作图形、汇总和合并报表等。在数据状态下不能修改报表的格式，看到的是报表的全部内容，包括格式和数据。

报表工作区的左下角有一个"格式/数据"按钮，单击这个按钮可以在"格式状态"和"数据状态"之间切换。

报表数据的处理主要包括生成报表数据、审核报表数据和舍位平衡操作等工作。处理时计算机会根据已定义的单元公式、审核公式和舍位公式自动进行取数、审核和舍位等操作。

3.2.4 工作任务

1. 任务内容

（1）生成报表数据。

（2）增加表页。

（3）生成货币资金表、舍位表、资产负债表、利润表和财务指标分析表。

（4）数据备份。

2. 任务资料

（1）生成货币资金表数据。

（2）在货币资金表中插入两个表页。

（3）生成舍位表数据并修改单位为"千元"。

（4）生成资产负债表与利润表。

（5）生成财务指标分析表。

3.2.5 任务实施

实施要求如下。

（1）理解关键字在报表数据生成中的作用。

（2）理解舍位平衡的含义。

（3）掌握报表数据的处理流程。

（4）备份账套。

实施具体步骤如下。

执行"系统"/"注册"，以 admin 的身份登录，密码为空，单击"登录"按钮，则以系统管理员的身份登录"系统管理"。执行"账套"/"引入"，引入"D:\财务管理系统实训数据\616-3-1"中的数据。

以"203"总账报表岗位的身份登录企业应用平台，进入 UFO 报表系统。

1. 生成货币资金表数据（扫二维码3-4）

（1）在 UFO 报表系统中执行"文件"/"打开"，打开"D:\财务管理系统实训数据\货币资金表.rep"，打开已经设计好的货币资金表。

（2）切换到数据状态，执行"数据"/"关键字"/"录入"命令，打开"录入关键字"对话框，输入单位名称、年、月、日，如图3-22所示。

（3）单击"确认"按钮，弹出提示框，如图3-23所示。

3-4 生成货币
资金表

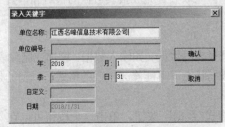

图3-22 "录入关键字"对话框

图3-23 提示框

（4）单击"是"按钮，系统会自动根据单元公式计算 1 月份的数据，将表格在格式状态下适当地调整列宽，生成货币资金表数据，结果如图 3-24 所示。

（5）增加表页。在每个月的数据格式一致的情况下，可以通过"追加表页"功能，完成相同格式报表的设计。执行"编辑"/"追加"/"表页"，弹出"追加表页"对话框，输入需要增加的表页数"2"，如图 3-25 所示。

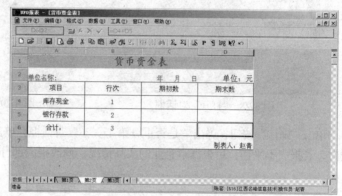

图 3-24　生成货币资金表数据

单击"确认"按钮，表页追加成功，该报表中共有 3 张表页，单击"第 2 页"表页名称，如图 3-26 所示。

图 3-25　"追加表页"对话框

图 3-26　"第 2 页"数据状态

> ◇　追加表页是在最后一张表页后追加 *n* 张空表页，插入表页是在当前表页后面插入一张空白表页。
>
> ◇　一张报表最多只能管理 99 999 张表页。
>
> ◇　利用表页功能可以将 12 个月的数据在一张报表里显示。只需在不同的表页中录入不同的关键字就可以生成不同月份的数据。

2. 生成舍位表数据（扫二维码 3-5）

选中货币资金表的第 1 页，执行"数据"/"舍位平衡"，弹出舍位表的窗口，切换到格式状态，将单位修改为"千元"，弹出询问是否重算表页的对话框，单击"是"按钮，舍位表数据状态如图 3-27 所示。

3-5　生成舍位表

图 3-27　舍位表数据状态

> ◇ 舍位操作完成后，可以将"舍位表.rep"文件打开来查阅。
> ◇ 如果舍位公式有误，系统状态栏会提示"无效命令或错误参数！"信息。

3. 生成资产负债表与利润表数据

（1）执行"文件"/"打开"，弹出"打开"对话框，选择"D：\财务管理系统实训数据\资产负债表.rep"，如图 3-28 所示。

（2）切换到数据状态，执行"数据"/"关键字"/"录入"命令，打开"录入关键字"对话框，输入年、月、日，如图 3-29 所示。

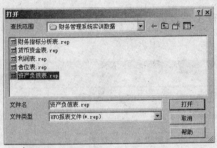

图 3-28 "打开"对话框

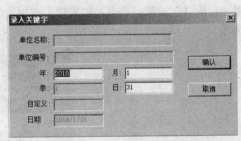

图 3-29 "录入关键字"对话框

单击"确认"按钮，弹出"是否重算第 1 页？"对话框，单击"是"按钮，系统自动生成数据，此时，若报表不平衡，可根据本企业的实际情况，修改报表部分公式，平衡后数据如图 3-30 所示。

资产负债表

会企01表
单位：元

编制单位：　　　　　　　　　2018 年　　　1 月　　　31 日

资　产	行次	期末余额	年初余额	负债和所有者权益（或股东权益）	行次	期末余额	年初余额
流动资产：				流动负债：		演示数据	
货币资金	1	824,084.86	264,454.86	短期借款	32	269,704.63	269,704.63
交易性金融资产	2			交易性金融负债	33		
应收票据	3			应付票据	34		
应收账款	4	97,831.00	519,031.00	应付账款	35	210,600.00	257,400.00
预付款项	5			预收款项	36	30,000.00	30,000.00
应收利息	6			应付职工薪酬	37		
应收股利	7			应交税费	38	16,588.69	
其他应收款	8	1,800.00	3,800.00	应付利息	39	13,485.23	
存货	9	83,000.00	123,000.00	应付股利	40		
一年内到期的非流动资产	10			其他应付款	41		
其他流动资产	11			一年内到期的非流动负债	42		
流动资产合计	12	1,006,715.86	910,285.86	其他流动负债	43		
非流动资产：				流动负债合计	44	540,378.55	557,104.63
可供出售金融资产	13			非流动负债：			
持有至到期投资	14			长期借款	45		
长期应收款	15			应付债券	46		
长期股权投资	16			长期应付款	47		
投资性房地产	17			专项应付款	48		
固定资产	18	494,971.77	494,971.77	预计负债	49		
在建工程	19			递延所得税负债	50		
工程物资	20			其他非流动负债	51		
固定资产清理	21			非流动负债合计	52		
生产性生物资产	22			负债合计	53	540378.55	557104.63
油气资产	23			所有者权益（或股东权益）：			
无形资产	24		40,000.00	实收资本（或股本）	54	702,750.00	640,000.00
开发支出	25			资本公积	55		
商誉	26			减：库存股	56		
长期待摊费用	27			盈余公积	57		
递延所得税资产	28			未分配利润	58	258,559.08	248,153.00
其他非流动资产	29			所有者权益（或股东权益）合计	59	961,309.08	888,153.00
非流动资产合计	30	494,971.77	534,971.77				
资产总计	31	1,501,687.63	1,445,257.63	负债和所有者权益（或股东权益）总计	60	1,501,687.63	1,445,257.63

图 3-30 资产负债表平衡后数据

（3）单击"保存"按钮后退出。

（4）执行"文件"/"打开"，弹出"打开"对话框，选择"D：\财务管理系统实训数据\利润表.rep"，切换到数据状态，执行"数据"/"关键字"/"录入"命令，弹出"录入关键字"对话框，录入关键字，单击"确认"按钮，弹出"是否重算第 1 页？"对话框，单击"是"按钮，系统自动生成利润表的数据，完成设置后，利润表数据如图 3-31 所示，单击"保存"按钮后退出。

图 3-31　利润表数据

4. 生成财务指标分析表数据（扫二维码 3-6）

（1）执行"文件"/"打开"，弹出"打开"对话框，选择"D：\财务管理系统实训数据\财务指标分析表.rep"。

（2）切换到数据状态，执行"数据"/"关键字"/"录入"命令，打开"录入关键字"对话框，输入单位名称、年、月等关键字，单击"确认"按钮，弹出"是否重算第 1 页？"对话框，单击"是"按钮，系统自动生成数据，财务指标分析表数据如图 3-32 所示。

3-6　生成财务
指标分析表

图 3-32　财务指标分析表数据

◇ 科目编码修改后，报表公式里对应的科目编码也需修改，否则数据不一致。

◇ 在调用报表模板时，一定要注意选择正确的所在行业相应的会计报表，因为不同行业会计报表的内容不同。

◇ 如果被调用的报表模板与实际需要的报表格式或公式不完全一致，则可以在此基础上进行修改。

◇ 用户可以根据本单位的实际需要定制报表模板，并将自定义的报表模板加入系统提供的模板库中，也可以对其进行修改、删除操作。

◇ 利用相同的方法，可以生成利润表、现金流量表等常用会计报表。

5．账套备份

退出"企业应用平台"，在"系统管理"中由系统管理员执行"账套"/"输出"，将数据存储在"D：\财务管理系统实训数据\616-3-2"中。

3.2.6 评价考核

1．评价标准

根据任务实施的情况，实行过程评价与结果评价相结合。评价标准如表 3-5 所示。

表 3-5　　　　　　　　　　　　　　　　　　　评价标准

评价类别	评价属性	评价指标	分数
过程评价 （40%）	实训态度	遵章守纪	10
		按要求及时完成	10
		操作细致、有耐心	10
		独立完成	10
		小计	40
结果评价 （60%）	实施效果	正确生成货币资金表与舍位表	10
		生成财务指标分析表	20
		资产负债表调整平衡并数据正确	30
		小计	60

2．评定等级

根据得分情况评定等级，如表 3-6 所示。

表 3-6　　　　　　　　　　　　　　　　　　　评定等级

等级标准	优	良	中	及格	不及格
分数区间	90 分以上	80～89 分	70～79 分	60～69 分	60 分以下
实际得分					

项目四
薪资管理系统

薪资管理系统是财务管理系统的重要组成部分,其主要任务是依据工资制度和职工劳动的数量和质量,正确、及时地计算和发放职工的工资,反映和监督职工工资的结算情况,进行个人所得税的计算及工资费用的分摊,并实现自动转账处理,提供多种方式查询,打印各种工资数据。薪资管理系统向总账系统和成本管理系统等提供核算信息和成本信息,它的主要功能如下。

1. 薪资类别管理

薪资管理系统可以根据企业的具体情况处理多个工资类别。如果企业发放工资的周期不同,或者企业中有多种不同类别的人员,工资发放的项目不同,计算公式也不同,则需要设立多个工资类别,进行统一核算。如果企业所有人员的工资统一管理,人员的工资项目、工资计算公式全部相同,则只需建立单个工资类别,以提高系统的运行效率。

2. 人员档案管理

可以设置人员基础信息并对人员变动进行调整,同时系统也提供了设置人员附加信息的功能。

3. 薪资数据管理

薪资数据管理主要包括以下几个方面的内容:根据不同企业的需要设计工资项目和计算公式;管理所有人员的工资数据,并对平时发生的工资变动进行调整,自动计算个人所得税,结合工资发放形式进行扣零处理或向代发工资的银行传输工资数据;自动计算、汇总工资数据;自动完成工资分摊、计提转账业务。

任务 4.1　账套主管岗位——薪资管理系统初始化

云班课——线上导航(邀请码 348846)

项目四　薪资管理系统				任务 4.1　账套主管岗位——薪资管理系统初始化		
翻转课堂 场景	对象 性质	学生		教师		互动
前置学习 线上云班课	探索	学习资源	**认知** 薪资管理系统初始化内容	建立资源	**构建** 薪资管理系统资源库	沟通	**调查** 知识理解、技能掌握程度
前置学习 线上云班课	探索	学习资源	**观看** 薪资管理系统初始化的操作视频	建立资源	**上传** 拍摄操作视频并整理相应的学习资料	课前学习评价	**学生自评** / **教师测评**
课中学习 线下机房实训	归纳、导学	交流互动	**模拟** 1. 建立工资账套 2. 人员类别及档案设置 3. 工资项目及公式设置 4. 所得税计税基数设置	交流互动	**演示** 薪资管理系统初始化设置操作	检测效果	**跟踪** 学生团队、学生个人学习效果
课中学习 线下机房实训	归纳、导学	学习检测	**问题提出** 知识问题、技能问题	学习检测	**答疑解惑** 知识体系的剖析、技能操作的演示、常见错误的原因、解决问题的方法	知识的内化与应用	**教师讲解剖析** / **学生理解掌握**
课后学习 线上云班课	演绎、拓展	学习巩固	**巩固** 单项实训	评价学习效果	**评价** 通过练习、测试评价学习效果	拓展	**拓展练习** / **拓展测试**
课后学习 线上云班课	演绎、拓展	学习拓展	**测试** 综合实训	资源推荐	**共享** 相关资源链接	课后反馈	**信息化工具交流**

左侧纵向合并标注:空间分布

4.1.1 工作情境

工资是企业每个月都要处理的业务，计算量大，计算方法比较简单，工作内容重复，便于用计算机进行处理。到目前为止，薪资核算也是财务软件应用中最成熟的模块之一。所以，本企业也打算使用薪资管理系统来处理每个月的工资业务，首要任务就是进行初始化设置。

4.1.2 岗位描述

账套主管是某个账套的管理员。在账套中，账套主管起着统领作用，负责账套操作员的管理和基础数据环境的建立，主要包括系统设置、基础资料设置和初始化数据输入等整个账套前期工作过程，这个过程称为"系统初始化"。所以，系统的初始化一般由账套主管岗位人员来完成。

工资核算岗位主要负责对工资数据的核算和管理，包括工资计算、工资汇总、个人所得税的计算、工资发放、工资费用分摊、工资数据管理以及编制工资报表等工作。

4.1.3 背景知识

通过用友 U8 V10.1 的薪资管理系统进行工资核算和管理，必须先启用该模块并进行初始化设置，如部门、人员类别、工资项目、工资公式、个人所得税、银行代发等设置，每个月只需对有变动的地方进行修改，系统自动进行计算，汇总生成各种报表。薪资管理系统初始设置包括建立工资账套和基础信息设置两部分。

4.1.4 工作任务

1. 任务内容

（1）建立工资账套。

（2）部门设置。

（3）人员附加信息设置。

（4）人员类别设置。

（5）工资项目设置。

（6）修改银行档案。

（7）人员档案设置。

（8）工资项目公式设置。

（9）所得税计税基数设置。

（10）数据备份。

2. 任务资料

（1）建立工资账套。

工资类别个数：单个；核算币别：人民币（RMB）；从工资中代扣个人所得税；工资不扣零；人员编码长度：与公共平台的人员编码一致。

（2）人员附加信息设置：工龄。

（3）人员类别：管理人员、经营人员、生产工人、车间管理人员、研发人员。

（4）工资项目如表 4-1 所示。

表 4-1　　　　　　　　　　　　　　　　　工资项目

工资项目名称	类型	长度	小数	增减项
基本工资	数字	8	2	增项

续表

工资项目名称	类型	长度	小数	增减项
工龄	数字	3	0	其他
工龄工资	数字	8	2	增项
交通补贴	数字	8	2	增项
物价补贴	数字	8	2	增项
话费补贴	数字	8	2	增项
目标津贴	数字	8	2	增项
应发合计	数字	10	2	增项
病假天数	数字	3	0	其他
病假扣款	数字	8	2	减项
事假天数	数字	3	0	其他
事假扣款	数字	8	2	减项
个人养老保险	数字	8	2	减项
个人医疗保险	数字	8	2	减项
住房公积金	数字	8	2	减项
计税工资	数字	8	2	其他
代扣税	数字	10	2	减项
扣款合计	数字	10	2	减项
实发合计	数字	10	2	增项

（5）修改银行档案：中国工商银行，账号定长，账号长度10位，录入时自动带入账号长度7位。

（6）人员档案设置如表4-2所示。

表4-2　　　　　　　　　　人员档案

编号	姓名	部门	人员类别	银行账号	工龄
101	黄剑	总经理办公室	管理人员	3100186101	25
201	李卫	财务部	管理人员	3100186201	18
202	李娜	财务部	管理人员	3100186202	15
203	赵青	财务部	管理人员	3100186203	5
204	陈明	财务部	管理人员	3100186204	8
205	白雪	财务部	管理人员	3100186205	7
206	王晶	财务部	管理人员	3100186206	12
301	白云	采购部	经营人员	3100186301	6
401	刘斌	销售部	经营人员	3100186401	7
402	宋立	销售部	经营人员	3100186402	5
501	周晓	研发部门	研发人员	3100186501	6
502	龚平	研发部门	研发人员	3100186502	10
601	李丹	制造车间	车间管理人员	3100186601	4
602	董发扬	制造车间	生产工人	3100186602	5
603	杜飞	制造车间	生产工人	3100186603	8

（7）公式设置如下。

① 工龄工资的公式为：工龄×10。

② 交通补贴的公式为：200。

③ 物价补贴的公式为：300。

④ 话费补贴的公式为：iff（人员类别＝"管理人员"，200，iff（人员类别＝"经营人员"，150，0））。

⑤ 目标津贴的公式为：iff（人员类别＝"管理人员"，500，iff（人员类别＝"研发人员"，300，200））。

⑥ 病假扣款的公式为：iff（工龄>=10，（基本工资/30）×病假天数×0.2，iff（工龄>=5 and 工龄<10，（基本工资/30）×病假天数×0.3，（基本工资/30）×病假天数×0.5））。

⑦ 事假扣款的公式为：（基本工资/30）×事假天数。

⑧ 个人养老保险的公式为：基本工资×0.08。

⑨ 个人医疗保险的公式为：基本工资×0.02。

⑩ 住房公积金的公式为：基本工资×0.12。

（8）扣缴所得税设置。对应工资项目：计税工资；计税基数：3 500元，附加费用1 300元。

4.1.5 任务实施

实施要求如下。

（1）掌握薪资管理初始化的内容。

（2）理解单个与多个工资账套的区别。

（3）能够正确地设置基础信息。

（4）备份账套。

具体实施步骤如下。

（1）执行"系统"/"注册"，以admin的身份登录，密码为空，单击"登录"按钮，则以系统管理员的身份登录"系统管理"。执行"账套"/"引入"，引入"D：\财务管理系统实训数据\616-3-2"中的数据。

（2）将系统的时间修改为2018年1月1日，以"201"账套主管的身份登录企业应用平台。

（3）执行"基础设置"/"基本信息"/"系统启用"，弹出"系统启用"对话框，启用"薪资管理"系统，启用的时间为"2018-01-01"，如图4-1所示。单击"退出"按钮，完成设置。

图4-1 启用"薪资管理"系统

❖ 在建账的时候启用与在企业应用平台的系统中启用，两者的启用人不同，前者是系统管理员，后者是账套主管。

1. 建立工资账套（扫二维码4-1）

（1）执行"业务工作"/"人力资源"/"薪资管理"，弹出"建立工资套—参数设置"对话框，依据任务资料，选择"单个"工资类别，币别选择"人民币RMB"，如图4-2所示。

4-1 建立工资账套

（2）单击"下一步"按钮，弹出"建立工资套—扣税设置"对话框，选择"是否从工资中代扣个人所得税"，如图4-3所示。

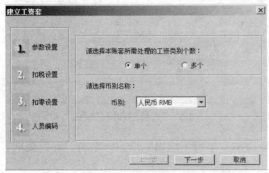

图4-2 "建立工资套—参数设置"对话框

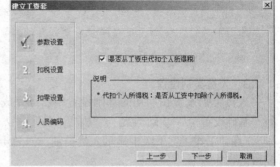

图4-3 "建立工资套—扣税设置"对话框

 小提示

✧ 选择了该项，系统会自动在工资项目中生成代扣税项目，计算并扣除个人所得税。

（3）单击"下一步"按钮，弹出"建立工资套—扣零设置"对话框，不做选择，直接单击"下一步"按钮，弹出"建立工资套—人员编码"对话框，显示"本系统要求您对员工进行统一编号，人员编码同公共平台的人员编码保持一致。"信息，如图4-4所示。

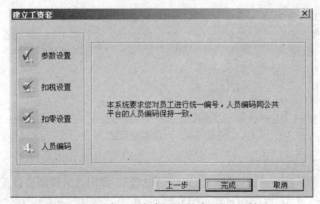

图4-4 "建立工资套—人员编码"对话框

（4）单击"完成"按钮，完成工资账套的建立。

 小提示

✧ 工资账套与系统管理中的账套是不同的概念，系统管理中的账套是针对整个核算系统的，而工资账套只针对薪资管理系统。
✧ 如果在建立工资账套的操作中有遗漏或错误，可以使用"设置"/"选项"进行修改。

2. 人员附加信息设置

执行“设置”/“人员附加信息设置”，弹出“人员附加信息设置”对话框，在“信息名称”栏内输入“工龄”，单击“增加”按钮，如图4-5所示，单击“确定”按钮后退出。

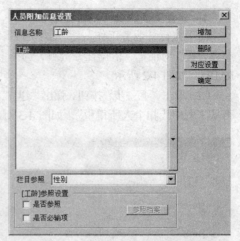

人员附加信息设置
信息名称
工龄
增加
删除
对应设置
确定
工龄
栏目参照
性别
[工龄]参照设置
是否参照
是否必输项
参照档案

图4-5 “人员附加信息设置”对话框

> 小提示
>
> ✧ 此项设置可增加人员信息，丰富人员档案的内容，便于对人员进行更加有效的管理。例如，可以增加设置人员的性别、民族、婚否、学历、职务等。

3. 人员类别设置

人员类别设置在期初的基础设置中已经完成，执行“基础设置”/“基础档案”/“机构人员”/“人员类别”，在“正式工”下级中显示人员类别，如图4-6所示。单击“退出”按钮，退出“人员类别”窗口。

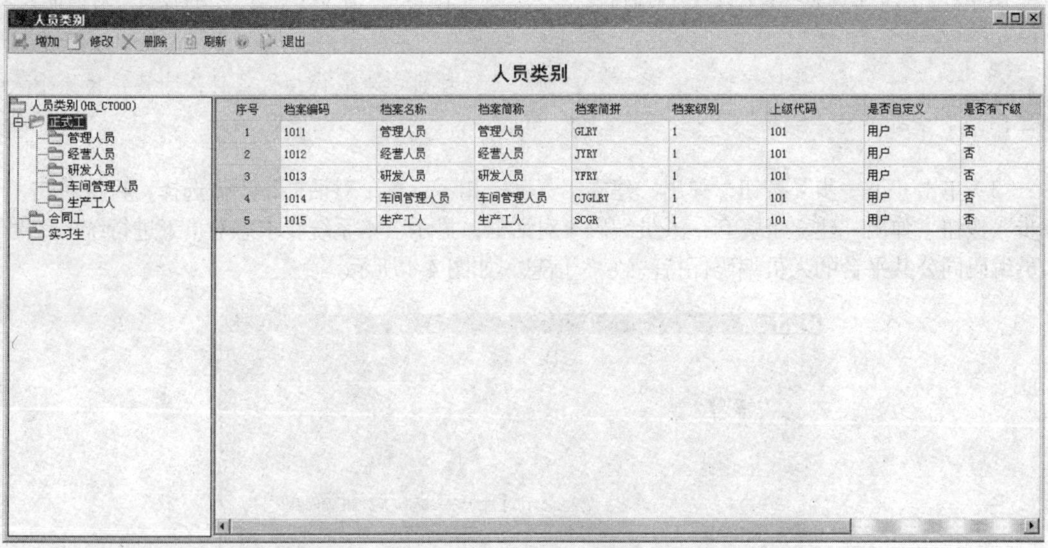

人员类别
增加
修改
删除
刷新
退出
人员类别
人员类别(HR_CT000)
正式工
管理人员
经营人员
研发人员
车间管理人员
生产工人
合同工
实习生
序号 档案编码 档案名称 档案简称 档案简拼 档案级别 上级代码 是否自定义 是否有下级
1 1011 管理人员 管理人员 GLRY 1 101 用户 否
2 1012 经营人员 经营人员 JYRY 1 101 用户 否
3 1013 研发人员 研发人员 YFRY 1 101 用户 否
4 1014 车间管理人员 车间管理人员 CJGLRY 1 101 用户 否
5 1015 生产工人 生产工人 SCGR 1 101 用户 否

图4-6 人员类别设置

4. 工资项目设置（扫二维码4-2）

回到薪资管理系统，执行“设置”/“工资项目设置”，弹出“工资项目设置”对话框，选择“工资项目设置”选项卡，选中“应发合计”项目名称，单击“增加”按钮，在“名称参照”下拉式列表框中选择“基本工资”，类型为“数字”，长度为“8”，小数为“2”，增减项为“增项”，依据任务资料中的表4-1，完成所有项目的设置，并按表中的顺序进行项目的移动，如图4-7所示。单击“确定”按钮后退出。

> 小提示
>
> ✧ 应发合计、扣款合计、实发合计、代扣税4个项目是系统自动给出的，不能进行修改、删除。
>
> ✧ 在此设置的工资项目是针对所有工资类别所需要的全部工资项目。

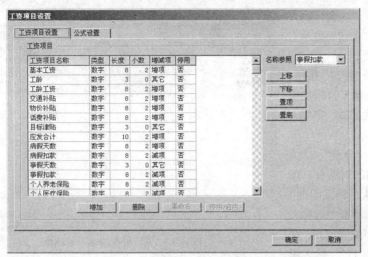

4-2　工资项目设置

图 4-7　"工资项目设置"对话框

5. 修改银行档案（扫二维码 4-3）

执行"基础设置"/"基础档案"/"收付结算"/"银行档案"，弹出"银行档案"窗口，选择"01 中国工商银行"，双击，打开"修改银行档案"对话框。在"个人账户规则"处选择"定长"复选框，选择"账号长度"为"10"，"自动带出账号长度"为"7"，如图 4-8 所示，单击"保存"按钮并退出。

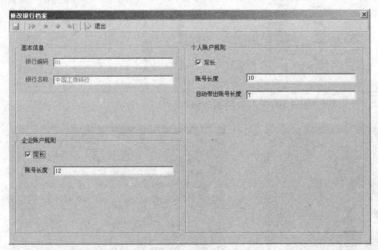

4-3　修改银行档案

图 4-8　"修改银行档案"对话框

◇ 可以删除系统给出的不需要的银行，但必须留一个银行。
◇ 如果发放工资的银行有多个，可以同时设置多个银行名称。

6. 人员档案设置

人员档案设置有多种方式，如批量增加、单个增加及导入等，财会人员可以根据企业的具体情况自行选择适合的方式。

（1）批量增加。执行"设置"/"人员档案"，打开"人员档案"对话框，单击"批增"按钮，弹出"人员批量增加"对话框，选择所有部门，单击"全选"按钮，如图 4-9 所示。

单击"查询"按钮，在表体会显示人员部分信息，单击"确定"按钮，显示人员档案信息，如图4-10所示。

选中第一条记录，单击"修改"按钮，修改相应的银行名称、银行账号及附加信息后保存。其他记录也依次修改，完成人员档案的录入。

（2）单个增加。执行"设置" / "人员档案"，打开"人员档案"对话框，单击"增加"按钮，弹出"人员档案明细"对话框，在"基本信息"选项卡中选择人员姓名"黄剑"及其他相对应的信息，选择银行名称为"中国工商银行"，输入银

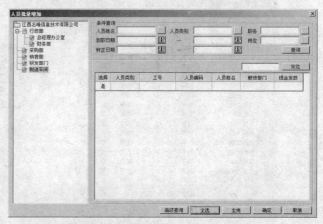

图4-9 "人员批量增加"对话框

行账号"2100186101"，如图4-11所示。在"附加信息"选项卡中输入工龄"25"，如图4-12所示。

人员档案

总人数：15

选择	薪资部门名称	工号	人员编号	人员姓名	人员类别	账号	中方人员	是否计税	工资停发	核算计件工资	现金发放
	总经理办公室		101	黄剑	管理人员		是	是	否	否	否
	财务部		201	李卫	管理人员		是	是	否	否	否
	财务部		202	李娜	管理人员		是	是	否	否	否
	财务部		203	赵青	管理人员		是	是	否	否	否
	财务部		204	陈明	管理人员		是	是	否	否	否
	财务部		205	白雪	管理人员		是	是	否	否	否
	财务部		206	王晶	管理人员		是	是	否	否	否
	采购部		301	白云	经营人员		是	是	否	否	否
	销售部		401	刘斌	经营人员		是	是	否	否	否
	销售部		402	宋立	经营人员		是	是	否	否	否
	研发部门		501	周晓	研发人员		是	是	否	否	否
	研发部门		502	龚平	研发人员		是	是	否	否	否
	制造车间		601	李丹	车间管理人员		是	是	否	否	否
	制造车间		602	董发场	生产工人		是	是	否	否	否
	制造车间		603	杜飞	生产工人		是	是	否	否	否

图4-10 "人员档案"窗口

图4-11 "基本信息"选项卡

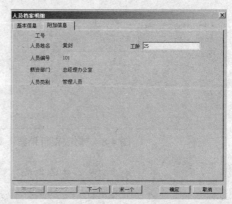

图4-12 "附加信息"选项卡

单击"确定"按钮，弹出"写入该人员档案信息吗？"提示框，如图4-13所示。单击"确定"按钮，完成该对人员档案的设置。按此方法依次输入其他人员的档案信息，完成后"人员档案"窗口如图4-14所示。

（3）导入。执行"设置" / "人员档案"，打开"人员档案"对话框，

图4-13 "写入该人员档案信息吗？"提示框

单击"导入"按钮，弹出"打开"对话框，要求选择相应的文件。通过此功能可导入以 TXT 格式保存的人员档案信息文件。导入前操作员必须先要做好目标数据，且数据要与图 4-14 显示的表头一致，导入时，人员编码的长度必须相等，源数据和目标数据必须来自同一月份。

人员档案

总人数：15

选择	薪资部门名称	工号	人员编号	人员姓名	人员类别	账号	中方人员	是否计税	工资停发	核算计件工资	现金发放	进入日期	离开日期	工龄
	总经理办公室	101		黄剑	管理人员	2100186101	是	是	否	否	否			25
	财务部	201		李卫	管理人员	3100186201	是	是	否	否	否			18
	财务部	202		李娜	管理人员	3100186202	是	是	否	否	否			15
	财务部	203		赵青	管理人员	3100186203	是	是	否	否	否			5
	财务部	204		陈明	管理人员	3100186204	是	是	否	否	否			8
	财务部	205		白雪	管理人员	3100186205	是	是	否	否	否			7
	财务部	206		王晶	管理人员	3100186206	是	是	否	否	否			12
	采购部	301		白云	经营人员	3100186301	是	是	否	否	否			6
	销售部	401		刘斌	经营人员	3100186401	是	是	否	否	否			7
	销售部	402		宋立	经营人员	3100186402	是	是	否	否	否			5
	研发部门	501		周晓	研发人员	3100186501	是	是	否	否	否			6
	研发部门	502		龚平	研发人员	3100186502	是	是	否	否	否			10
	制造车间	601		李丹	车间管理人员	3100186601	是	是	否	否	否			4
	制造车间	602		董发扬	生产工人	3100186602	是	是	否	否	否			5
	制造车间	603		杜飞	生产工人	3100186603	是	是	否	否	否			8

图 4-14 "人员档案"窗口

小提示

◇ 银行账号必须唯一，否则系统会报错，如图 4-15 所示。

图 4-15 银行账号须唯一

◇ 年中有人员调出时，当年调出人员的档案不可删除，可标上"调出"标志，只能在进行年末处理后，新的一年开始时，才能删除调出人员档案。

◇ 当某人员调出、退休或离休后，在人员档案中标上"调出"或"停发"标志，则此人将不参与工资的发放和汇总。

◇ 可以直接修改人员档案，但人员编号一经确定，则不允许修改。

7. 工资项目公式设置（扫二维码 4-4）

（1）执行"设置"/"工资项目设置"，打开"工资项目设置"窗口，选择"公式设置"选项卡。单击"增加"按钮，则工资项目列表中增加一空行，单击该行，从下拉列表框中选择"工龄工资"选项，单击"工龄工资公式定义"文本框，单击"工资项目"列表中的"工龄"，单击运算符号"*"，在"工龄工资公式定义"文本框内的"*"后单击，输入数字"10"，如图 4-16 所示。单击"公式确认"按钮。如果公式设置错误，则弹出"非法的公式定义！"提示框，如图 4-17 所示。

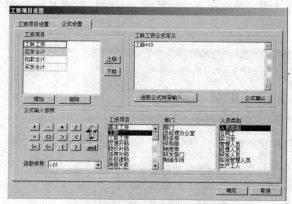

图 4-16 工龄工资公式设置

4-4 工资项目公式设置

图 4-17 "非法的公式定义！"提示框

◇ 在"公式定义"文本框中，不要加"＝"。所有的符号都必须在英文半角状态下输入。

◇ 公式里的项目均可以在下列"运算符""工资项目""部门""人员类别"参照中选择。

◇ 每条公式设置完毕后，一定要单击"公式确认"按钮，系统会自动检测公式格式的正确与否。

◇ iff（表达式1，表达式2，表达式3）是一个条件函数，先判断表达式1的值，如果表达式1的值为真，则表达式2的值为整个函数的值，否则表达式3的值为整个函数的值。例如，话费补贴的公式为：iff（人员类别="管理人员"，200，iff（人员类别="经营人员"，150，0））。该公式表示如果人员类别是管理人员，话费补贴为200；如果人员类别是经营人员，话费补贴为150；其余的，没有话费补贴。

（2）将任务资料里提供的工资项目公式全部进行设置后，如图4-18所示。单击"确定"按钮，返回"薪资管理"窗口。

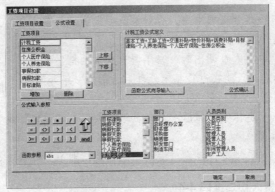

图4-18 "公式设置"窗口

8．扣缴所得税设置（扫二维码4-5）

（1）执行"设置"/"选项"，弹出"选项"对话框，选择"扣税设置"标签项，单击"编辑"按钮，将个人所得税申报表中"收入额合计"项所对应的工资项目默认是"实发工资"修改为"计税工资"，如图4-19所示。

（2）单击"税率设置"按钮，弹出"个人所得税申报表—税率表"对话框，修改基数为"3 500"，附加费用为"1 300"，如图4-20所示。

4-5 扣缴所得税设置

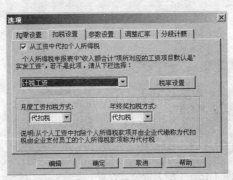

图4-19 "选项—扣税设置"对话框

图 4-20 税基设置

◇ 从 2011 年 9 月 1 日起个人所得税的免征额为 3 500 元。

◇ 在中国境内无住所而在中国境内取得工资、薪金所得的纳税人和在中国境内有住所而在中国境外取得工资、薪金所得的纳税人，税法根据其收入水平，确定附加费用 1 300 元，即这类人群个人所得税的免征额为 4 800 元。

（3）单击"确定"按钮，完成对计税基数的设置。再单击"确定"按钮，返回"薪资管理"主界面。

9. 备份账套

退出"企业应用平台"，在系统管理中由系统管理员执行"账套"/"输出"，将数据存储在"D:\财务管理系统实训数据\616-4-1"中。

4.1.6 评价考核

1. 评价标准

根据任务实施情况，实行过程评价与结果评价相结合。评价标准如表 4-3 所示。

表 4-3   评价标准

评价类别	评价属性	评价指标	分数
过程评价（40%）	实训态度	遵章守纪	10
		按要求及时完成	10
		操作细致、有耐心	10
		独立完成	10
		小计	40
结果评价（60%）	实施效果	启用薪资管理系统	10
		建立工资账套	10
		薪资管理的基础设置	40
		小计	60

2. 评定等级

根据得分情况评定等级，如表 4-4 所示。

表 4-4   评定等级

等级标准	优	良	中	及格	不及格
分数区间	90 分以上	80～89 分	70～79 分	60～69 分	60 分以下
实际得分					

任务 4.2 | 工资核算岗位——日常业务处理

云班课——线上导航（邀请码 348846）

翻转课堂		项目四　薪资管理系统		任务 4.2　工资核算岗位——日常业务处理			
	对象 性质 场景	学生		教师		互动	
前置 学习	线上 云班课	探索	学习 资源	**认知** 薪资管理系统日常业务 处理内容	建立 资源	**构建** 薪资管理系统资源库	沟通	**调查** 知识理解、技能掌 握程度
				观看 薪资管理系统日常业务的 操作视频		**上传** 拍摄操作视频并整理相 应的学习资料	课前 学习 评价	学生自评
								教师测评
空间分布	课中 学习	线下 机房 实训	归纳、 导学	交流 互动	**模拟** 1. 工资变动处理 2. 银行代发 3. 工资分摊 4. 生成工资分摊凭证	交流 互动	**演示** 薪资管理系统日常 业务处理操作	检测 效果	**跟踪** 学生团队、学生个 人学习效果
				学习 检测	**问题提出** 知识问题、技能问题	学习 检测	**答疑解惑** 知识体系的剖析、技能 操作的演示、常见错误的 原因、解决问题的方法	知识 的内 化与 应用	教师讲解剖析
									学生理解掌握
	课后 学习	线上 云班课	演绎、 拓展	学习 巩固	**巩固** 单项实训	评价 学习 效果	**评价** 通过练习、测试评价 学习效果	拓展	拓展练习
									拓展测试
				学习 拓展	**测试** 综合实训	资源 推荐	**共享** 相关资源链接	课后 反馈	信息化工具交流

4.2.1 工作情境

第一次使用薪资管理系统，需要将企业所有人员的工资基本数据录入系统，并对工资进行计算和汇总。企业人员的工资是一项成本费用，需要按一定的标准进行正确的分配，所以工资的分摊是工资核算岗位一项重要的工作内容。虽然任务很多，但在会计电算化环境下，工作量还是较小的。

4.2.2 岗位描述

工资核算岗位人员主要负责对工资数据的核算和管理，包括工资计算、工资汇总、个人所得税的计算、工资发放、工资费用分摊、工资数据管理以及编制工资报表等工作。

4.2.3 背景知识

薪资管理系统日常业务处理包括工资数据管理、工资分钱清单处理、扣缴所得税处理、银行代发、工资分摊及工资各种报表的查询等。

在工资数据管理中，可以对部分人员的工资数据利用筛选和定位快速进行修改；如果对符合条件的人员的某个工资项目进行统一替换修改，可以使用数据管理中的替换功能。

如果企业工资的发放不是银行代发，而是发放现金，系统提供了票面额设置的功能，用户可根据单位需要自行进行设置，系统会根据实发工资项目分别自动计算出按部门、按人员、按企业各种面额的张数发放工资。而如果企业采用银行代发，则可以免去这些麻烦。

工资是费用中人工费最主要的内容，需要对工资费用进行工资总额的计提计算、分配及各种经费的计提，并编制转账凭证。

4.2.4 工作任务

1. 任务内容

（1）工资变动处理。

（2）银行代发。

（3）工资分摊。

（4）数据备份。

2. 任务资料

（1）该公司 2018 年 1 月工资数据如表 4-5 所示。

表 4-5 职工基本工资和工龄

职员	部门	基本工资	工龄	应发工资	病假天数	事假天数	代扣税	扣款合计	实发工资
黄剑	总经理办公室	3 300	25						
李卫	财务部	3 100	18						
李娜	财务部	2 800	15						
赵青	财务部	2 300	5						
陈明	财务部	2 800	8						
白雪	财务部	2 300	7			2			
王晶	财务部	2 800	12			2			
白云	采购部	2 300	6						
刘斌	销售部	2 300	7						
宋立	销售部	2 300	5						
周晓	研发部门	2 300	6						
龚平	研发部门	2 800	10						
李丹	制造车间	2 100	4						
董发扬	制造车间	2 300	5		3				
杜飞	制造车间	2 500	8						

（2）将所有人的基本工资都增加 500。

（3）生成银行代发一览表，单位编号：1234934325。

（4）查看个人所得税报表。

（5）工资分摊设置如表 4-6 和表 4-7 所示。

表4-6   工资分摊设置

部门	人员类别	项目	工资分摊 100%		应付福利费 14%		工会经费 2%，职工教育经费 1.5%	
			借方科目	贷方科目	借方科目	贷方科目	借方科目	贷方科目
总经理办公室	管理人员	应发合计	660201	2211	660206	2211	660207	2211
财务部	管理人员	应发合计	660201	2211	660206	2211	660207	2211
采购部	经营人员	应发合计	660201	2211	660206	2211	660207	2221
销售部	经营人员	应发合计	6601	2211	6601	2211	6601	2211
研发部门	研发人员	应发合计	660201	2211	660206	2211	660207	2211
制造车间	车间管理人员	应发合计	5101	2211	5101	2211	5101	2211
制造车间	生产工人	应发合计	500102	2211	500102	2211	500102	2211

表4-7   计提代扣个人负担项目设置

部门	人员类别	社会保险费 100%			住房公积金 100%			个人所得税 100%		
		项目	借方科目	贷方科目	项目	借方科目	贷方科目	项目	借方科目	贷方科目
总经理办公室	管理人员	个人养老保险+个人医疗保险	2211	2241	住房公积金	2211	2241	扣税合计	2211	22210202
财务部	管理人员	个人养老保险+个人医疗保险	2211	2241	住房公积金	2211	2241	扣税合计	2211	22210202
采购部	经营人员	个人养老保险+个人医疗保险	2211	2241	住房公积金	2211	2241	扣税合计	2221	22210202
销售部	经营人员	个人养老保险+个人医疗保险	2211	2241	住房公积金	2211	2241	扣税合计	2211	22210202
研发部门	研发人员	个人养老保险+个人医疗保险	2211	2241	住房公积金	2211	2241	扣税合计	2211	22210202
制造车间	车间管理人员	个人养老保险+个人医疗保险	2211	2241	住房公积金	2211	2241	扣税合计	2211	22210202
制造车间	生产工人	个人养老保险+个人医疗保险	2211	2241	住房公积金	2211	2241	扣税合计	2211	22210202

4.2.5　任务实施

实施要求如下。

（1）掌握工资变动的处理方法。

（2）理解手工输入数据与自动计算数据的原因。

（3）掌握工资的分摊及代扣个人负担项目并生成凭证。

（4）备份账套。具体实施步骤如下。

执行"系统"/"注册"，以 admin 的身份登录，密码为空，单击"登录"按钮，以系统管理员的身份登录"系统管理"。执行"账套"/"引入"，引入"D:\财务管理系统实训数据\616-4-1"中的数据。

由"201"账套主管的身份登录企业应用平台，修改工资核算岗位的权限，执行"系统管理"/"权限"/"数据权限分配"，打开"权限浏览"窗口，选择"204 陈明"，在记录标签项中选择"工资权限"，单击"授权"按钮，弹出"记录权限设置"对话框，将业务对象选择为"工资权限"，将所有的"部门"和"工资项目"都选入"可用"窗口，如图 4-21 所示。单击"保存"按钮，弹出"保存成功，重新登录门户，此配置才能生效！"提示框，如图 4-22 所示。单击"确定"按钮，数据权限设置成功，其数据权限如图 4-23 所示（扫二维码 4-6）。

　　✧　若不进行数据权限分配设置，使用"204"则会显示"该用户没有任何部门权限"提示框，无法进行薪资管理系统的操作。

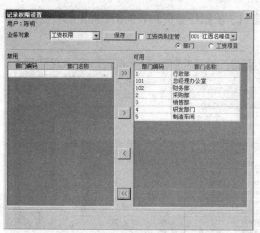

图 4-21 "记录权限设置"对话框

4-6 工资核算岗位
授权

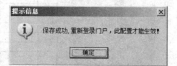

图 4-22 "提示信息"对话框

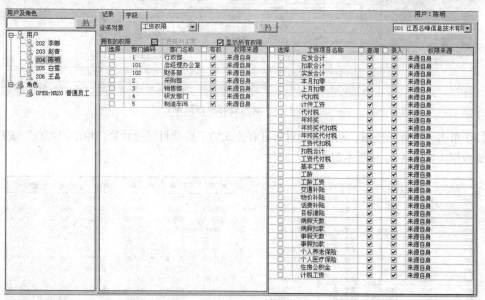

图 4-23 权限浏览窗口

1. 工资变动处理（扫二维码 4-7）

将系统的时间改到月末，以"204"工资核算员的身份重新注册，登录企业应用平台，进入薪资管理系统。

（1）执行"业务处理"/"工资变动"，弹出"工资变动"窗口，单击"过滤器"栏下拉列表中的"过滤设置"，在弹出的"项目过滤"对话框中将"基本工资""工龄""病假天数""事假天数"选入已选项目，如图 4-24 所示。

图 4-24 "项目过滤"对话框

4-7 工资变动

小提示　❖ "基本工资""工龄""病假天数""事假天数"4 个工资项目是没有计算公式的，是必填项。其他工资项目可以通过公式计算得出数据。

（2）单击"确定"按钮，回到"工资变动"窗口，依据任务资料表4-5中提供的数据进行录入，如图4-25所示。

工资变动

选择	工号	人员编号	姓名	部门	人员类别	基本工资	工龄	病假天数	事假天数
		101	黄剑	总经理办公室	管理人员	3,300.00	25		
		201	李卫	财务部	管理人员	3,100.00	18		
		202	李娜	财务部	管理人员	2,800.00	15		
		203	赵青	财务部	管理人员	2,300.00	5		
		204	陈明	财务部	管理人员	2,800.00	8		
		205	白雪	财务部	管理人员	2,300.00	7		2
		206	王晶	财务部	管理人员	2,800.00	12		2
		301	白云	采购部	经营人员	2,300.00	6		
		401	刘斌	销售部	经营人员	2,300.00	7		
		402	宋立	销售部	经营人员	2,300.00	5		
		501	周晓	研发部门	研发人员	2,300.00	6		
		502	龚平	研发部门	研发人员	2,800.00	10		
		601	李丹	制造车间	车间管理人员	2,100.00	4		
		602	董发扬	制造车间	生产工人	2,300.00	5	3	
		603	杜飞	制造车间	生产工人	2,500.00	8		
合计						38,300.00	141	3	4

当前月份：1月　　总人数：15　　当前人数：15

图4-25　录入过滤项目数据

（3）单击"计算"按钮，系统自动对所有有公式的工资项目进行计算，单击"汇总"按钮，汇总工资数据，如图4-26和图4-27所示。

人员编号	姓名	部门	人员类别	基本工资	工龄	工龄工资	交通补贴	物价补贴	话费补贴	目标津贴	应发合计
101	黄剑	总经理办公室	管理人员	3,300.00	25	250.00	200.00	300.00	200.00	500.00	4,750.00
201	李卫	财务部	管理人员	3,100.00	18	180.00	200.00	300.00	200.00	500.00	4,480.00
202	李娜	财务部	管理人员	2,800.00	15	150.00	200.00	300.00	200.00	500.00	4,150.00
203	赵青	财务部	管理人员	2,300.00	5	50.00	200.00	300.00	200.00	500.00	3,550.00
204	陈明	财务部	管理人员	2,800.00	8	80.00	200.00	300.00	200.00	500.00	4,080.00
205	白雪	财务部	管理人员	2,300.00	7	70.00	200.00	300.00	200.00	500.00	3,570.00
206	王晶	财务部	管理人员	2,800.00	12	120.00	200.00	300.00	200.00	500.00	4,120.00
301	白云	采购部	经营人员	2,300.00	6	60.00	200.00	300.00	150.00	200.00	3,210.00
401	刘斌	销售部	经营人员	2,300.00	7	70.00	200.00	300.00	150.00	200.00	3,220.00
402	宋立	销售部	经营人员	2,300.00	5	50.00	200.00	300.00	150.00	200.00	3,200.00
501	周晓	研发部门	研发人员	2,300.00	6	60.00	200.00	300.00		300.00	3,160.00
502	龚平	研发部门	研发人员	2,800.00	10	100.00	200.00	300.00		300.00	3,700.00
601	李丹	制造车间	车间管理人员	2,100.00	4	40.00	200.00	300.00		200.00	2,840.00
602	董发扬	制造车间	生产工人	2,300.00	5	50.00	200.00	300.00		200.00	3,050.00
603	杜飞	制造车间	生产工人	2,500.00	8	80.00	200.00	300.00		200.00	3,280.00
				38,300.00	141	1,410.00	3,000.00	4,500.00	1,850.00	5,300.00	54,360.00

图4-26　工资计算与汇总1

人员编号	姓名	部门	人员类别	病假天数	病假扣款	事假天数	事假扣款	个人养老保险	个人医疗保险	住房公积金	计税工资	代扣税	扣款合计	实发合计
101	黄剑	总经理办公室	管理人员					264.00	66.00	396.00	3,300.00		726.00	4,024.00
201	李卫	财务部	管理人员					248.00	62.00	372.00	3,100.00		682.00	3,798.00
202	李娜	财务部	管理人员					224.00	56.00	336.00	2,800.00		616.00	3,534.00
203	赵青	财务部	管理人员					184.00	46.00	276.00	2,300.00		506.00	3,044.00
204	陈明	财务部	管理人员					224.00	56.00	336.00	2,800.00		616.00	3,464.00
205	白雪	财务部	管理人员			2	153.33	184.00	46.00	276.00	2,300.00		659.33	2,910.67
206	王晶	财务部	管理人员			2	186.67	224.00	56.00	336.00	2,800.00		802.67	3,317.33
301	白云	采购部	经营人员					184.00	46.00	276.00	2,300.00		506.00	2,704.00
401	刘斌	销售部	经营人员					184.00	46.00	276.00	2,300.00		506.00	2,714.00
402	宋立	销售部	经营人员					184.00	46.00	276.00	2,300.00		506.00	2,694.00
501	周晓	研发部门	研发人员					184.00	46.00	276.00	2,300.00		506.00	2,654.00
502	龚平	研发部门	研发人员					224.00	56.00	336.00	2,800.00		616.00	3,084.00
601	李丹	制造车间	车间管理人员					168.00	42.00	252.00	2,100.00		462.00	2,378.00
602	董发扬	制造车间	生产工人	3	69.00			184.00	46.00	276.00	2,300.00		575.00	2,475.00
603	杜飞	制造车间	生产工人					200.00	50.00	300.00	2,500.00		550.00	2,730.00
				3	69.00	4	340.00	3,064.00	766.00	4,596.00	38,300.00		8,835.00	45,525.00

图4-27　工资计算与汇总2

◆ 如果对部分人员的工资数据进行修改，修改完毕后，一定要重新进行计算与汇总。

◆ 通常实发合计、应发合计、扣款合计在修改完数据后不能自动计算合计项，如要检查合计项是否正确，可先重算工资。

2．替换操作（扫二维码4-8）

（1）在"工资变动"窗口中，单击"全选"按钮，选中所有的记录，系统会在人员记录的"选择"栏中标记"Y"，单击"替换"按钮，打开"工资项数据替换"对话框，选择将工资项目"基本工资"替换成"基本工资+500"，如图4-28所示。

图4-28 "工资项数据替换"对话框

4-8 工资项目数据替换

（2）单击"确定"按钮，系统弹出"数据替换后将不可恢复，是否继续？"提示框，单击"是"按钮，系统弹出"15条记录被替换，是否重新计算？"提示框，单击"是"按钮返回。

（3）单击"计算"按钮，再单击"汇总"按钮，重新计算全部工资项目数据，单击"退出"按钮完成替换操作。

3．生成银行代发一览表

（1）执行"业务处理"/"银行代发"，弹出"请选择部门范围"对话框，选择所有的部门，如图4-29所示。

（2）单击"确定"按钮，弹出"银行文件格式设置"对话框，选择"中国工商银行"银行模板，单位编号默认为"1234934325"，如图4-30所示。

（3）采用系统默认的设置，单击"确定"按钮，弹出"确认设置的银行文件格式"对话框，单击"是"按钮，确认刚才设定的银行格式。弹出本企业当月"银行代发一览表"，如图4-31所示。

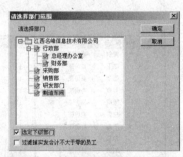

图4-29 "请选择部门范围"对话框

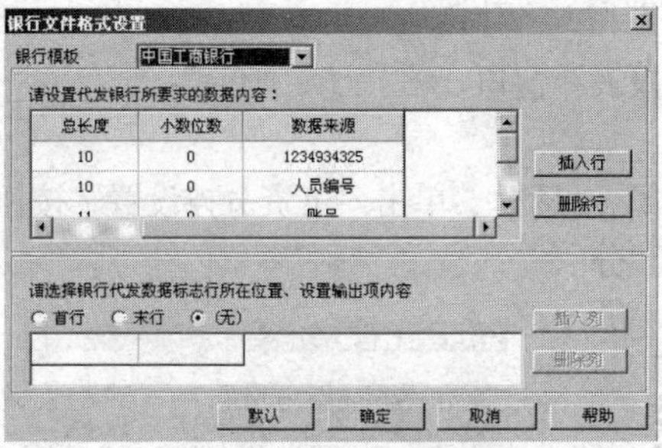

图4-30 "银行文件格式设置"对话框

银行代发一览表

名称：中国工商银行　　　　　　　　　　　　　　　　　　人数：15

单位编号	人员编号	账号	金额	录入日期
1234934325	101	3100186101	4386.58	20180131
1234934325	201	3100186201	4167.36	20180131
1234934325	202	3100186202	3911.28	20180131
1234934325	203	3100186203	3434.00	20180131
1234934325	204	3100186204	3843.38	20180131
1234934325	205	3100186205	3267.33	20180131
1234934325	206	3100186206	3662.18	20180131
1234934325	301	3100186301	3094.00	20180131
1234934325	401	3100186401	3104.00	20180131
1234934325	402	3100186402	3084.00	20180131
1234934325	501	3100186501	3044.00	20180131
1234934325	502	3100186502	3474.00	20180131
1234934325	601	3100186601	2768.00	20180131
1234934325	602	3100186602	2850.00	20180131
1234934325	603	3100186603	3120.00	20180131
合计			51,210.11	

图4-31 银行代发一览表

4．查看个人所得税报表

（1）执行"业务处理"/"扣缴所得税"，弹出"个人所得税申报模板"对话框，如图4-32所示，系统提供了4种报表，用户可以根据需要有选择地打开。选中"扣缴个人所得税报表"，单击"打开"按钮，系统打开"所得税申报"对话框，修改相应的参数，如图4-33所示。

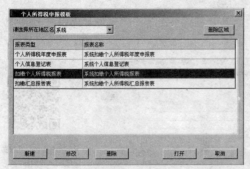

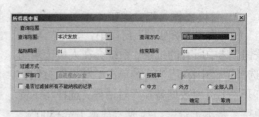

图4-32 "个人所得税申报模板"对话框　　　图4-33 "所得税申报"对话框

（2）单击"确定"按钮，打开"系统扣缴个人所得税报表"窗口，如图4-34所示。

所得税申报

输出　税率　栏目　内容　邮件　过滤　定位　退出

系统扣缴个人所得税报表
2018年1月 -- 2018年1月

总人数：15

序号	纳税义务...	身份证照...	身份...	所得期间	收入额	免税收入额	允...	费用扣除标准	准予扣除...	应纳税所得额	税率	应扣税额	已扣税额	备注
1	黄剑	身份证		1	5250.00			3500.00		914.00	3	27.42	27.42	
2	李卫	身份证		1	4980.00			3500.00		688.00	3	20.64	20.64	
3	李娜	身份证		1	4650.00			3500.00		424.00	3	12.72	12.72	
4	赵青	身份证		1	4050.00			3500.00		0.00	0	0.00	0.00	
5	陈明	身份证		1	4580.00			3500.00		354.00	0	10.62	10.62	
6	白雪	身份证		1	4070.00			3500.00		0.00	0	0.00	0.00	
7	王晶	身份证		1	4620.00			3500.00		394.00	3	11.82	11.82	
8	白云	身份证		1	3710.00			3500.00		0.00	0	0.00	0.00	
9	刘斌	身份证		1	3720.00			3500.00		0.00	0	0.00	0.00	
10	宋立	身份证		1	3700.00			3500.00		0.00	0	0.00	0.00	
11	周晓	身份证		1	3660.00			3500.00		0.00	0	0.00	0.00	
12	龚平	身份证		1	4200.00			3500.00		0.00	0	0.00	0.00	
13	李丹	身份证		1	3340.00			3500.00		0.00	0	0.00	0.00	
14	董发扬	身份证		1	3550.00			3500.00		0.00	0	0.00	0.00	
15	杜飞	身份证		1	3780.00			3500.00		0.00	0	0.00	0.00	
合计					61860.00			52500.00		2774.00		83.22	83.22	

图4-34 "系统扣缴个人所得税报表"窗口

（3）单击"退出"按钮，退出"系统扣缴个人所得税报表"窗口。

5. 工资分摊

（1）执行"业务处理"/"工资分摊"，弹出"工资分摊"对话框，单击"工资分摊设置"按钮，弹出"分摊类型设置"对话框，单击"增加"按钮，弹出"分摊计提比例设置"对话框，在"计提类型名称"栏里输入"应付工资"，分摊计提比例为"100%"，如图4-35所示（扫二维码4-9）。

（2）单击"下一步"按钮，弹出"分摊构成设置"对话框，依据任务资料表4-6中的数据完成设置，如图4-36所示。

4-9　应付工资分摊
设置

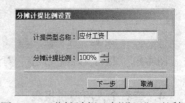

图4-35 "分摊计提比例设置"对话框

图 4-36 "分摊构成设置"对话框

 小提示　✧　在本企业中，管理费用按部门核算，所以不能将管理费用的内容进行合并处理。

（3）单击"完成"按钮，返回"分摊类型设置"对话框。

（4）单击"增加"按钮，弹出"分摊计提比例设置"对话框，依据相同的方法进行设置，在"计提类型名称"栏里输入"应付福利费"，分摊计提比例为"14%"，如图 4-37 所示。

（5）单击"下一步"按钮，弹出"分摊构成设置"对话框，依据任务资料表 4-6 中的数据完成设置，如图 4-38 所示。

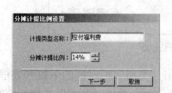

图 4-37 "分摊计提比例设置"对话框　　　　图 4-38 "分摊构成设置"对话框

（6）采用相同的方法对工会经费和职工教育经费进行设置，设置完成后，返回"工资分摊"对话框，如图 4-39 所示。

（7）选择所有计提费用类型，并选择本企业所有的部门，选择"明细到工资项目"与"按项目核算"复选框，如图 4-40 所示。

图 4-39 "工资分摊"对话框　　　　　　　图 4-40 "工资分摊"对话框

（8）单击"确定"按钮，弹出"应付工资一览表"窗口，选中"合并科目相同、辅助项相同的分录"复选框，如图 4-41 所示。

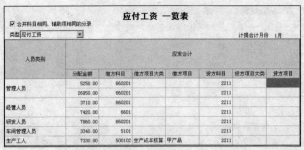

图4-41 "应付工资一览表"窗口

（9）单击工具栏上的"制单"按钮，弹出一张凭证，设置凭证类型为"转账凭证"，在凭证窗口的工具栏中单击"保存"按钮，系统生成计提工资的凭证，如图4-42所示，扫二维码4-10。

4-10 工资分摊
生成凭证

图4-42 计提工资的凭证

（10）单击"退出"按钮，回到"应付工资一览表"窗口。单击"类型"栏对应的下拉列表框，选择"应付福利费"，选中"合并科目相同、辅助项相同的分录"复选框，单击"制单"按钮，填写凭证需设置的内容，生成计提福利费的凭证，如图4-43所示。

图4-43 计提福利费的凭证

（11）重复以上步骤，生成计提工会经费和计提职工教育经费的凭证各一张，如图4-44和图4-45所示。

✧ 薪资管理系统中生成的凭证会自动传递到总账系统的未记账凭证库文件中去，由拥有相应权限的操作员在总账系统中进行审核、记账。

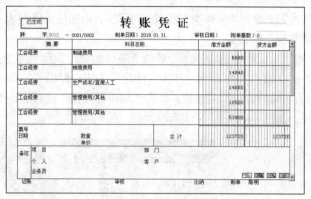

图 4-44　计提工会经费的凭证

图 4-45　计提职工教育经费的凭证

（12）单击"退出"按钮，再次执行"业务处理"/"工资分摊"，弹出"工资分摊"对话框，单击"工资分摊设置"按钮，弹出"分摊类型设置"对话框，单击"增加"按钮，弹出"分摊计提比例设置"对话框，在"计提类型名称"栏里输入"社会保险费"，分摊计提比例为"100%"，如图 4-46 所示，扫二维码 4-11。

（13）单击"下一步"按钮，弹出"分摊构成设置"对话框，依据任务资料表 4-7 中的数据完成设置，如图 4-47 所示。

4-11　社会保险费分摊设置

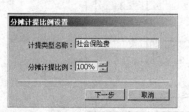

图 4-46　"分摊计提比例设置"对话框

图 4-47　"分摊构成设置"对话框

> **小提示**　◆　工资项目涉及两个或两个以上时，需要对每一个工资项目分别对应相应的人员类别进行设置。

（14）单击"完成"按钮，返回"分摊类型设置"对话框，依据任务资料表4-7中的数据完成"住房公积金"和"个人所得税"的设置。

（15）在"工资分摊"对话框中选中刚才设置的3项计提费用类型，并选择"明细到工资项目"与"按项目核算"复选框，如图4-48所示。单击"确定"按钮，弹出"工资分摊明细"窗口，选中"合并科目相同、辅助项相同的分录"复选框，单击"制单"按钮，设置凭证类别，单击"保存"按钮，依次生成3张凭证，如图4-49～图4-51所示，扫二维码4-12。

4-12　社会保险费
分摊生成凭证

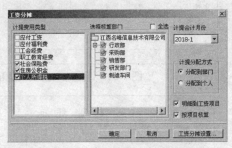

图 4-48　"工资分摊"对话框

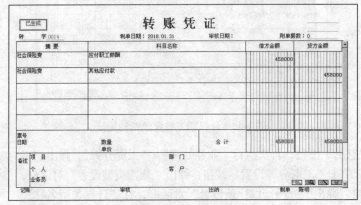

图 4-49　代扣个人社会保险费的凭证

图 4-50　代扣个人住房公积金的凭证

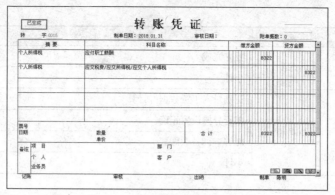

图 4-51 代扣个人所得税的凭证

6. 凭证查询

（1）执行"统计分析"/"凭证查询"，弹出"凭证查询"对话框，如图 4-52 所示。

图 4-52 "凭证查询"对话框

（2）单击"凭证"按钮，可以查看相应的凭证内容。

 ◇ 在薪资管理系统中，如果生成的凭证有错误，则只能通过"凭证查询"功能进行修改、删除和冲销等。

7. 账套备份

退出"企业应用平台"，在系统管理中由系统管理员执行"账套"/"输出"，将数据存储在"D:\财务管理系统实训数据\616-4-2"中。

4.2.6 评价考核

1. 评价标准

根据任务实施情况，实行过程评价与结果评价相结合。评价标准如表 4-8 所示。

表 4-8　　　　　　　　　　　　　　　　　　评价标准

评价类别	评价属性	评价指标	分数
过程评价 （40%）	实训态度	遵章守纪	10
		按要求及时完成	10
		操作细致、有耐心	10

续表

评价类别	评价属性	评价指标	分数
过程评价 （40%）	实训态度	独立完成	10
		小计	40
结果评价 （60%）	实施效果	正确录入工资数据并计算	20
		工资分摊设置正确	30
		能够查询各类账表	10
		小计	60

2. 评定等级

根据得分情况评定等级，如表4-9所示。

表4-9　　　　　　　　　　　　　　　评定等级

等级标准	优	良	中	及格	不及格
分数区间	90分以上	80～89分	70～79分	60～69分	60分以下
实际得分					

任务 4.3 ｜ 账套主管岗位——期末业务处理

云班课——线上导航（邀请码348846）

翻转课堂	场景	对象性质	项目四　薪资管理系统 学生		任务 4.3　账套主管岗位——期末业务处理 教师		互动	
空间分布	前置学习	线上云班课	探索	学习资源	**认知** 薪资管理系统期末业务处理内容	建立资源	**构建** 薪资管理系统资源库	沟通	**调查** 知识理解、技能掌握程度
					观看 薪资管理系统期末业务的操作视频		**上传** 拍摄操作视频并整理相应的学习资料	课前学习评价	学生自评
									教师测评
	课中学习	线下机房实训	归纳、导学	交流互动	**模拟** 1. 薪资管理系统月末处理 2. 反结账	交流互动	**演示** 薪资管理系统期末业务处理操作	检测效果	**跟踪** 学生团队、学生个人学习效果
				学习检测	**问题提出** 知识问题、技能问题	学习检测	**答疑解惑** 知识体系的剖析、技能操作的演示、常见错误的原因、解决问题的方法	知识的内化与应用	教师讲解剖析
									学生理解掌握
	课后学习	线上云班课	演绎、拓展	学习巩固	**巩固** 单项实训	评价学习效果	**评价** 通过练习、测试评价学习效果	拓展	拓展练习
									拓展测试
				学习拓展	**测试** 综合实训	资源推荐	**共享** 相关资源链接	课后反馈	信息化工具交流

4.3.1　工作情境

1月份日常业务的处理已经结束，需要将本月的数据进行处理并结转至下月。考虑到数据的完整性，在总账系统结账前，薪资管理系统必须先结账。

4.3.2　岗位描述

账套主管的主要任务是负责账套操作员的管理和基础数据环境的建立，到了期末，主要负责数据的汇总、对账、结账与反结账工作。

4.3.3　背景知识

月末处理是将当月数据经过处理后结转至下月。每月工资数据处理完毕后均可进行月末结转。月末处理后，本月工资将不许变动。由于在工资项目中，有的项目是固定的，有的项目是变动的，即每月数据均不相同，所以在每月月末工资处理时，需将变动的数据清零，然后才能输入下月的数据，这些项目称为清零项目。清零项目数据清空，其他项目继承当月数据。

月末结转只有在会计年度的1~11月份进行，且只有在当月工资数据处理完毕后才可进行。若为处理多个工资类别，则应打开工资类别，分别进行月末结算。若本月工资数据未汇总，系统将不允许进行月末结转。进行期末处理后，将不再允许变动当月数据。

年末结转是将工资数据经过处理后结转至下年。进行年末结转后，新年度账将自动建立。只有处理完所有工资类别的工资数据（对多工资类别，应关闭所有工资类别），才能在系统管理中选择"年度账"菜单，进行上年数据结转。其他操作与月末处理类似。进行年末结转后，本年各月数据将不允许变动。若用户跨月进行年末结转，系统将给予提示。

月末处理一般由账套主管岗位的人员进行操作。

4.3.4　工作任务

1．任务内容
（1）月末处理。
（2）反结账。
（3）数据备份。

2．任务资料
（1）对1月份的工资数据进行月末处理。
（2）反结账。

4.3.5　任务实施

实施要求如下。
（1）理解月末处理的意义。
（2）掌握月末处理的流程。
（3）熟悉反结账的操作。
（4）备份账套。
具体实施步骤如下。

执行"系统"/"注册"，以admin的身份登录，密码为空，单击"登录"按钮，以系统管理员的身份登录"系统管理"。执行"账套"/"引入"，引入"D：\财务管理系统实训数据\616-4-2"中的数据。

以"201"账套主管岗位的身份登录企业应用平台，进入薪资管理系统。

1. 月末处理（扫二维码4-13）

4-13 薪资管理
系统月末处理

（1）执行"业务处理"/"月末处理"，弹出"月末处理"对话框，如图4-53所示。单击"确定"按钮，弹出"月末处理之后，本月工资将不许变动！继续月末处理吗？"提示框。

（2）单击"是"按钮，弹出"是否选择清零项？"对话框，单击"是"按钮，弹出"选择清零项目"对话框，将"病假天数""事假天数""代扣税"等项目选入清零项目的右侧列表框内，如图4-54所示。

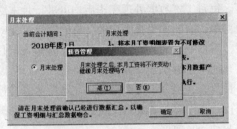

图4-53 "月末处理"对话框

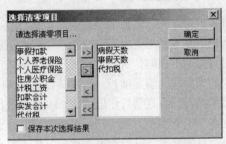

图4-54 "选择清零项目"对话框

（3）单击"确定"按钮，弹出"月末处理完毕"提示框，单击"确定"按钮，完成月末处理。

 小提示

❖ 工资的月末处理也可看成薪资管理系统的结账。

❖ 进行工资的月末处理前，一定要将数据进行计算和汇总。若本月数据未汇总，系统将不允许进行月末结转。

2. 反结账（扫二维码4-14）

若在薪资管理系统结账后，发现还有一些业务或其他事项需要在已结账的月份进行账务处理，则需要使用"反结账"功能，取消已结账标志。

（1）执行"业务处理"/"反结账"，弹出"反结账"对话框，显示工资类别号、工资类别名称及结账会计期间，如图4-55所示。单击"确定"按钮，显示"反结账"提示框，如图4-56所示。

4-14 薪资管理
系统反结账

图4-55 "反结账"对话框

（2）单击"确定"按钮，系统自动进行数据的处理。完成反结账后，弹出"反结账已成功完成"提示框，如图4-57所示。

（3）单击"确定"按钮，完成反结账，返回薪资管理系统。

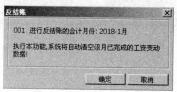

图 4-56 "反结账"提示框

图 4-57 "反结账已成功完成"提示框

✧ 有下列情况之一，不允许反结账：一是总账系统已结账；二是成本管理系统上月已结账。

3. 账套备份

退出"企业应用平台"，在系统管理中由系统管理员执行"账套"/"输出"，将数据存储在"D:\财务管理系统实训数据\616-4-3"中。

4.3.6 评价考核

1. 评价标准

根据任务实施情况，实行过程评价与结果评价相结合。评价标准如表 4-10 所示。

表 4-10   评价标准

评价类别	评价属性	评价指标	分数
过程评价 （40%）	实训态度	遵章守纪	10
		按要求及时完成	10
		操作细致、有耐心	10
		独立完成	10
		小计	40
结果评价 （60%）	实施效果	掌握月末处理的业务内容	10
		月末处理的流程正确	20
		反结账的处理正确	30
		小计	60

2. 评定等级

根据得分情况评定等级，如表 4-11 所示。

表 4-11   评定等级

等级标准	优	良	中	及格	不及格
分数区间	90 分以上	80～89 分	70～79 分	60～69 分	60 分以下
实际得分					

项目五
固定资产管理系统

用友 ERP-U8 管理软件的固定资产管理系统主要完成企业固定资产日常业务的核算和管理，生成固定资产卡片，按月反映固定资产的增加、减少、原值变化及其他变动，并输出相应的增减变动明细账，按月自动计提折旧，生成折旧分配凭证，同时输出一些与固定资产管理相关的报表和账簿。

固定资产管理系统中资产的增加、减少以及原值和累计折旧的调整、计提折旧等都要将有关数据通过记账凭证传输到总账系统，同时通过对账，保持固定资产账目与总账系统数据的平衡，并可以修改、删除以及查询凭证。固定资产管理系统为成本核算系统提供有关计提折旧费用的数据。UFO报表系统也可以通过相应的取数函数从固定资产管理系统中提取分析数据。

固定资产管理主要包括初始化设置、固定资产卡片管理、折旧管理、月末对账结账和账表查询等功能。

任务 5.1 | 账套主管岗位——固定资产管理系统初始化

云班课——线上导航（邀请码 348846）

项目五 固定资产管理系统					任务 5.1 账套主管岗位——固定资产管理系统初始化		
翻转课堂	对象 性质 场景		学生		教师		互动
前置 学习	线上 云班课	探索	学习 资源	**认知** 固定资产管理系统初始化 内容	建立 资源	**构建** 固定资产管理系统 资源库	沟通	**调查** 知识理解、技能掌 握程度
				观看 固定资产管理系统初始化 设置的操作视频		**上传** 拍摄操作视频并整理相 应的学习资料	课前 学习 评价	学生自评
								教师测评
空 间 分 布	课中 学习	线下 机房 实训	归纳、导学	交流 互动	**模拟** 1. 建立固定资产账套 2. 设置资产类别 3. 设置部门对应的折旧 科目 4. 录入固定资产原始卡片	交流 互动	**演示** 固定资产管理系统初始 化设置操作	检测 效果	**跟踪** 学生团队、学生个 人学习效果
				学习 检测	**问题提出** 知识问题、技能问题	学习 检测	**答疑解惑** 知识体系的剖析、技能 操作的演示、常见错误的 原因、解决问题的方法	知识 的内 化与 应用	教师讲解剖析
									学生理解掌握
	课后 学习	线上 云班课	演绎、拓展	学习 巩固	**巩固** 单项实训	评价 学习 效果	**评价** 通过练习、测试评价 学习效果	拓展	拓展练习
									拓展测试
				学习 拓展	**测试** 综合实训	资源 推荐	**共享** 相关资源链接	课后 反馈	信息化工具交流

5.1.1 工作情境

第一次使用固定资产管理系统，需要将企业固定资产的期初数据录入到模块中，完成固定资产管理系统的初始化。

5.1.2 岗位描述

账套主管是针对某个账套的管理员。在账套中，账套主管起着统领作用，负责账套操作员的管理和基础数据环境的建立，主要包括系统设置、基础资料设置和初始化数据输入等整个账套前期的工作过程，这个过程称为"系统初始化"。系统的初始化一般由账套主管来完成。

5.1.3 背景知识

固定资产管理系统初始化是根据企业的具体情况，建立一个适合本单位需要的固定资产账套的过程，包括初始化固定资产账套、基础数据设置和录入原始卡片等。

5.1.4 工作任务

1. 任务内容

（1）初始化固定资产账套。

（2）设置选项。

（3）设置固定资产类别。

（4）设置部门对应的折旧科目。

（5）设置固定资产的增减方式。

（6）录入固定资产原始卡片。

（7）数据备份。

2. 任务资料

（1）固定资产参数设置如表 5-1 所示。

表 5-1　　固定资产参数设置

控制参数	参数设置
约定与说明	我同意
启用月份	2018 年 01 月
折旧信息	本账套计提折旧； 折旧方法：平均年限法（一）； 折旧汇总分配周期：1 个月； 当"月初已计提月份 = 可使用月份 – 1"时，将剩余折旧全部提足
编码方式	资产类别编码方式：2-1-1-2； 固定资产编码方式：按"类别编码 + 部门编码 + 序号"自动编码，卡片序号长度为"3"
财务接口	与财务系统进行对账； 对账科目如下。 固定资产对账科目：1601 固定资产； 累计折旧对账科目：1602 累计折旧
补充参数	业务发生后立即制单； 月末结账前一定要完成制单登账业务； 固定资产缺省入账科目：1601，累计折旧缺省入账科目：1602

（2）资产类别如表5-2所示。

表5-2　　　　　　　　　　　　　　　　资产类别

编码	类别名称	净残值率	单位	计提属性
01	交通运输设备	4%		正常计提
011	经营用设备	4%		正常计提
012	非经营用设备	4%		正常计提
02	电子设备及其他通信设备	4%		正常计提
021	经营用设备	4%	台	正常计提
022	非经营用设备	4%	台	正常计提
03	房屋及建筑物	4%		正常计提
031	经营用房	4%		正常计提

（3）部门及对应折旧科目如表5-3所示。

表5-3　　　　　　　　　　　　部门及对应折旧科目

部门	对应折旧科目
总经理办公室、财务部、采购部、研发部门	管理费用—折旧费
销售部	销售费用
制造车间	制造费用

（4）增减方式的对应入账科目如表5-4所示。

表5-4　　　　　　　　　　　　增减方式的对应入账科目

增减方式目录	对应入账科目
增加方式：直接购入、在建工程转入	100201，工行存款；1604，在建工程
减少方式：出售、毁损	1606，固定资产清理

（5）固定资产原始卡片如表5-5所示。

表5-5　　　　　　　　　　　　固定资产原始卡片

固定资产名称	类别编码	所在部门	增加方式	使用年限（月）	开始使用日期	原值（元）	累计折旧（元）	对应折旧科目名称
轿车	012	总经理办公室	直接购入	72	2016-11-1	265 470	45 899.75	管理费用—折旧费
笔记本电脑	022	总经理办公室	直接购入	60	2016-12-1	28 900	5 548.80	管理费用—折旧费
传真机	022	总经理办公室	直接购入	60	2016-11-1	3 510	730.08	管理费用—折旧费
控制器	021	制造车间	直接购入	60	2016-12-1	6 490	1 246.08	制造费用
发动机	021	制造车间	直接购入	60	2016-12-1	6 490	1 246.08	制造费用
经营用房	031	制造车间	在建工程转入	240	2015-12-1	264 140	25 357.44	制造费用
合计						575 000	80 028.23	

5.1.5 任务实施

实施要求如下。

（1）初始化固定资产账套。

（2）进行固定资产系统选项的设置及部门对应折旧科目等基础设置。

（3）熟练掌握固定资产原始卡片的录入方法。

（4）备份账套。

具体实施步骤如下。

执行"系统"/"注册"，以 admin 的身份登录，密码为空；单击"登录"按钮，以系统管理员的身份登录"系统管理"。执行"账套"/"引入"，引入"D：\财务管理系统实训数据\616-4-3"中的数据。

将系统的时间修改为 2018 年 1 月 1 日，以"201"账套主管的身份登录企业应用平台。

执行"基础设置"/"基本信息"/"系统启用"，弹出"系统启用"对话框，启用"固定资产"系统，启用的时间为"2018-01-01"，如图 5-1 所示，弹出"确实要启用当前系统吗？"提示框，单击"是"按钮返回。

图 5-1　启用"固定资产"系统

　　　✧　建账时的启用与在企业应用平台系统中的启用，两者的启用人不同，前者是系统管理员，后者是账套主管。

1. 初始化固定资产账套（扫二维码 5-1）

（1）执行"业务工作"/"财务会计"/"固定资产"，弹出如图 5-2 所示的提示框。

图 5-2　提示框

5-1　初始化固定
资产账套

（2）单击"是"按钮，弹出"初始化账套向导—约定及说明"对话框，选择"我同意"单选按钮，如图5-3所示。

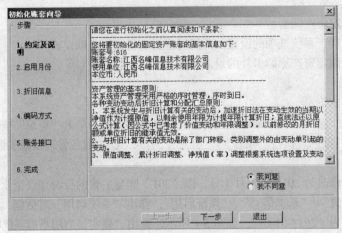

图5-3 "初始化账套向导—约定及说明"对话框

（3）单击"下一步"按钮，弹出"初始化账套向导—启用月份" 对话框，直接单击"下一步"按钮，弹出"初始化账套向导—折旧信息"对话框，选择主要折旧方法为"平均年限法（一）"，其余按任务资料表5-1提供的数据进行设置，如图5-4所示。

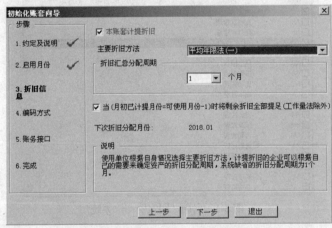

图5-4 "初始化账套向导—折旧信息"对话框

（4）单击"下一步"按钮，弹出"初始化账套向导—编码方式"对话框，设置资产类别编码方式为2-1-1-2；固定资产编码方式按"类别编号+部门编号+序号"自动编码；卡片序号长度为"3"，如图5-5所示。

（5）单击"下一步"按钮，弹出"初始化账套向导—账务接口"对话框，设置与账务系统进行对账；对账科目分别为"1601，固定资产"和"1602，累计折旧"，并设置"在对账不平情况下允许固定资产月末结账"，如图5-6所示。

（6）单击"下一步"按钮，弹出"初始化账套向导—完成"对话框，显示刚才所进行的设置内容，如图5-7所示。

（7）单击"完成"按钮，弹出如图5-8所示的提示框。

 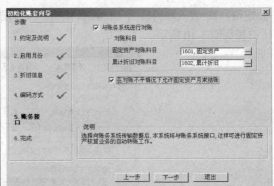

图 5-5 "初始化账套向导—编码方式"对话框　　图 5-6 "初始化账套向导—账务接口"对话框

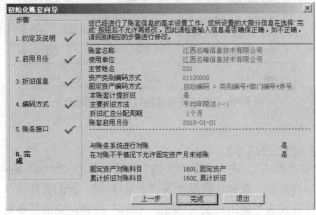

图 5-7 "初始化账套向导—完成"对话框

（8）单击"是"按钮，弹出"已成功初始化本固定资产账套！"提示框，如图 5-9 所示，单击"确定"按钮，初始化固定资产账套操作完成。

图 5-8 提示框　　　　　　　　　　　图 5-9 初始化固定资产账套完成

　◆　初始化固定资产账套设置完成后，有些参数不能修改，所以要慎重。

　◆　"初始化账套向导－启用月份"中所列示的月份只能查看，不能修改。

　◆　启用日期确定后，在该日期前的所有固定资产将作为期初数据，从启用的月份开始计提折旧。

　◆　如果发现参数有错，必须改正，只能通过固定资产管理系统"维护"/"重新初始化账套"功能来实现，该操作将清空对该账套初始化所做的一切工作。

2．补充参数设置

（1）执行"设置"/"选项"命令，弹出"选项"窗口。单击"编辑"按钮，选择"与账务系统接口"选项卡，选中"业务发生后立即制单""月末结账前一定要完成制单登账业务"复选框，选择

[固定资产]缺省入账科目为"1601 固定资产"，[累计折旧]缺省入账科目为"1602 累计折旧"等，具体设置如图 5-10 所示。

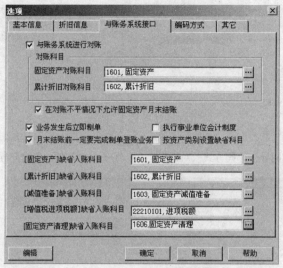

图 5-10 "与账务系统接口"选项卡的设置

（2）单击"确定"按钮后返回主界面。

3. 资产类别设置（扫二维码 5-2）

执行"设置"/"资产类别"，进入"资产类别"窗口，单击"增加"按钮，依次输入类别名称、净残值率，选择计提属性为"正常计提"，折旧方法为"平均年限法（一）"，卡片样式为"通用样式"，单击"保存"按钮，完成任务资料表 5-2 中内容的设置，完成后如图 5-11 所示。单击"退出"按钮，返回系统主界面。

5-2 资产类别设置

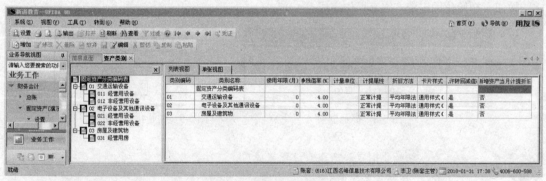

图 5-11 "资产类别"窗口

✧ 应先建立上级固定资产类别后再建立下级类别。
✧ 类别编码、名称、计提属性及卡片样式不能为空。
✧ 使用过的类别的计提属性不能修改。
✧ 系统已使用的类别不允许增加下级和删除。

4. 设置部门对应折旧科目（扫二维码 5-3）

执行"设置"/"部门对应折旧科目"，打开"部门对应折旧科目"窗口，选择部门"101 总经理办公室"，单击"单张视图"选项卡，单击"修改"按钮，选择折旧科目为"660205，折旧费"，单击"保存"按钮，完成该部门所对应折旧科目的设置，按照相同的方法完成所有部门所对应折旧科目的设置，如图 5-12 所示。

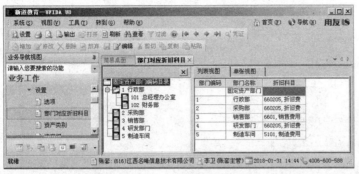

5-3 部门对应折旧
科目

图 5-12 "部门对应折旧科目"窗口

 ✧ 因本系统录入卡片时，只能选择明细级部门，所以设置折旧科目也只有给明细级部门设置才有意义。如果某一上级部门设置了对应的折旧科目，则下级部门继承上级部门的设置。

5．设置固定资产的增减方式

执行"设置"/"增减方式"，进入"增减方式"窗口，在左侧的"增减方式目录表"中，单击"101 直接购入"增加方式，单击"单张视图"选项卡，单击"修改"按钮，输入对应入账科目"100201，工行存款"，单击"保存"按钮，如图 5-13 所示。使用相同的方法，完成任务资料表 5-4 中所要求的增减方式的设置。

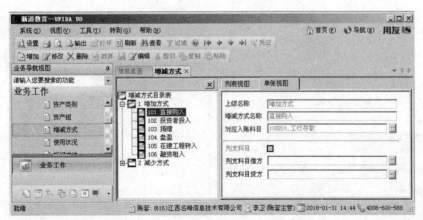

图 5-13 "增减方式"窗口

 ✧ 当固定资产发生增减变动、系统生成凭证时，会默认采用这些科目。
✧ 非明细增减方式不能删除，已使用的增减方式不能删除。
✧ 生成凭证时，如果入账科目发生了变化，可以即时修改。
✧ 系统内置的增加方式有直接购入、投资者投入、捐赠、盘盈、在建工程转入、融资租入 6 种；减少方式有出售、盘亏、投资转出、捐赠转出、报废、毁损、融资租出、拆分减少 8 种。

6. 录入固定资产原始卡片（扫二维码5-4）

（1）执行"卡片"/"录入原始卡片"，弹出"固定资产类别档案"窗口，选择"012 非经营用设备"，单击"确定"按钮，如图5-14所示。

5-4 录入固定资产原始卡片

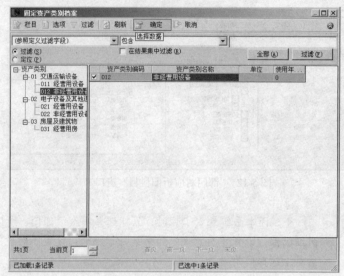

图5-14 "固定资产类别档案"窗口

（2）在打开的"固定资产卡片"窗口中单击"增加"按钮，在"固定资产名称"栏里输入"轿车"，单击部门名称，弹出"固定资产—本资产部门使用方式"对话框，选择"单部门使用"，如图5-15所示。

（3）单击"确定"按钮。弹出"部门基本参照"窗口，选择"总经理办公室"，如图5-16所示。

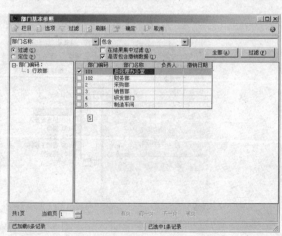

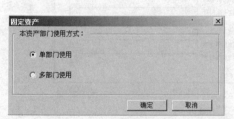

图5-15 "固定资产—本资产部门使用方式"对话框

图5-16 "部门基本参照"窗口

（4）单击"确定"按钮，依次参照输入增加方式"直接购入"，使用状况"在用"，使用年限（月）"72"，开始使用日期"2016-11-01"，原值"265 470.00"，累计折旧"45 899.75"，完成以上项目的内容后，固定资产卡片如图5-17所示。单击"保存"按钮，弹出"数据保存成功"提示框，单击"确定"按钮，完成一张固定资产卡片的录入。

图 5-17　录入"固定资产卡片"

◇　在使用"固定资产原始卡片录入"或"资产增加"功能时，可以为一个资产选择多个使用部门。

◇　固定资产卡片编号由系统自动给出，不能修改，如果删除一张卡片，而这张卡片又不是最后一张卡片，则系统将保留空号。

◇　已计提月份由系统自动算出，但可以修改，要将因使用期间停用等而不计提折旧的月份扣除。

（5）使用相同的方法，将任务资料表 5-5 中的数据全部录入后，如果想要查看所有固定资产原始卡片，执行"卡片"/"卡片管理"，打开"卡片管理"窗口，在"开始使用日期"栏中选择原始卡片中最早开始使用的日期"2015.12.01"，单击"确定"按钮，显示固定资产原始卡片数据，如图 5-18 所示。

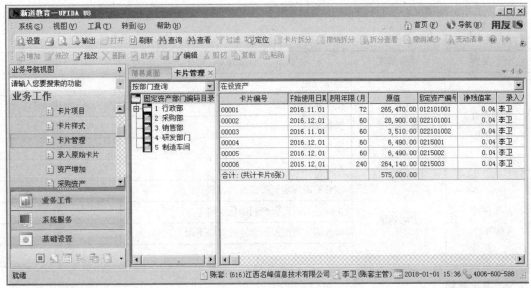

图 5-18　"卡片管理"窗口

7. 期初对账（扫二维码 5-5）

执行"处理"/"对账"，系统将固定资产系统录入的明细资料数据汇总并与总账系统数据相核对，弹出"与财务对账结果"对话框，如图 5-19 所示。

5-5　固定资产
期初对账

图 5-19 "与账务对账结果"对话框

◆ 对账功能是将固定资产管理系统和总账系统中有关固定资产的数据进行核对，可以保证数据准确、完整。对账操作一般不限定时间，系统月末将自动对账一次，并给出对账的结果。

◆ 固定资产原始卡片录入后第一次与账务系统对账，是期初对账。在本月所有的固定资产业务处理完毕后，还需进行对账。

◆ 期初对账不平衡，会导致后期的数据对账也不平衡。

8. 备份账套

退出"企业应用平台"，在系统管理中，由系统管理员执行"账套" / "输出"，将数据存储在"D:\财务管理系统实训数据\616-5-1"中。

5.1.6 评价考核

1. 评价标准

根据任务实施情况，实行过程评价与结果评价相结合。评价标准如表 5-6 所示。

表 5-6　　　　　　　　　　　　　　　评价标准

评价类别	评价属性	评价指标	分数
过程评价（40%）	实训态度	遵章守纪	10
		按要求及时完成	10
		操作细致、有耐心	10
		独立完成	10
		小计	40
结果评价（60%）	实施效果	能够完成固定资产账套的设置	10
		正确进行固定资产初始化设置	20
		录入固定资产原始卡片并对账平衡	30
		小计	60

2. 评定等级

根据得分情况评定等级，如表 5-7 所示。

表 5-7　　　　　　　　　　　　　　　评定等级

等级标准	优	良	中	及格	不及格
分数区间	90分以上	80～89分	70～79分	60～69分	60分以下
实际得分					

任务 5.2 固定资产核算岗位——固定资产日常业务处理

云班课——线上导航（邀请码 348846）

项目五 固定资产管理系统				任务 5.2 固定资产核算岗位——固定资产日常业务处理			
翻转课堂 场景	对象 性质		学生		教师		互动
前置学习	线上云班课	探索	学习资源	**认知** 固定资产管理系统日常业务处理内容	建立资源	**构建** 固定资产管理系统资源库	沟通	**调查** 知识理解、技能掌握程度
				观看 固定资产管理系统日常业务处理的操作视频		**上传** 拍摄操作视频并整理相应的学习资料	课前学习评价	学生自评
								教师测评
空间分布	课中学习	线下机房实训	归纳、导学	交流互动	**模拟** 1. 资产增加 2. 资产评估 3. 计提折旧 4. 资产减少	交流互动	**演示** 固定资产管理系统日常业务处理操作	检测效果	**跟踪** 学生团队、学生个人学习效果
			学习检测	**问题提出** 知识问题、技能问题	学习检测	**答疑解惑** 知识体系的剖析、技能操作的演示、常见错误的原因、解决问题的方法	知识的内化与应用	教师讲解剖析
								学生理解掌握
	课后学习	线上云班课	演绎、拓展	学习巩固	**巩固** 单项实训	评价学习效果	**评价** 通过练习、测试评价学习效果	拓展	拓展练习
								拓展测试
			学习拓展	**测试** 综合实训	资源推荐	**共享** 相关资源链接	课后反馈	信息化工具交流

5.2.1 工作情境

在企业中，固定资产每个月都要按会计制度的规定计提折旧，并按固定资产使用部门的不同进行费用的分配。在日常业务中，固定资产会发生增减变动，固定资产核算岗位需要对涉及固定资产的所有业务进行处理。

5.2.2 岗位描述

固定资产核算岗位主要负责核算和记录固定资产增减变动，定期、不定期地对固定资产进行盘点，进行固定资产折旧处理、固定资产期末计价、固定资产账簿管理等。在固定资产数量较多、价值较大的企业中，为了加强固定资产核算和管理，应单独设立该岗位，负责固定资产的核算和管理。

5.2.3 背景知识

固定资产管理系统以固定资产卡片管理为基础，帮助企业实现对固定资产的全面管理，包括固定资产的新增、减少、清理、变动及按会计有关制度计提折旧等工作。

5.2.4　工作任务

1. 任务内容

（1）资产增加。

（2）资产评估。

（3）计提折旧。

（4）资产减少。

（5）数据备份。

2. 任务资料

（1）1月18日，制造车间购入不需要安装的车床一台，价款90 000元，增值税15 300元，包装费及运费1 100元，以银行存款支付价款、包装费及运费91 100元，支付增值税15 300元（转账支票号为GHZ008）。净残值率为4%，预计使用年限为5年。设备已交付使用。

借：固定资产（1601）	91 100
应交税费—应交增值税（进项税额）（22210101）	15 300
贷：银行存款—工行存款（100201）	106 400

（2）1月21日，财务部以银行存款批量购入三星笔记本电脑3台，每台含税价为5 850元，净残值率为4%，预计使用年限为5年（转账支票号为GHZ009）。

借：固定资产（1601）	5 000
应交税费—应交增值税（进项税额）（22210101）	850
贷：银行存款—工行存款（100201）	5 850

（3）1月23日，对轿车进行资产评估，评估结果为原值200 000元，累计折旧45 000元（自动生成转账凭证）。

借：资本公积（4002）	65 470
贷：固定资产（1601）	65 470
借：累计折旧（1602）	899.75
贷：管理费用—折旧费（660205）	899.75

（4）1月31日，计提本月折旧费用（自动生成转账凭证）。

（5）1月31日，公司出售不用的控制器一台，收到现金5 000元，设备原价6 490元，已提折旧1 349.92元，设备已交付给购入单位。

借：固定资产清理（1606）	5 140.08
累计折旧（1602）	1 349.92
贷：固定资产（1601）	6 490
借：库存现金（1001）	5 000
贷：固定资产清理（1606）	5 000
借：营业外支出（6711）	140.08
贷：固定资产清理（1606）	140.08

（6）1月31日，制造车间毁损发动机一台，作为非常损失处理。

借：固定资产清理（1606）	5 140.08
累计折旧（1602）	1 349.92
贷：固定资产（1601）	6 490

借：营业外支出（6711）　　　　　　　　　　　　　　　　5 140.08
　　贷：固定资产清理（1606）　　　　　　　　　　　　　　　　5 140.08

5.2.5　任务实施

实施要求如下。

（1）掌握固定资产增加、减少的处理方法。

（2）能够正确地进行资产评估的处理。

（3）掌握固定资产计提折旧的方法。

（4）能够正确对账。

（5）备份账套。

具体实施步骤如下。

执行"系统"/"注册"，以 admin 的身份登录，密码为空，单击"登录"按钮，以系统管理员的身份登录"系统管理"。执行"账套"/"引入"，引入"D：\财务管理系统实训数据\616-5-1"中的数据。

将系统的时间修改为"2018-01-31"，以"205 白雪"固定资产核算岗位的身份登录企业应用平台，进入固定资产管理系统。

1. 资产增加（扫二维码 5-6 及 5-7）

（1）执行"固定资产"/"卡片"/"资产增加"，进入"固定资产类别档案"窗口，选择资产类别"021"，如图 5-20 所示。

（2）单击"确定"按钮，弹出"固定资产卡片录入"窗口，输入固定资产的名称为"车床"，双击"使用部门"，选择"制造车间"，使用年限（月）为"60"，输入开始使用日期为"2018-01-18"，输入原值为"91 100"，累计折旧为"0.00"，如图 5-21 所示。

5-6　资产增加　　　　5-7　资产批量增加

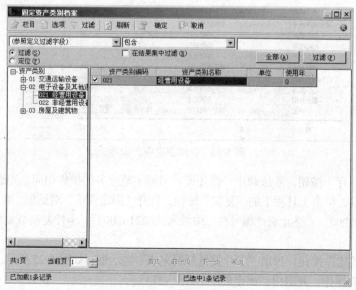

图 5-20　选择资产类别

（3）单击"保存"按钮，系统显示"数据成功保存！"提示框，如图 5-22 所示。单击"确定"

按钮，弹出一张凭证，先不进行设置，直接退出。弹出"还有没有保存的凭证，是否退出？"提示框，单击"是"按钮，退出凭证。

固定资产卡片

卡片编号	00007		日期	2018-01-31
固定资产编号	0215004	固定资产名称		车床
类别编号	021	类别名称	经营用设备	资产组名称
规格型号		使用部门		制造车间
增加方式	直接购入	存放地点		
使用状况	在用	使用年限（月）	60	折旧方法	平均年限法（一）
开始使用日期	2018-01-18	已计提月份	0	币种	人民币
原值	91100.00	净残值率	4%	净残值	3644.00
累计折旧	0.00	月折旧率	0.016	本月计提折旧额	0.00
净值	91100.00	对应折旧科目	5101,制造费用	项目	
录入人	白雪		录入日期	2018-01-31

图 5-21　新增固定资产卡片

图 5-22　"数据成功保存！"提示框

 ✧ 在建立固定资产账套的时候设置了"业务发生后立即制单"，所以保存固定资产卡片后，系统会立刻要求制单。
✧ 新增固定资产当月不需要计提折旧，所以累计折旧的数额为 0。
✧ 卡片输入完后，也可以不立即制单，月末批量制单。

（4）根据任务资料中第 2 笔业务，再新增一项固定资产。执行"卡片"/"资产增加"，进入"固定资产类别档案"窗口，选择资产类别为"022"，单击"确定"按钮，弹出"固定资产卡片录入"窗口，输入固定资产的名称为"三星笔记本电脑"，双击"使用部门"，选择"财务部"，使用年限（月）为"60"，输入开始使用日期为"2018-01-21"，输入原值为"5 000.00"，累计折旧为"0.00"，如图 5-23 所示。

固定资产卡片

卡片编号	00008		日期	2018-01-31
固定资产编号	022102001	固定资产名称		三星笔记本电脑
类别编号	022	类别名称	非经营用设备	资产组名称
规格型号		使用部门		财务部
增加方式	直接购入	存放地点		
使用状况	在用	使用年限（月）	60	折旧方法	平均年限法（一）
开始使用日期	2018-01-21	已计提月份	0	币种	人民币
原值	5000.00	净残值率	4%	净残值	200.00
累计折旧	0.00	月折旧率	0.016	本月计提折旧额	0.00
净值	5000.00	对应折旧科目	660205,折旧费	项目	
录入人	白雪		录入日期	2018-01-31

图 5-23　新增固定资产卡片

（5）单击"保存"按钮，系统弹出一张凭证，与第 1 笔业务的操作相同，先退出凭证。在"固定资产卡片"窗口，单击工具栏上的"复制"按钮，打开"固定资产"对话框，在"起始资产编号"栏中录入"022102002"，"终止资产编号栏"中录入"022102003"，卡片复制数量为"2"，如图 5-24 所示。

（6）单击"确定"按钮，弹出"卡片批量复制完成"提示框，如图 5-25 所示。单击"确定"按钮，完成批量复制操作，并退出"固定资产卡片"窗口。

（7）执行"处理"/"批量制单"，弹出"查询条件选择—批量制单"窗口，采用默认选项，单击"确定"按钮，打开"批量制单"对话框，单击"制单选择"选项卡，单击"全选"按钮，在"选择"

栏打上"Y"标记，如图 5-26 所示。

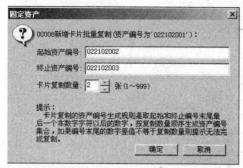

图 5-24 "固定资产"对话框　　　　　图 5-25 "卡片批量复制完成"提示框

图 5-26 "批量制单"对话框

（8）单击"制单设置"选项卡，显示相应业务的具体信息，单击"凭证"按钮，显示一张凭证，在凭证表体栏中选中"银行存款/工行存款"，单击"插分"，输入"22210101 应交税费/应交增值税/进项税额"，输入借方金额"15 300"，修改"银行存款/工行存款"贷方金额为"106 400"，并修改结算方式及票号，单击"保存"按钮，如图 5-27 所示。

（9）单击"下一张"按钮，显示相应业务的具体信息，单击"凭证"按钮，显示一张凭证，在凭证表体栏中选中"银行存款/工行存款"，单击"插分"，输入"22210101 应交税费/应交增值税/进项税额"，输入借方金额"850"，修改"银行存款/工行存款"贷方金额为"5 850"，修改结算方式及票号，单击"保存"按钮，如图 5-28 所示。用相同的方法完成另两笔业务的制单操作，扫二维码 5-8。

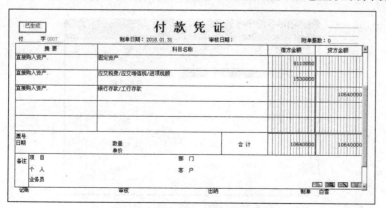

5-8 批量制单

图 5-27 新增车床生成的凭证

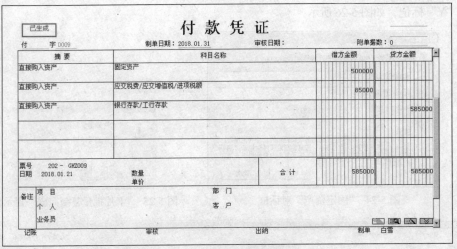

图 5-28　新增计算机生成的凭证

（10）执行"处理/凭证查询"，弹出"凭证查询"窗口，显示已完成的 4 张凭证，如图 5-29 所示，单击"凭证"按钮，可以查看凭证内容。

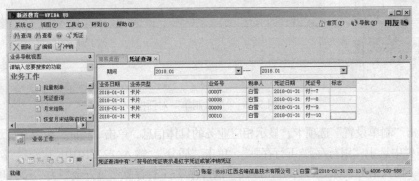

图 5-29　"凭证查询"窗口

2. 资产评估（扫二维码 5-9）

（1）执行"卡片"/"资产评估"，进入"资产评估"窗口，单击"增加"按钮，弹出"评估资产选择"对话框。

（2）选择要评估的项目的"原值"和"累计折旧"，如图 5-30 所示。

5-9　资产评估

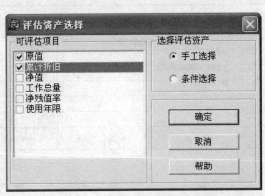

图 5-30　"评估资产选择"对话框

（3）单击卡片编号后的参照按钮，在弹出的"固定资产卡片档案"对话框中选择评估资产"轿车"的卡片编号，回到"资产评估"窗口，输入评估后数据，如图 5-31 所示。

图 5-31　输入评估后数据

（4）单击"保存"按钮，系统弹出"是否确认要进行资产评估？"提示框，单击"是"按钮，系统提示 "数据已成功保存！"。

（5）单击"确定"按钮，进入"填制凭证"窗口。修改会计科目及辅助项，单击"保存"按钮，资产评估生成的凭证如图 5-32 所示。

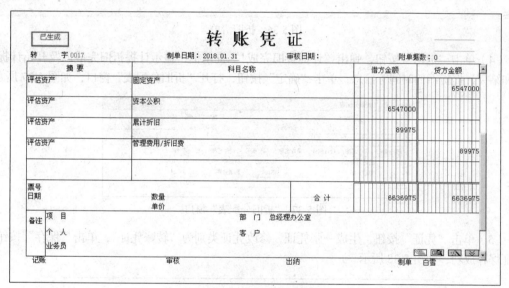

图 5-32　资产评估生成的凭证

（6）单击"退出"按钮，在"资产评估"窗口中显示评估结果，如图 5-33 所示。

评估单	[2018-01-31]00001													
[2018-01-31]00001	卡片编号	资产编号	资产名称	原值		累计折旧		净值		使用年限（月）		净残值率%		工作量	
				评估前	评估后	评估前	评估后	评估前	评估后	评估前	评估后	评估前	评估后	评估前	评估后
	00001	01210100	轿车	265,470.00	200,000.00	45,899.75	45,000.00	219,570.25	155,000.00	72	72	4.0000	4.0000		
	合计			265,470.00	200,000.00	45,899.75	45,000.00	219,570.25	155,000.00			0	0		

图 5-33　资产评估结果

3. 计提固定资产折旧（扫二维码 5-10）

（1）执行"处理"/"计提本月折旧"，弹出"计提折旧后是否要查看折旧清单？"提示框，如图 5-34 所示。

5-10　计提折旧

（2）单击"是"按钮，弹出"本操作将计提本月折旧，并花费一定时间，是否要继续？"提示框，如图 5-35 所示。

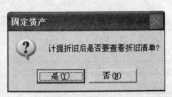

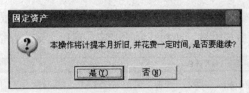

图 5-34　提示框 1

图 5-35　提示框 2

（3）单击“是”按钮，系统自动进行计提折旧，折旧完成后，弹出“折旧清单”，如图 5-36 所示。

卡片编号	资产编号	资产名称	原值	计提原值	本月计提折旧额	累计折旧	本年计提折旧	减值准备	净值	净残值	折旧率	单位折旧	本月工作量	累计工作量	规格型号
00001	012101001	轿车	000.00	265,470.00	3,530.75	48,530.75	3,530.75	0.00	469.25	8,000.00	0.0133		0.000	0.000	
00002	022101001	笔记本电脑	900.00	28,900.00	462.40	6,011.20	462.40	0.00	888.80	1,156.00	0.0160		0.000	0.000	
00003	022101002	传真机	510.00	3,510.00	56.16	786.24	56.16	0.00	723.76	140.40	0.0160		0.000	0.000	
00004	0215001	控制器	490.00	6,490.00	103.84	1,349.92	103.84	0.00	140.08	259.60	0.0160		0.000	0.000	
00005	0215002	发动机	490.00	6,490.00	103.84	1,349.92	103.84	0.00	140.08	259.60	0.0160		0.000	0.000	
00006	0215003	经营用房	140.00	264,140.00	1,056.56	26,414.00	1,056.56	0.00	726.00	0,565.60	0.0040		0.000	0.000	
合计			530.00	575,000.00	5,313.55	84,442.03	5,313.55	0.00	087.97	0,381.20			0.000	0.000	

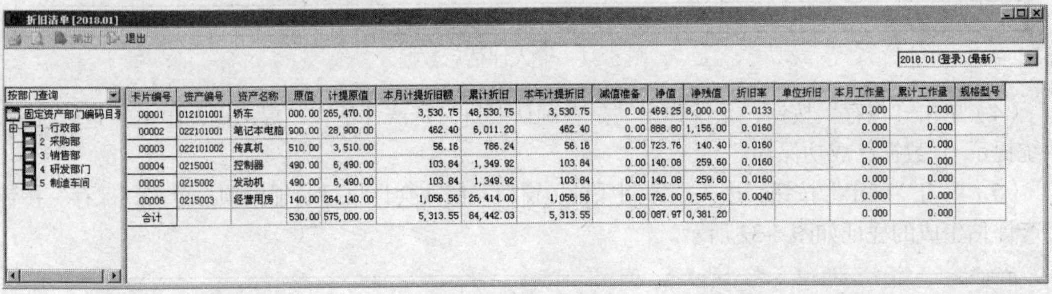

图 5-36　折旧清单

（4）单击“退出”按钮，弹出“计提折旧完成!”提示框，显示计提折旧完成以及开始计提折旧和结束计提折旧的时间等信息，单击“确定”按钮，打开“折旧分配表”窗口，如图 5-37 所示。

部门编号	部门名称	项目编号	项目名称	科目编号	科目名称	折旧额
101	总经理办公			660205	折旧费	4,049.31
5	制造车间			5101	制造费用	1,264.24
合计						5,313.55

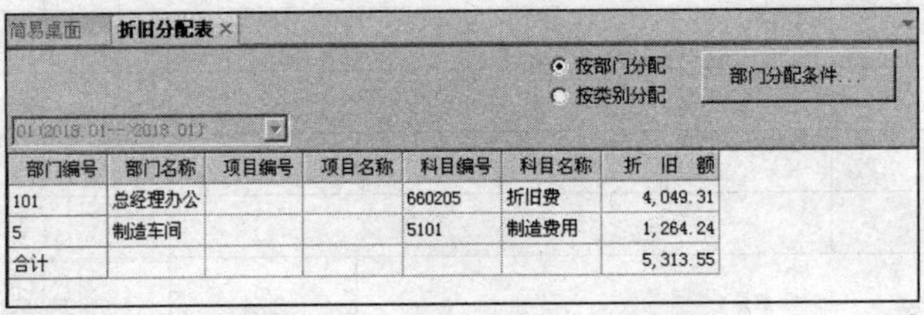

图 5-37　“折旧分配表”窗口

（5）单击“凭证”按钮，生成一张凭证，修改凭证类别为“转账凭证”，单击“保存”按钮，凭证保存成功，如图 5-38 所示。

已生成

转账凭证

转　字 0018　　制单日期：2018.01.31　　审核日期：　　附单据数：0

摘要	科目名称	借方金额	贷方金额
计提第[1]期间折旧	管理费用/折旧费	404931	
计提第[1]期间折旧	制造费用	126424	
计提第[1]期间折旧	累计折旧		531355
票号 日期	数量 单价 合计	531355	531355

备注　项目　　部门　总经理办公室
个人　　客户
业务员

记账　　审核　　出纳　　制单　白雪

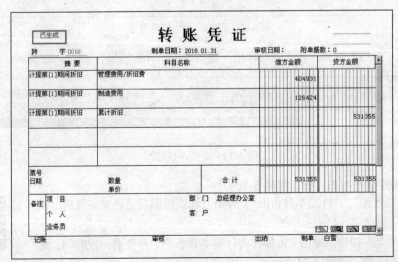

图 5-38　计提折旧生成的凭证

◇ 计提折旧功能对各项资产每期计提一次折旧，并自动生成折旧分配表，然后生成记账凭证，将本期的折旧费用自动登账。

◇ 在一个月里可以多次计提折旧，每次计提折旧后，只是将计提的折旧累计到月初的累计折旧上，不会重复累计。

◇ 若上次计提的折旧已制单并已传递到总账系统，则必须删除该凭证才能重新计提折旧。

4. 资产减少（扫二维码 5-11）

（1）执行"卡片"/"资产减少"，弹出"固定资产卡片档案"对话框，选择卡片编号"00004"，单击"确定"按钮，回到"资产减少"窗口，单击"增加"按钮，弹出卡片所对应固定资产的具体信息，设置减少方式为"出售"，清理收入为"5 000"，清理原因为"不需用"，如图 5-39 所示。

（2）单击"确定"按钮，弹出"所选卡片已经减少成功！"提示框，如图 5-40 所示。

（3）单击"确定"按钮，系统生成一张凭证，设置凭证类型为"收款凭证"，单击"保存"按钮，如图 5-41 所示。

5-11 资产减少

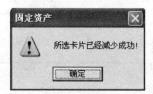

图 5-39 "资产减少"窗口

图 5-40 "所选卡片已经减少成功！"提示框

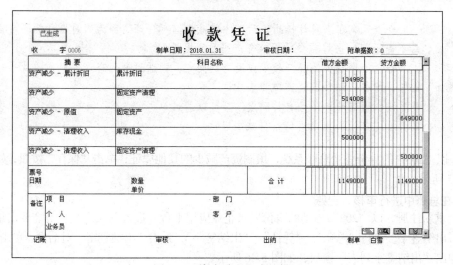

图 5-41 资产减少生成的凭证

（4）依据任务资料第6笔业务，减少资产。执行"卡片"/"资产减少"，弹出"资产减少"对话框，选择卡片编号为"00005"，减少方式为"毁损"，如图5-42所示。

（5）单击"确定"按钮，系统弹出"所选卡片已经减少成功！"提示框，单击"确定"按钮，系统生成一张凭证，如图5-43所示，设置凭证类型为"转账凭证"，单击"保存"按钮。

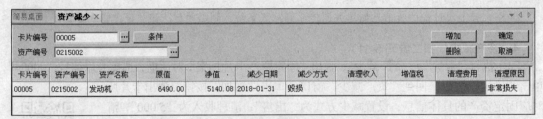

图5-42 "资产减少"对话框

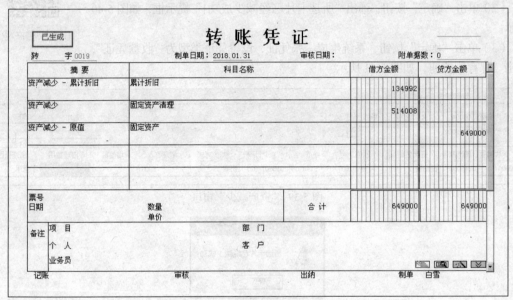

图5-43 资产减少生成的凭证

◇ 只有在当月计提折旧后，才能减少固定资产。因为当月增加的固定资产当月不提折旧，当月减少的固定资产当月照提折旧。

◇ 如果减少的资产较少或没有共同点，则通过输入资产编号或卡片卡号，单击"增加"按钮，将资产添加到资产减少表中。

◇ 如果要减少的资产较多且有共同点，则可以通过单击"条件"按钮，输入一些查询条件，将符合条件的资产挑选出来进行批量减少操作。

（6）以"205"的身份登录总账系统，填制资产减少的其他凭证，单击"保存"按钮，如图5-44和图5-45所示。

5. 在总账中进行审核、记账

（1）重新注册，以"202"出纳的身份登录企业应用平台，进入总账系统，对需要出纳签字的凭证进行出纳签字。执行"总账"/"凭证"/"出纳签字"，弹出"出纳签字"对话框，单击"确定"按钮，弹出"出纳签字列表"窗口，如图5-46所示。

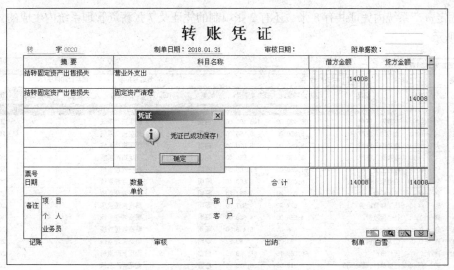

图 5-44　第 5 笔业务凭证

图 5-45　第 6 笔业务凭证

图 5-46　"出纳签字列表"窗口

（2）双击第一张凭证，在弹出的"出纳签字"窗口中单击"签字"按钮，单击"下张凭证"，再单击"签字"按钮，完成所有凭证的出纳签字后退出。

（3）重新注册，以"201"审核、记账岗位的身份登录企业应用平台，进入总账系统。执行"总账"/"凭证"/"审核凭证"，弹出"凭证审核"对话框，单击"确定"按钮，弹出"凭证审核列表"

窗口，固定资产系统内凭证共有8张，还有2张填制的凭证及7张薪资管理系统内生成的凭证，如图5-47所示。

制单日期	凭证编号	摘要	借方金额合计	贷方金额合计	制单人	审核人	系统名	备注	审核日期	年度
2018-1-31	收 - 0006	资产减少 - 累计折旧	11,490.00	11,490.00	白雪		固定资产系统			2018
2018-1-31	付 - 0007	直接购入资产.	106,400.00	106,400.00	白雪		固定资产系统			2018
2018-1-31	付 - 0008	直接购入资产.	5,850.00	5,850.00	白雪		固定资产系统			2018
2018-1-31	付 - 0009	直接购入资产.	5,850.00	5,850.00	白雪		固定资产系统			2018
2018-1-31	付 - 0010	直接购入资产.	5,850.00	5,850.00	白雪		固定资产系统			2018
2018-1-31	转 - 0010	应付工资	61,860.00	61,860.00	陈明		薪资管理系统			2018
2018-1-31	转 - 0011	应付福利费	8,660.40	8,660.40	陈明		薪资管理系统			2018
2018-1-31	转 - 0012	工会经费	1,237.20	1,237.20	陈明		薪资管理系统			2018
2018-1-31	转 - 0013	职工教育经费	927.90	927.90	陈明		薪资管理系统			2018
2018-1-31	转 - 0014	社会保险费	4,580.00	4,580.00	陈明		薪资管理系统			2018
2018-1-31	转 - 0015	住房公积金	5,496.00	5,496.00	陈明		薪资管理系统			2018
2018-1-31	转 - 0016	个人所得税	83.22	83.22	陈明		薪资管理系统			2018
2018-1-31	转 - 0017	评估资产	66,369.75	66,369.75	白雪		固定资产系统			2018
2018-1-31	转 - 0018	计提第[1]期间折旧	5,313.55	5,313.55	白雪		固定资产系统			2018
2018-1-31	转 - 0019	资产减少 - 累计折旧	6,490.00	6,490.00	白雪		固定资产系统			2018
2018-1-31	转 - 0020	结转固定资产出售损失	140.08	140.08	白雪					2018
2018-1-31	转 - 0021	结转固定资产毁损损失	5,140.08	5,140.08	白雪					2018

凭证共 17张　□已审核 0 张　□未审核 17 张　◉凭证号排序　○制单日期排序

图 5-47 "凭证审核列表"窗口

（4）双击第一张凭证，在弹出的"审核凭证"窗口中单击"审核"按钮，逐张对涉及固定资产业务的凭证进行审核（涉及工资业务的凭证暂时不审核）。退出"审核凭证"窗口，则"凭证审核列表"窗口如图5-48所示。

（5）执行"总账"/"凭证"/"记账"，弹出"记账"对话框，如图5-49所示。

制单日期	凭证编号	摘要	借方金额合计	贷方金额合计	制单人	审核人	系统名	备注	审核日期	年度
2018-1-31	收 - 0006	资产减少 - 累计折旧	11,490.00	11,490.00	白雪	李卫	固定资产系统		2018-1-31	2018
2018-1-31	付 - 0007	直接购入资产.	106,400.00	106,400.00	白雪	李卫	固定资产系统		2018-1-31	2018
2018-1-31	付 - 0008	直接购入资产.	5,850.00	5,850.00	白雪	李卫	固定资产系统		2018-1-31	2018
2018-1-31	付 - 0009	直接购入资产.	5,850.00	5,850.00	白雪	李卫	固定资产系统		2018-1-31	2018
2018-1-31	付 - 0010	直接购入资产.	5,850.00	5,850.00	白雪	李卫	固定资产系统		2018-1-31	2018
2018-1-31	转 - 0010	应付工资	61,860.00	61,860.00	陈明		薪资管理系统			2018
2018-1-31	转 - 0011	应付福利费	8,660.40	8,660.40	陈明		薪资管理系统			2018
2018-1-31	转 - 0012	工会经费	1,237.20	1,237.20	陈明		薪资管理系统			2018
2018-1-31	转 - 0013	职工教育经费	927.90	927.90	陈明		薪资管理系统			2018
2018-1-31	转 - 0014	社会保险费	4,580.00	4,580.00	陈明		薪资管理系统			2018
2018-1-31	转 - 0015	住房公积金	5,496.00	5,496.00	陈明		薪资管理系统			2018
2018-1-31	转 - 0016	个人所得税	83.22	83.22	陈明		薪资管理系统			2018
2018-1-31	转 - 0017	评估资产	66,369.75	66,369.75	白雪	李卫	固定资产系统		2018-1-31	2018
2018-1-31	转 - 0018	计提第[1]期间折旧	5,313.55	5,313.55	白雪	李卫	固定资产系统		2018-1-31	2018
2018-1-31	转 - 0019	资产减少 - 累计折旧	6,490.00	6,490.00	白雪	李卫	固定资产系统		2018-1-31	2018
2018-1-31	转 - 0020	结转固定资产出售损失	140.08	140.08	白雪	李卫			2018-1-31	2018
2018-1-31	转 - 0021	结转固定资产毁损损失	5,140.08	5,140.08	白雪	李卫			2018-1-31	2018

凭证共 17张　□已审核 10 张　□未审核 7 张　◉凭证号排序　○制单日期排序

图 5-48 "凭证审核列表"窗口

（6）单击"全选"按钮，再单击"记账"按钮，依照提示，完成记账工作。

✧ 在总账中记账完成后，账簿中才有数据，此时总账里的数据才能和固定资产的数据相一致。

6. 对账

重新注册，以"205"固定资产核算岗位的身份登录企业应用平台，进入固定资产管理系统。

执行"固定资产"/"处理"/"对账"，系统弹出"与账务对账结果"提示框，如图 5-50 所示。

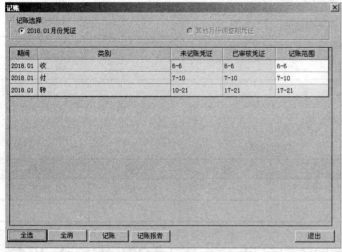

图 5-49 "记账"对话框

图 5-50 "与账务对账结果"提示框

✦ 当总账中记账完毕后，固定资产系统才可以进行对账。对账平衡后，才能开始月末结账。

✦ 如果在初始设置时，选择了"与账务系统对账"功能，则对账的操作不限制执行时间，任何时候都可以进行对账。

✦ 如果在账务接口中未选择"在对账不平情况下不允许固定资产月末结账"复选框，则可以直接进行月末结账。

7. 账套备份

退出"企业应用平台"，在系统管理中由系统管理员执行"账套"/"输出"，将数据存储在"D:\财务管理系统实训数据\616-5-2"中。

5.2.6 评价考核

1. 评价标准

根据任务实施的情况，实行过程评价与结果评价相结合。评价标准如表 5-8 所示。

表 5-8 　　　　　　　　　　　　　　　　评价标准

评价类别	评价属性	评价指标	分数
过程评价（40%）	实训态度	遵章守纪	10
		按要求及时完成	10
		操作细致、有耐心	10
		独立完成	10
		小计	40

续表

评价类别	评价属性	评价指标	分数
结果评价（60%）	实施效果	能够进行资产增加、减少的操作	20
		正确地进行资产评估	10
		能够正确地进行计提折旧	10
		与账务系统对账结果正确	20
		小计	60

2．评定等级

根据得分情况评定等级，如表 5-9 所示。

表 5-9　　评定等级

等级标准	优	良	中	及格	不及格
分数区间	90 分以上	80～89 分	70～79 分	60～69 分	60 分以下
实际得分					

任务 5.3　固定资产核算岗位——固定资产期末业务的处理

云班课——线上导航（邀请码 348846）

项目五　固定资产管理系统						任务 5.3　固定资产核算岗位——固定资产期末业务的处理			
翻转课堂	场景	性质	对象	学生		教师		互动	
空间分布	前置学习	线上云班课	探索	学习资源	认知 固定资产管理系统期末处理内容	建立资源	构建 固定资产管理系统资源库	沟通	调查 知识理解、技能掌握程度
					观看 固定资产管理系统期末处理的操作视频		上传 拍摄操作视频并整理相应的学习资料	课前学习评价	学生自评
									教师测评
	课中学习	线下机房实训	归纳、导学	交流互动	模拟 1. 计提资产减值准备 2. 资产变动 3. 对账 4. 结账与反结账	交流互动	演示 固定资产管理系统期末业务处理操作	检测效果	跟踪 学生团队、学生个人学习效果
				学习检测	问题提出 知识问题、技能问题	学习检测	答疑解惑 知识体系的剖析、技能操作的演示、常见错误的原因、解决问题的方法	知识的内化与应用	教师讲解剖析
									学生理解掌握
	课后学习	线上云班课	演绎、拓展	学习巩固	巩固 单项实训	评价学习效果	评价 通过练习、测试评价学习效果	拓展	拓展练习
									拓展测试
				学习拓展	测试 综合实训	资源推荐	共享 相关资源链接	课后反馈	信息化工具交流

5.3.1　工作情境

时间过得真快，这个月又快结束了，白雪这几天手上有许多业务要处理，其中包括涉及资产的变动和计提固定资产减值的业务。同时，考虑到财务软件数据的完整性，在总账系统结账前，固定资产管理系统必须先结账。

5.3.2　岗位描述

固定资产核算岗位的人员主要负责核算和记录固定资产增减变动，定期、不定期地进行固定资产盘点、固定资产折旧处理、固定资产期末计价、固定资产账簿管理等。在固定资产数量较多、价值较大的企业中，为了加强固定资产的核算和管理，应单独设立该岗位，负责固定资产的核算和管理。在固定资产管理中，该岗位还可以进行期末业务的处理。

5.3.3　背景知识

固定资产管理系统的期末处理主要包括计提资产减值准备、计提折旧、对账、月末结账等。

企业应当在期末或至少在每年年度终止时，对固定资产逐项进行检查，如果由于市价持续下跌或技术陈旧等原因导致其可回收金额低于账面价值，应当将可回收金额低于账面价值的差额作为固定资产减值准备，固定资产减值准备必须按单项资产计提。如果已计提的固定资产价值又得以恢复，应在原计提的减值准备范围内转回。

计提折旧与对账在前面的内容中都有所涉及，在此不再赘述。

当固定资产管理系统完成了本月全部制单业务后，可以进行月末结账。月末结账每月进行一次，结账后当期数据不能修改。如果有错，可以使用系统提供的"恢复月末结账前状态"功能进行反结账。本期不结账，将不能处理下期的数据，结账前一定要进行数据备份，否则数据一旦丢失，将造成无法挽回的后果。

5.3.4　工作任务

1. 任务内容

（1）计提资产减值准备。

（2）资产变动。

（3）对账。

（4）结账与反结账。

（5）数据备份。

2. 任务资料

资产变动如下。

（1）计提减值准备。笔记本电脑目前市场价格下跌得很厉害，针对本企业的该项资产计提减值准备 8 000 元。

（2）原值增加。资产"经营用房"原值增加了 100 000 元，用转账支票支付，支票号为 GHZ010。

（3）部门转移。传真机由单部门使用改为多部门使用，总经理办公室与财务部各占 50%。

（4）结账与反结账。

5.3.5　任务实施

实施要求如下。

（1）掌握资产变动的处理。

（2）熟悉对账、结账、反结账的操作。

（3）备份账套。

具体实施步骤如下。

执行"系统"/"注册"，以 admin 的身份登录，密码为空，单击"登录"按钮，则以系统管理员的身份登录"系统管理"。执行"账套"/"引入"，引入"D：\财务管理系统实训数据\616-5-2"中的数据。

以"205"固定资产核算岗位的身份登录企业应用平台，进入固定资产管理系统。

1. 资产变动管理

固定资产在使用的过程中，可能会调整卡片上的一些项目，此类变动必须留下原始凭证，因此制作的原始凭证被称为"变动单"。固定资产的变动管理包括原值的增加与减少、部门转移、使用状况变动、折旧方法调整、累计折旧调整、使用年限改变、工作总量调整、净残值（率）调整、资产所属类别的调整、计提减值准备及转回减值准备等。

系统规定本月录入的卡片和本月新增的固定资产不允许进行变动处理。

做固定资产的变动有可能会影响折旧的数据，系统弹出提示框，如图 5-51 所示。所以，在处理固定资产变动管理之前需要对已进行折旧的凭证进行无痕迹删除（之前有类似的业务，在此不再赘述）。

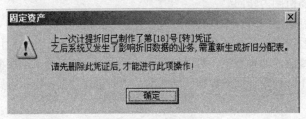

图 5-51　提示框

（1）计提资产减值准备（扫二维码 5-12）。执行"卡片"/"变动单"/"计提减值准备"，弹出"固定资产变动单"窗口，选择输入固定资产的卡片编号为"00002"，减值准备金额为"8 000"，变动原因为"技术进步"，如图 5-52 所示。单击"保存"按钮，弹出"填制凭证"窗口，输入科目名称，单击"保存"按钮，生成的凭证如图 5-53 所示。单击"退出"按钮，回到"固定资产"主界面。

5-12　计提资产
减值准备

固定资产变动单

—计提减值准备—

变动单编号	00001		变动日期	2018-01-31
卡片编号	00002	资产编号 022101001	开始使用日期	2016-12-01
资产名称		笔记本电脑	规格型号	
减值准备金额	8000.00	币种 人民币	汇率	1
原值	28900.00		累计折旧	5548.80
累计减值准备金额	8000.00	累计转回准备金额		0.00
可回收市值	15351.20			
变动原因				技术进步
			经手人	白雪

图 5-52　"固定资产变动单"窗口

已生成

转账凭证

转 字 0021 制单日期：2018.01.31 审核日期： 附单据数：0

摘要	科目名称	借方金额	贷方金额
计提减值准备	资产减值损失	800000	
计提减值准备	固定资产减值准备		800000
票号 日期 数量 单价	合计	800000	800000

备注 项目 部门
个人 客户
业务员

记账 审核 出纳 制单 白雪

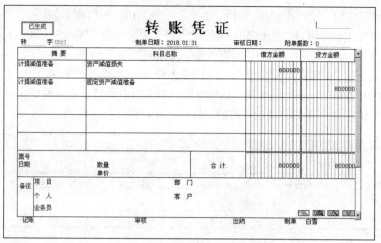

图 5-53 计提减值准备生成的凭证

（2）原值增加。执行“卡片”/“变动单”/“原值增加”，弹出“固定资产变动单”窗口，选择输入固定资产的卡片编号为“00006”，增加金额为“100 000”，变动原因为“增加投入”，如图 5-54 所示。单击“保存”按钮，弹出“填制凭证”窗口，输入科目名称及结算方式与票号，单击“保存”按钮，生成的凭证如图 5-55 所示。单击“退出”按钮，回到“固定资产”主界面。

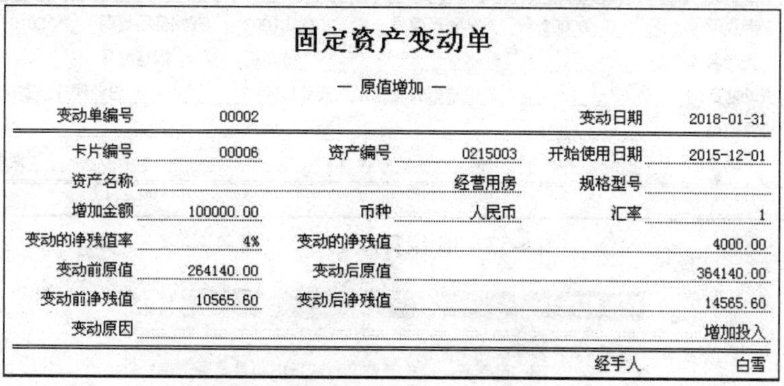

固定资产变动单

— 原值增加 —

变动单编号 00002 变动日期 2018-01-31

卡片编号 00006 资产编号 0215003 开始使用日期 2015-12-01

资产名称 经营用房 规格型号

增加金额 100000.00 币种 人民币 汇率 1

变动的净残值率 4% 变动的净残值 4000.00

变动前原值 264140.00 变动后原值 364140.00

变动前净残值 10565.60 变动后净残值 14565.60

变动原因 增加投入

经手人 白雪

图 5-54 “固定资产变动单”窗口

已生成

付款凭证

付 字 0011 制单日期：2018.01.31 审核日期： 附单据数：0

摘要	科目名称	借方金额	贷方金额
原值增加	固定资产	10000000	
原值增加	银行存款/工行存款	000	10000000
票号 202 - GHZ010 日期 2018.01.31 数量 单价	合计	10000000	10000000

备注 项目 部门
个人 客户
业务员

记账 审核 出纳 制单 白雪

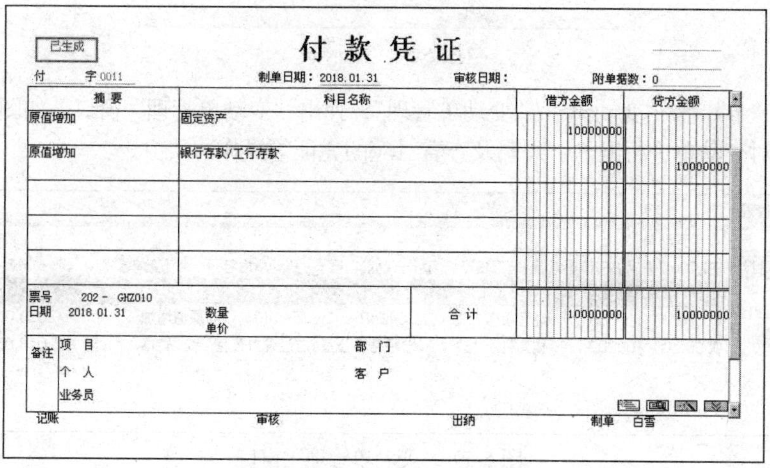

图 5-55 原值增加生成的凭证

（3）部门转移（扫二维码5-13）。执行"卡片"/"变动单"/"部门转移"，弹出"固定资产变动单"窗口，选择输入固定资产的卡片编号为"00003"，单击"变动后部门"，选择"多部门使用"，使用部门及比例如图5-56所示。变动原因为"使用需要"，"固定资产变动单"窗口如图5-57所示。单击"保存"按钮，弹出"数据成功保存！资产已改变，请检查资产对应折旧科目是否正确！"提示框，如图5-58所示。单击"确定"按钮，回到"固定资产"主界面。

5-13　部门转移

使用部门						
使用部门有效数量范围:2～999个						
序号	使用部门	使用比例%	对应折旧科目	项目大类	对应项目	部门编码
1	总经理办公室	50	660205,折旧费			101
2	财务部	50	660205,折旧费			102

图5-56　"使用部门"窗口

图5-57　"固定资产变动单"窗口

图5-58　提示框

（4）执行"卡片"/"变动单"/"变动单管理"，弹出"变动单管理"窗口，如图5-59所示。在此窗口中可以对变动单进行删除、编辑及查看对应的凭证等操作。

简易桌面	变动单管理 ×							
按部门查询		本年变动单						
固定资产部门编码目录	变动单编号	片/资产组编码	固定资产/资产组名称	变动前内容	变动后内容	变动单类别	变动日期	已注销
1 行政部	00001	00002	笔记本电脑	23351.2	15351.2	计提减值准备	2018.01.31	N
101 总经理办公	00002	00006	经营用房	264140	364140	原值增加	2018.01.31	N
102 财务部	00003	00003	传真机	总经理办公室(	总经理办公室/财务部	部门转移	2018.01.31	N
2 采购部								
3 销售部								
4 研发部门								
5 制造车间								

图5-59　"变动单管理"窗口

2. 计提折旧

执行"处理"/"计提本月折旧",弹出"计提折旧后是否要查看折旧清单?"提示框,单击"是"按钮,弹出"本操作将计提本月折旧,并花费一定时间,是否要继续?"提示框,单击"是"按钮,系统自动进行计提折旧,折旧完成后,弹出"折旧清单",单击"退出"按钮,弹出"折旧分配表"窗口,如图 5-60 所示。单击"凭证"按钮,生成计提折旧的凭证,单击"保存"按钮,如图 5-61 所示。

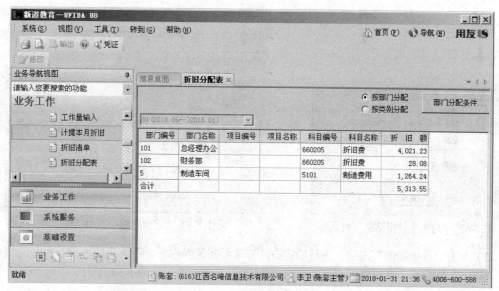

图 5-60 "折旧分配表"窗口

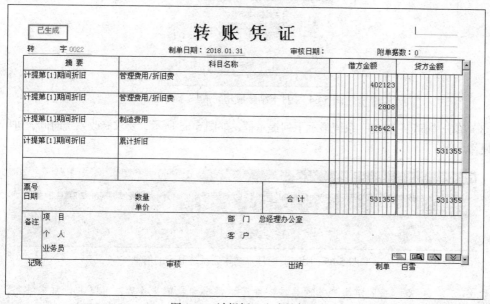

图 5-61 计提折旧生成的凭证

3. 对账

以"202"的身份重新注册,登录企业应用平台,进入总账系统,执行"凭证"/"出纳签字",完成相应的出纳签字工作。再一次重新注册,以"201"的身份登录企业应用平台,进入总账系统,

5-14 固定资产结账与反结账

执行"凭证"/"审核凭证"，对资产变动及折旧生成的凭证进行审核、记账。

以"205"的身份重新注册，登录企业应用平台，进入固定资产管理系统，执行"处理"/"对账"，系统弹出"与账务对账结果"对话框，如图5-62所示。

4．结账与反结账（扫二维码5-14）

（1）执行"处理"/"月末结账"，弹出"月末结账…"对话框，如图5-63所示。

图5-62 "与账务对账结果"对话框

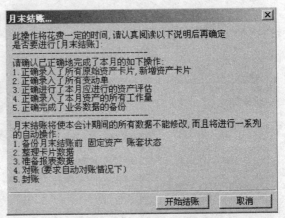

图5-63 "月末结账…"对话框

（2）单击"开始结账"按钮，进行固定资产月末结账的操作，显示结账的进程及对账的结果。单击"确定"按钮后，系统显示"月末结账成功完成！"提示框，如图5-64所示。

图5-64 "月末结账成功完成！"提示框

（3）单击"确定"按钮，系统显示下列提示框，如图5-65所示，要求修改系统时间，进行2月份的操作。

图5-65 固定资产月末结账后系统显示的信息

✧ 当固定资产管理系统完成了本月全部制单业务后，可以进行月末结账，月末结账每月一次，结账后的当期数据不能被修改。

✧ 由于成本系统每月从本系统中提取折旧费数据，因此一旦成本系统提取了某期的数据，该期就不能反结账。

✧ 本期不结账，将不能处理下期的数据。

（4）如果发现固定资产系统中还有内容没有做完或者本月操作有误，可以取消结账。执行"处理"/"恢复月末结账前状态"，弹出"是否继续？"提示框，如图5-66所示。

（5）单击"是"按钮，完成反结账，弹出"成功恢复账套月末结账前状态！"信息提示框，如图5-67所示。单击"确定"按钮，恢复固定资产月末结账前状态。

图5-66 "是否继续"提示框　　　　　　图5-67 "成功恢复账套月末结账前状态！"提示框

5. 账套备份

退出"企业应用平台"，在系统管理中由系统管理员执行"账套"/"输出"，将数据存储在"D:\财务管理系统实训数据\616-5-3"中。

5.3.6 评价考核

1. 评价标准

根据任务实施的情况，实行过程评价与结果评价相结合。评价标准如表5-10所示。

表5-10　　　　　　　　　　　　　　　　评价标准

评价类别	评价属性	评价指标	分数
过程评价（40%）	实训态度	遵章守纪	10
		按要求及时完成	10
		操作细致、有耐心	10
		独立完成	10
		小计	40
结果评价（60%）	实施效果	月末结账与反结账操作正确	20
		资产计提减值准备处理正确	20
		能够正确地处理资产变动	20
		小计	60

2. 评定等级

根据得分情况评定等级，如表5-11所示。

表5-11　　　　　　　　　　　　　　　　评定等级

等级标准	优	良	中	及格	不及格
分数区间	90分以上	80～89分	70～79分	60～69分	60分以下
实际得分					

项目六
应付款管理系统

应付款管理系统主要实现企业与供应商之间业务往来账款的核算与管理。在应付款管理系统中，以采购发票、其他应付单等原始单据为依据，记录采购业务及其他业务所形成的往来款项，处理应付款项的支付、转账等业务，提供票据处理的功能，实现应付款的管理。

根据对供应商往来款项的核算和管理程度的不同，系统提供了"详细核算"和"简单核算"两种方案，不同的应用方案，其系统功能、产品接口和操作流程等均不相同。详细核算应用方案的功能主要包括记录应付款项的形成（包括由商品交易和非商品交易所形成的所有应付项目）、处理应付项目的付款和转账情况、对应付票据进行记录和管理、随应付项目的处理过程自动生成凭证并传递给总账；简单核算应用方案的功能主要包括接收采购系统的发票并对其进行审核，以及对采购发票进行制单并传递给总账。

任务 6.1 | 账套主管岗位——应付款管理系统的初始化

云班课——线上导航（邀请码 348846）

项目六 应付款管理系统				任务 6.1 账套主管岗位——应付款管理系统的初始化		
翻转课堂	对象性质 场景		学生	教师		互动
前置学习	线上云班课	探索	**认知** 应付款管理系统初始化内容	建立资源	**构建** 应付款管理系统资源库	沟通 **调查** 知识理解、技能掌握程度
			学习资源 **观看** 应付款管理系统初始化的操作视频		**上传** 拍摄操作视频并整理相应的学习资料	课前学习评价 学生自评
						教师测评
空间分布	课中学习	线下机房实训	归纳、导学 交流互动 **模拟** 1. 参数设置 2. 基础信息设置 3. 录入期初余额	交流互动 **演示** 应付款管理系统初始化操作		检测效果 **跟踪** 学生团队、学生个人学习效果
			学习检测 **问题提出** 知识问题、技能问题	学习检测 **答疑解惑** 知识体系的剖析、技能操作的演示、常见错误的原因、解决问题的方法		知识的内化与应用 教师讲解剖析
						学生理解掌握
	课后学习	线上云班课	演绎、拓展 学习巩固 **巩固** 单项实训	评价学习效果 **评价** 通过练习、测试评价学习效果		拓展 拓展练习
						拓展测试
			学习拓展 **测试** 综合实训	资源推荐 **共享** 相关资源链接		课后反馈 信息化工具交流

6.1.1　工作情境

当企业的供应商比较多，采购业务比较频繁，企业应付款管理内容比较复杂，甚至需要追踪每一笔业务的应付款、已付款等情况，或者需要将应付款核算到原料级时，就需要设立专门的往来核算岗位来对应付款业务进行核算。在手工方式下，涉及供应商和原料，往来核算岗位的工作是非常繁杂的，于是企业打算使用用友 ERP-U8 管理软件中的应付款管理系统，当然，在使用之前需要进行初始化设置。

6.1.2　岗位描述

账套主管是针对某个账套的管理员。在账套中，账套主管起着统领作用，负责账套操作员的管理和基础数据环境的建立，主要包括系统设置、基础资料设置和初始化数据输入等整个账套前期的工作过程，这个过程称为系统的初始化。系统的初始化一般由账套主管岗位来完成。

6.1.3　背景知识

系统初始化是指手工记账与计算机记账系统的交接过程，是在启用应付款管理系统之后，进行正常应付业务前，根据核算要求和实际的业务情况进行的有关设置。应付款管理系统的初始化主要包括参数设置、设置基础信息和输入期初余额。

6.1.4　工作任务

1．任务内容

（1）系统启用。

（2）参数设置。

（3）基础信息设置。

（4）输入期初余额。

（5）数据备份。

2．任务资料

（1）控制参数设置。应付款核销方式为"按单据"，单据审核日期依据为"业务日期"，其余采用默认方式。

（2）初始设置如表 6-1 所示。

表 6-1　　　　　　　　　　　　　　　　　　初始设置

科目类型	设置方式
基本科目设置	应付科目：2202 应付账款
	预付科目：1123 预付账款
	采购科目：140301 原材料
	税金科目：22210101 应交税费—应交增值税—进项税额
	商业承兑科目：2201 应付票据
	银行承兑科目：2201 应付票据
	现金折扣科目：6603 财务费用
	票据利息科目：6603 财务费用
	票据费用科目：6603 财务费用

续表

科目类型	设置方式	
控制科目设置	应付科目：2202 应付账款	
	预付科目：1123 预付账款	
产品科目设置	采购科目：140301/140302 原材料，140501/140502 库存商品	
	采购税金科目：22210101 应交税费—应交增值税—进项税额	
结算方式科目	现金结算　币种：人民币；科目：1001 库存现金	
	现金支票　币种：人民币；科目：100201 银行存款—工行存款	
	转账支票　币种：人民币；科目：100201 银行存款—工行存款	
	商业承兑汇票　币种：人民币；科目：100201 银行存款—工行存款	
	银行承兑汇票　币种：人民币；科目：100201 银行存款—工行存款	

（3）设置本单位开户银行：中国工商银行北京路支行，所属 01 中国工商银行；银行账号：300200101688。

（4）逾期账龄区间设置如表 6-2 所示。

表 6-2　　　　　　　　　　　　　逾期账龄区间设置

序号	起止天数	总天数
01	1～30	30
02	31～60	60
03	61～90	90
04	91～120	120
05	121 以上	

（5）期初余额如表 6-3 所示。

表 6-3　　　　　　　　　　　　　期初余额

单据名称	方向	开票日期	供应商	存货名称	数量	原币单价	价税合计
采购专用发票	正	2017-11-15	万科公司	A 材料	20 吨	2 000	46 800
采购专用发票	正	2017-11-20	联想公司	B 材料	600 千克	300	210 600

6.1.5　任务实施

实施要求如下。

（1）掌握应付款管理系统初始化的内容。

（2）理解参数设置的作用。

（3）能够正确地录入期初余额并对账正确。

（4）备份账套。

具体实施步骤如下。

执行"系统"/"注册"，以 admin 的身份登录，密码为空，单击"登录"按钮，则以系统管理员的身份登录"系统管理"。执行"账套"/"引入"，引入"D：\财务管理系统实训数据\616-5-3"中的数据。

将系统的时间修改为 2018 年 1 月 1 日，以"201"账套主管的身份登录企业应用平台。

执行"基础设置"/"基本信息"/"系统启用",弹出"系统启用"对话框,启用"应付款管理"系统,启用自然日期为"2018-01-01",如图 6-1 所示。

图 6-1 "系统启用"对话框

1. 设置账套参数

(1)执行"业务工作"/"财务会计"/"应付款管理",单击"设置"/"选项",弹出"账套参数设置"对话框,单击"编辑"按钮,依据任务资料的内容进行设置,在"常规"标签项中,选择单据审核日期依据为"业务日期",如图 6-2 所示。

(2)在"核销设置"标签项中,选择应付款核销方式为"按单据",完成设置后,单击"确定"按钮后退出。

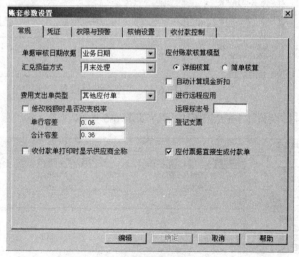

图 6-2 "账套参数设置"对话框

小提示

◇ 选择按单据核销,系统将满足条件的未结算单据全部列出,选择要结算的单据,根据所选择的单据进行核销。

◇ 如果企业付款时无需指定具体收取的是哪个存货的款项,则可以采用按单据核销。如果企业存货单位价值较高，可以选择按产品核销，即付款指定到具体存货上。

◇ 单据审核日期依据业务日期，在单据处理功能中进行单据审核时，自动将单据的审核日期记为当前业务日期。

◇ 在账套使用过程中，可以随时修改该账套参数的设置。

2. 初始设置

（1）执行"设置"/"初始设置"，弹出"初始设置"窗口，选择"基本科目设置"，单击"增加"按钮，依据任务资料表6-1中的内容进行设置，如图6-3所示，扫二维码6-1。

6-1 基本科目设置

图6-3 "基本科目设置"窗口

（2）单击"控制科目设置"，在弹出的右侧窗口的"应付科目"栏里输入"2202"，"预付科目"栏里输入"1123"，如图6-4所示，扫二维码6-2。

6-2 控制科目设置

供应商编码	供应商简称	应付科目	预付科目
01	万科公司	2202	1123
02	联想公司	2202	1123
03	现代公司	2202	1123

图6-4 "控制科目设置"窗口

（3）单击"产品科目设置"，完成相应内容，如图6-5所示。

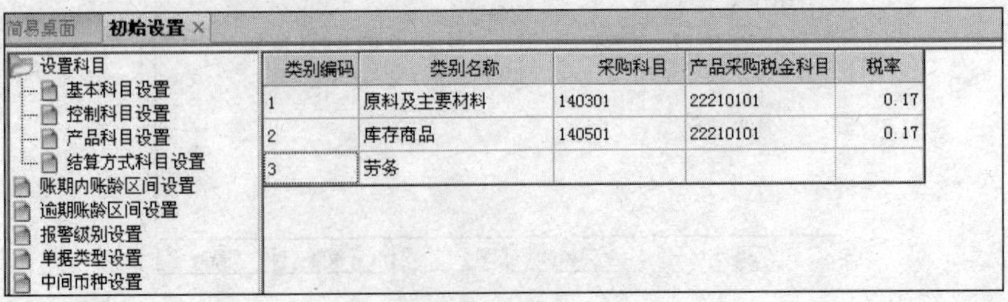

类别编码	类别名称	采购科目	产品采购税金科目	税率
1	原料及主要材料	140301	22210101	0.17
2	库存商品	140501	22210101	0.17
3	劳务			

图6-5 "产品科目设置"窗口

◇ 存货的分类为大类，没有明细到具体的内容，在采购科目里暂时使用一个对应的科目，涉及具体科目时再进行修改。

◇ 此时劳务不能明确具体与哪一个存货有关，暂时不设。

（4）单击"结算方式科目设置"，在弹出的窗口中单击"增加"按钮，选择结算方式为"现金结算"，币种为"人民币"，单击本单位账号后的按钮，在弹出的"参照"窗口中单击"编辑"按钮，打开本单位开户银行窗口，单击"增加"按钮，在弹出的窗口中增加本单位开户银行及账号，如图6-6所示。单击"退出"按钮，回到"参照"窗口，再单击"退出"按钮，在本单位账号后自动显示刚才设置的账号，科目"1001"，完成第一个结算方式的设置，依据任务资料表6-1中所提供的内容完成结算方式科目设置后，如图6-7所示，扫二维码6-3。

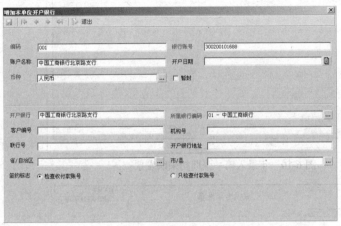

6-3 结算方式科目设置

图6-6 "增加本单位开户银行"窗口

（5）单击"逾期账龄区间设置"，按任务资料表6-2中所提供的内容进行设置，如图6-8所示。

图6-7 "结算方式科目设置"窗口

图6-8 "逾期账龄区间设置"窗口

（6）单击"退出"按钮，完成初始设置。

<small>小提示</small>

◇ 进行初始设置时，所设科目必须是末级科目。

3. 录入期初余额（扫二维码6-4）

（1）执行"设置"/"期初余额"，弹出"期初余额—查询"对话框，单击"确定"按钮，弹出"期初余额"窗口。单击"增加"按钮，打开"单据类别"对话框，如图6-9所示。

（2）单击"确定"按钮，打开采购专用发票录入窗口。单击"增加"按钮，依据任务资料表6-3中的内容录入或参照录入采购专用发票的各项内容，单击"保存"按钮，如图6-10和图6-11所示。

6-4 录入期初余额

图6-9 "单据类别"对话框

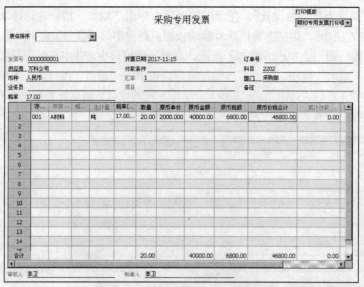

图 6-10　年录入第一张期初采购发票

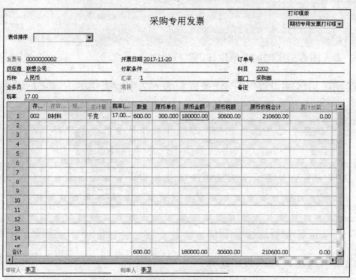

图 6-11　年录入第二张期初采购发票

✧　期初余额所录的单据保存后自动审核。

（3）单击"退出"按钮，返回"期初余额"窗口，单击"刷新"按钮，"期初余额明细表"窗
口如图 6-12 所示。

图 6-12　"期初余额明细表"窗口

（4）单击"对账"按钮，显示总账系统与应付款管理系统的期初对账结果，如图 6-13 所示，扫二维码 6-5。

科目		应付期初		总账期初		差额	
编号	名称	原币	本币	原币	本币	原币	本币
1123	预付账款	0.00	0.00	0.00	0.00	0.00	0.00
2201	应付票据	0.00	0.00	0.00	0.00	0.00	0.00
2202	应付账款	257,400.00	257,400.00	257,400.00	257,400.00	0.00	0.00
	合计		257,400.00		257,400.00		0.00

图 6-13　期初对账结果

6-5　期初对账

　✧　与总账系统对账，必须要在总账系统与应付款管理系统同时启动后才可以进行。

4．备份账套

退出"企业应用平台"，在"系统管理"中由系统管理员执行"账套"/"输出"，将数据存储在"D：\财务管理系统实训数据\616-6-1"中。

6.1.6　评价考核

1．评价标准

根据任务实施的情况，实行过程评价与结果评价相结合。评价标准如表 6-4 所示。

表 6-4　　　　　　　　　　　　　　　评价标准

评价类别	评价属性	评价指标	分数
过程评价 （40%）	实训态度	遵章守纪	10
		按要求及时完成	10
		操作细致、有耐心	10
		独立完成	10
		小计	40
结果评价 （60%）	实施效果	完成账套参数的设置	10
		应付款管理系统初始设置正确	25
		录入期初余额正确并成功对账	25
		小计	60

2．评定等级

根据得分情况评定等级，如表 6-5 所示。

表 6-5　　　　　　　　　　　　　　　评定等级

等级标准	优	良	中	及格	不及格
分数区间	90分以上	80～89分	70～79分	60～69分	60分以下
实际得分					

任务6.2 往来核算岗位——应付款日常业务的处理

云班课——线上导航（邀请码348846）

项目六 应付款管理系统					任务6.2 往来核算岗位——应付款日常业务的处理			
翻转课堂	场景	对象性质		学生		教师		互动
空间分布	前置学习	线上云班课	探索	学习资源	认知 应付款管理系统日常业务内容	建立资源	构建 应付款管理系统资源库	沟通	调查 知识理解、技能掌握程度
					观看 应付款管理系统日常业务处理的操作视频		上传 拍摄操作视频并整理相应的学习资料	课前学习评价	学生自评
									教师测评
	课中学习	线下机房实训	归纳、导学	交流互动	模拟 1. 应付单据的处理 2. 付款单据的处理 3. 应付款核销 4. 转账处理	交流互动	演示 应付款管理系统日常业务处理操作	检测效果	跟踪 学生团队、学生个人学习效果
				学习检测	问题提出 知识问题、技能问题	学习检测	答疑解惑 知识体系的剖析、技能操作的演示、常见错误的原因、解决问题的方法	知识的内化与应用	教师讲解剖析
									学生理解掌握
	课后学习	线上云班课	演绎、拓展	学习巩固	巩固 单项实训	评价学习效果	评价 通过练习、测试评价学习效果	拓展	拓展练习
									拓展测试
				学习拓展	测试 综合实训	资源推荐	共享 相关资源链接	课后反馈	信息化工具交流

6.2.1 工作情境

　　企业在采购的过程中需要对所采购的货物进行明细核算，确认发生的款项或应付的款项，在支付对方货款的时候需要填写付款单，并与应付款单据进行核销。往来核算岗位还需要对应付款进行良好的管理，在充分利用对方资金的同时还要考虑到企业的信誉度，利用应付款管理系统提升企业的管理。

6.2.2 岗位描述

　　往来核算岗位主要负责对企业的往来业务进行核算。企业与客户和供应商之间的业务交易，称为往来。他们之间因赊销、赊购商品或提供、接受劳务而发生的将要在一定时期内收回或支付款项的核算，称为往来核算。往来核算岗位可以对应付款管理系统日常业务进行处理。

6.2.3 背景知识

　　日常业务的处理是应付款管理系统的重要组成部分，是经常性的应付业务处理工作。日常业务主要完成企业日常的应付款、付款业务录入、预付款、付款业务核销、应付并账、汇兑损益计算，通过及时记录应付、付款业务的发生，为查询和分析往来业务提供完整、准确的资料，加强对往来款项的监督管理，提高工作效率。

6.2.4 工作任务

1. 任务内容

（1）应付单据的处理。

（2）付款单据的处理。

（3）应付款核销。

（4）转账处理。

（5）数据备份。

2. 任务资料

（1）应付单据的处理。

① 2018 年 1 月 12 日，从"万科公司"采购 A 材料 10 吨，原币单价 2 000 元，增值税税率 17%。

② 2018 年 1 月 15 日，从"联想公司"采购 B 材料 100 千克，原币单价 300 元，增值税税率 17%。对方代垫运费 200 元（没有运输部门的发票）。

③ 2018 年 1 月 22 日，从"现代公司"采购 A 材料 5 吨，原币单价 2 100 元，增值税税率 17%。

④ 2018 年 1 月 22 日，从"联想公司"采购 B 材料 50 千克，原币单价 280 元，增值税税率 17%。

⑤ 2018 年 1 月 22 日，发现 1 月 15 日所填制的从"联想公司"采购 B 材料 100 千克，原币单价 300 元，应将数量修改为 120 千克。

⑥ 2018 年 1 月 23 日，从"现代公司"采购 A 材料 1 吨，原币单价 2 000 元，增值税税率 17%。

（2）付款单据的处理。

① 2018 年 1 月 26 日，以转账支票向"万科公司"支付购买 A 材料 10 吨的货税款 23 400 元。

② 2018 年 1 月 26 日，以转账支票向"联想公司"支付购买 B 材料 120 千克的货税款及运费 42 320 元。

③ 2018 年 1 月 28 日，以转账支票向"现代公司"支付购买 A 材料 5 吨的货税款 14 625 元，其中应付款为 12 285 元，余款作为预付款。

④ 进行核销处理，将"万科公司"购买 A 材料 10 吨的应付款 23 400 元与付款单核销。

（3）转账处理。

① 2018 年 1 月 31 日，经三方同意，将 2018 年 1 月 22 日形成的应向"联想公司"支付的货税款 16 380 元转为向"万科公司"支付的应付账款。

② 2018 年 1 月 31 日，经双方同意，将 1 月 23 日从"现代公司"购买 A 材料的应付款 2 340 元与预付款冲抵。

6.2.5 任务实施

实施要求如下。

（1）掌握单据的增加、删除、修改等处理方法。

（2）理解应付款单据与付款单据核销的意义。

（3）掌握转账的处理并生成凭证。

（4）备份账套。

具体实施步骤如下。

执行"系统"/"注册"，以 admin 的身份登录，密码为空，单击"登录"按钮，则以系统管理员的身份登录"系统管理"。执行"账套"/"引入"，引入"D：\财务管理系统实训数据\616-6-1"中的数据。

　　将系统的时间修改为"2018-01-31"，由"201"账套主管岗位的身份登录企业应用平台，执行"系统服务"/"权限"/"数据权限控制设置"，打开"数据权限控制设置"窗口，取消"仓库""科目""工资权限"及"用户"前"是否控制"选项的选择（"用户"要通过滚动条滑动后看到），如图6-14所示，单击"确定"按钮退出。

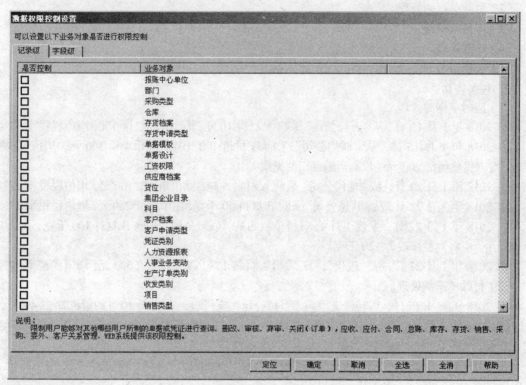

图6-14　"数据权限控制设置"窗口

　　　　小提示　　✧　如果没取消权限控制，往来核算岗位就无法进行单据的审核与凭证的制单等工作，如图6-15所示。

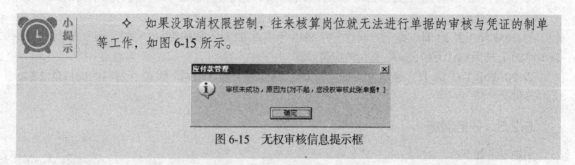

图6-15　无权审核信息提示框

　　更换操作员，以"206"往来核算岗位的身份登录企业应用平台，进入应付款管理系统。

1. 应付单据的处理

（1）录入单据。

第1笔业务。

①　执行"应付单据处理"/"应付单据录入"，弹出"单据类别"对话框，单据类型选择"采购专用发票"，如图6-16所示。

②　单击"确定"按钮，弹出"采购发票"窗口，单击"增加"按钮，依据任务资料第一笔业务的内容录入，如图6-17所示，扫二维码6-6。

6-6 录入采购专用
发票

图 6-16 "单据类别"对话框

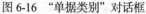

图 6-17 "采购专用发票"窗口

③ 单击"保存"按钮，完成第 1 笔业务的处理。

✧ 在填制采购专用发票时，税率由系统自动生成，可以修改。

✧ 采购发票与应付单是应付款管理系统日常核算的单据。如果应付款系统与采购管理系统集成使用，采购发票就在采购管理系统中录入。如果没有使用采购管理系统，则所有发票和应付单均需要在应付款管理系统中录入。

✧ 在录入采购专用发票并保存后，可以直接审核，系统会提示"是否立即制单"，此时可以直接制单，也可以录入所有的发票后，批量审核制单。

第 2 笔业务。

① 单击"增加"按钮，在"采购发票"窗口中依据任务资料第 2 笔业务的内容录入，如图 6-18 所示。

② 单击"保存"按钮，再单击"退出"按钮，返回"应付款管理系统"主界面。

③ 执行"应付单据处理"/"应付单据录入"，弹出"单据类别"对话框，选择"应付单/其他应付单"，如图 6-19 所示。单击"确定"按钮，在弹出的"应付单"窗口中单击"增加"按钮，在"应付单"窗口录入对方代垫运费的单据，录入完成后，如图 6-20 所示，扫二维码 6-7。

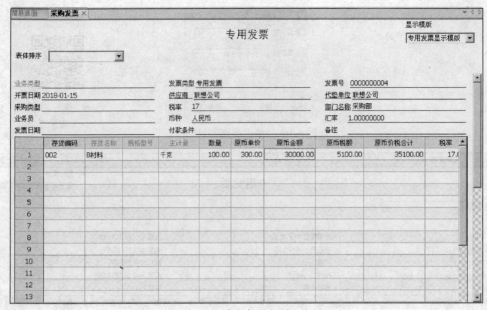

图 6-18 "采购专用发票"窗口

④ 单击"保存"按钮后退出。

图 6-19 "单据类别"对话框

6-7 录入其他应付单

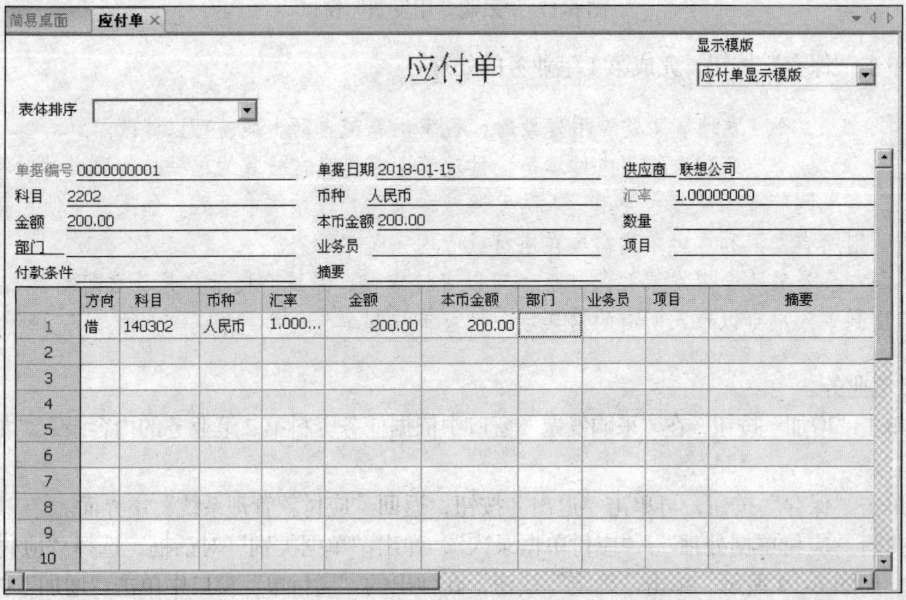

图 6-20 "应付单"窗口

◇ 在保存单据后，也可以直接审核制单。

第 3 笔业务。按任务资料中第 3 笔业务的内容，录入采购专用发票，单击"保存"按钮，如图 6-21 所示。

图 6-21 "采购专用发票"窗口

第 4 笔业务。按任务资料中第 4 笔业务的内容，录入采购专用发票，单击"保存"按钮，如图 6-22 所示。

（2）修改单据（扫二维码 6-8）。

第 5 笔业务。单击"上张"按钮，找到第 2 笔业务所填制的采购专用发票，单击"修改"按钮，直接将数量由"100"更改为"120"，再单击"保存"按钮，完成单据的修改，如图 6-23 所示。

6-8 修改单据

图 6-22 "采购专用发票"窗口

◇ 如果单据已审核制单，则不可以直接修改单据，要先删除凭证，取消审核后才能修改。
◇ 如果想要删除某张单据，直接找到该张单据，单击"删除"按钮即可。

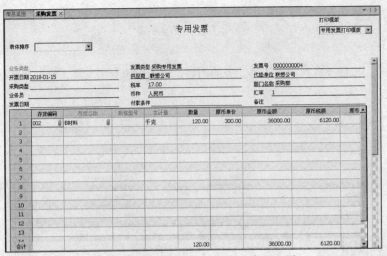

图6-23　修改第二笔业务的采购专用发票

第6笔业务。按任务资料中第6笔业务的内容，单击"增加"按钮，录入采购专用发票，单击"保存"按钮，如图6-24所示。

图6-24　"采购专用发票"窗口

（3）应付单据的审核（扫二维码6-9）。

① 执行"应付单据处理"/"应付单据审核"，弹出"单据过滤条件"对话框，单击"确定"按钮，进入"单据处理"窗口，如图6-25所示。单击"全选"按钮。

应付单据列表

选择	审核人	单据日期	单据类型	单据号	供应商名称	部门	业务员	制单人	币种	汇率
Y		2018-01-12	采购专...	0000000003	北京万科股份有限公司			王晶	人民币	1.00000000
Y		2018-01-15	采购专...	0000000004	北京联想公司	采购部		王晶	人民币	1.00000000
Y		2018-01-15	其他应付单	0000000001	北京联想公司			王晶	人民币	1.00000000
Y		2018-01-22	采购专...	0000000005	南昌现代公司	采购部		王晶	人民币	1.00000000
Y		2018-01-22	采购专...	0000000006	北京联想公司	采购部		王晶	人民币	1.00000000
Y		2018-01-23	采购专...	0000000007	南昌现代公司	采购部		王晶	人民币	1.00000000
合计										

图6-25　"单据处理"窗口

② 单击"审核"按钮，系统弹出审核结果信息提示框，如图 6-26 所示。

③ 单击"确定"按钮，在"单据处理"窗口的"审核人"栏里会有"王晶"往来核算岗位人员的签字。

（4）应付单据的制单（扫二维码 6-10）。

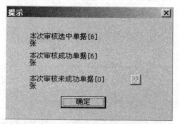

图 6-26　审核结果信息提示框

6-9　应付单据的审核

6-10　应付单据的制单

① 执行"应付款管理" / "制单处理"，弹出"制单查询"对话框，选择"发票制单"和"应付单制单"，如图 6-27 所示。

② 单击"确定"按钮，进入"制单"窗口，单击"全选"按钮，将凭证类别修改为"转账凭证"，如图 6-28 所示。

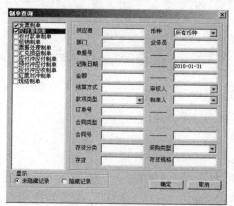

图 6-27　"制单查询"对话框

图 6-28　"制单"窗口

③ 单击"制单"按钮，弹出"填制凭证"窗口，单击"保存"按钮，生成一张凭证，如图 6-29 所示。

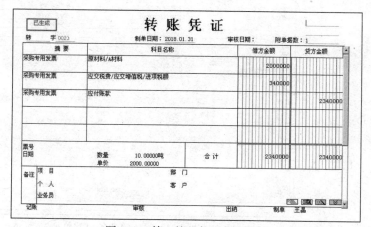

图 6-29　第一笔业务生成的凭证

④ 在"填制凭证"窗口中依次单击"下张凭证"按钮，完成所有单据的制单。其中，一张其他应付单生成的凭证如图6-30所示。

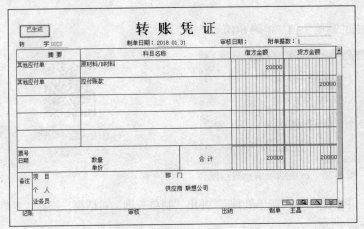

图6-30　其他应付单生成的凭证

◇ 在"制单查询"窗口中可以根据具体的业务选择其他内容制单，可以选中要制单内容前的复选框。

◇ 如果所选凭证类别有误，可以在生成凭证后进行修改。

◇ 如果一次生成了多张记账凭证，可以在保存一张凭证后单击"下张凭证"打开其他凭证，直到所有凭证都保存为止。

◇ 只有在凭证保存后才能传递到总账系统，才能进行审核、记账。

◇ 在相应的付款单填制凭证前，一定要先将应付单据生成凭证。

2．付款单据的处理

（1）付款单据的录入（扫二维码6-11）。

第1笔业务。执行"付款单据处理"/"付款单据录入"，打开"收付款单录入"窗口，单击"增加"按钮，根据任务资料付款单据处理录入第一笔业务的各项内容，单击"保存"按钮后，如图6-31所示。

6-11　付款单据的录入

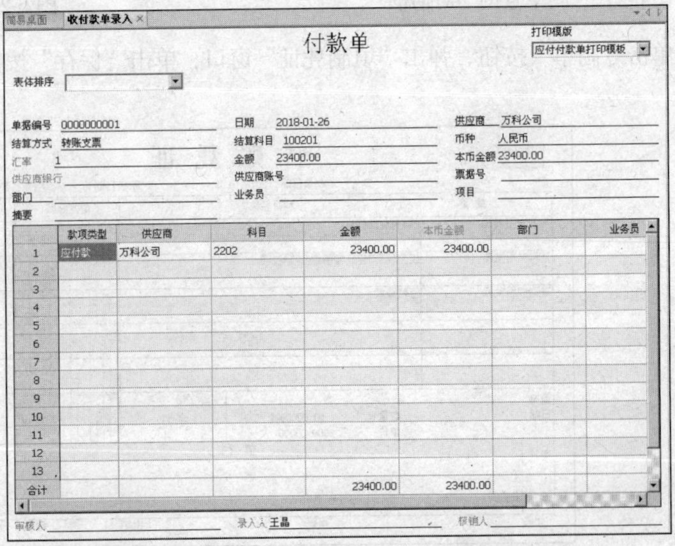

图6-31　第1笔业务付款单录入

第 2 笔业务。单击“增加”按钮，根据任务资料付款单据处理录入第 2 笔业务的各项内容，单击“保存”按钮后，如图 6-32 所示。

第 3 笔业务。单击“增加”按钮，根据任务资料付款单据处理录入第 3 笔业务的各项内容，在表体修改“应付款”的金额为“12 285”，单击第二栏的“款项类型”下拉列表框，选择“预付款”，系统自动计算出金额，单击“保存”按钮后，如图 6-33 所示。

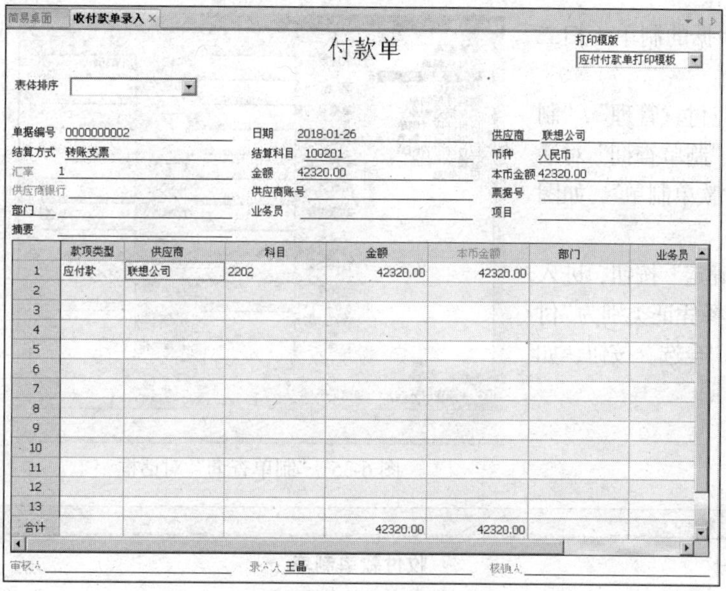

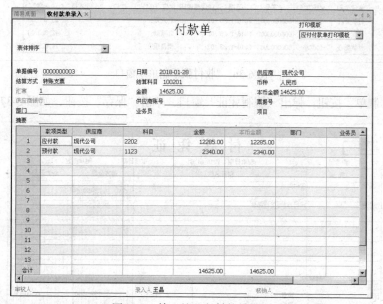

简易桌面 收付款单录入

付款单

打印模版 应付付款单打印模板

表体排序

单据编号 0000000002　日期 2018-01-26　供应商 联想公司

结算方式 转账支票　结算科目 100201　币种 人民币

汇率 1　金额 42320.00　本币金额 42320.00

供应商银行　供应商账号　票据号

部门　业务员　项目

摘要

	款项类型	供应商	科目	金额	本币金额	部门	业务员
1	应付款	联想公司	2202	42320.00	42320.00		
2							
3							
4							
5							
6							
7							
8							
9							
10							
11							
12							
13							
合计				42320.00	42320.00		

审核人　录入人 王晶　核销人

图 6-32　第 2 笔业务付款单录入

简易桌面 收付款单录入

付款单

打印模版 应付付款单打印模板

表体排序

单据编号 0000000003　日期 2018-01-28　供应商 现代公司

结算方式 转账支票　结算科目 100201　币种 人民币

汇率 1　金额 14625.00　本币金额 14625.00

供应商银行　供应商账号　票据号

部门　业务员　项目

摘要

	款项类型	供应商	科目	金额	本币金额	部门	业务员
1	应付款	现代公司	2202	12285.00	12285.00		
2	预付款	现代公司	1123	2340.00	2340.00		
3							
4							
5							
6							
7							
8							
9							
10							
11							
12							
13							
合计				14625.00	14625.00		

审核人　录入人 王晶　核销人

图 6-33　第 3 笔业务付款单录入

（2）付款单据的审核。执行 “付款单据处理”/“付款单据审核”，弹出“付款单过滤条件”对话框，单击“确定”按钮，弹出“收付款单列表”窗口，单击“全选”按钮，再单击“审核”按钮，弹出“审核”信息提示框，单击“确定”按钮，如图 6-34 所示。单击“退出”按钮，返回主界面。

图 6-34 "收付款单列表"窗口

（3）付款单据的制单（扫二维码 6-12）。

① 执行"应付款管理"/"制单处理"，弹出"制单查询"对话框，选择"收付款单制单"，如图 6-35 所示。

② 单击"确定"按钮，进入"制单"窗口，选择凭证类别为"付款凭证"，单击"全选"按钮，如图 6-36 所示。

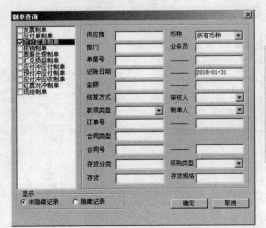

6-12 付款单据的制单

图 6-35 "制单查询"对话框

图 6-36 "收付款单制单"窗口

③ 单击"制单"按钮，弹出"填制凭证"窗口，单击"保存"按钮，如图 6-37 所示。

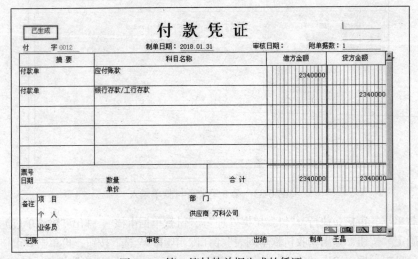

图 6-37 第 1 笔付款单据生成的凭证

④ 单击"下张凭证"按钮，单击"保存"按钮，完成所有付款单的制单，第 3 笔业务凭证如图 6-38 所示。

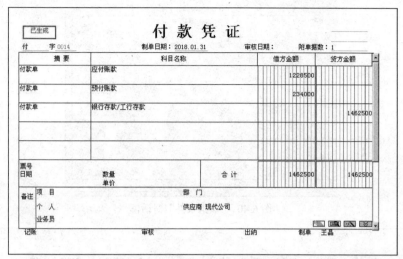

图 6-38 第 3 笔付款单据生成的凭证

 小提示 ◇ 如果凭证出现错误，可以执行"单据查询"/"凭证查询"，在"凭证查询"窗口中对已生成凭证进行修改、删除和冲销，如图 6-39 所示。

凭证查询

凭证总数：9 张

业务日期	业务类型	业务号	制单人	凭证日期	凭证号	标志
2018-1-26	付款单	0000000001	王晶	2018-1-31	付-0012	
2018-1-26	付款单	0000000002	王晶	2018-1-31	付-0013	
2018-1-28	付款单	0000000003	王晶	2018-1-31	付-0014	
2018-1-31	采购专…	0000000003	王晶	2018-1-31	转-0023	
2018-1-31	采购专…	0000000004	王晶	2018-1-31	转-0024	
2018-1-31	采购专…	0000000005	王晶	2018-1-31	转-0025	
2018-1-31	采购专…	0000000006	王晶	2018-1-31	转-0026	
2018-1-31	采购专…	0000000007	王晶	2018-1-31	转-0027	
2018-1-31	其他应付单	0000000001	王晶	2018-1-31	转-0028	

图 6-39 "凭证查询"窗口

（4）单据的核销（扫二维码 6-13）。

第 4 笔业务。

① 执行"核销处理"/"手工核销"，弹出"核销条件"对话框，在"供应商"栏里选择"01-北京万科股份有限公司"，如图 6-40 所示。

② 单击"确定"按钮，进入"单据核销"窗口，在采购专用发票所对应的"本次结算"栏里输入"23 400"，如图 6-41 所示。单击"保存"按钮，完成单据核销工作。

6-13 单据的核销

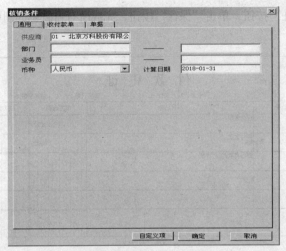

图6-40 "核销条件"对话框

单据日期	单据类型	单据编号	供应商	款项...	结算方式	币种	汇率	原币金额	原币余额	本次结算	订单号
2018-01-26	付款单	0000000001	万科公司	应付款	转账支票	人民币	1.00000000	23,400.00	23,400.00	23,400.00	
合计								23,400.00	23,400.00	23,400.00	

单据日期	单据类型	单据编号	到期日	供应商	币种	原币金额	原币余额	可享受折扣	本次折扣	本次结算	订单号	凭证号
2017-11-15	采购专...	0000000001	2017-11-15	万科公司	人民币	46,800.00	46,800.00	0.00				
2018-01-12	采购专...	0000000003	2018-01-12	万科公司	人民币	23,400.00	23,400.00	0.00	0.00	23,400.00		转-0023
合计						70,200.00	70,200.00	0.00		23,400.00		

图6-41 "单据核销"窗口

◇ 核销后在发票查询中看不到相应的发票，可以在"其他处理"/"取消操作"中取消核销。

◇ 系统提供了单张核销、自动核销和手工核销3种核销方式，单张核销可以在填制付款单时直接进行核销，而手工核销及自动核销则应在核销处理中进行。

◇ 手工核销时，一次只能显示一个供应商的单据记录，且结算单列表根据表体记录明细显示。当结算单有代付处理时，只显示当前所选供应商的记录。

◇ 手工核销保存时，若结算单列表的本次结算金额合计不等于被核销单据列表的本次结算金额合计，系统将提示用户：结算金额不相等，不能保存。

3．转账的处理

应付款管理系统的转账处理提供"应付冲应付""预付冲应付""应付冲应收""红票对冲"功能。应付冲应付是指将一家供应商应付款转到另一家供应商中，实现应付业务的调整，解决应付款业务在不同供应商之间入错户或合并户问题。预付冲应付用于处理供应商的预付款和该供应商应付款之间的转账核销业务。应付冲应收用于处理供应商的应付账款来冲抵客户的应收款项，解决应收债权与应付债务的冲抵。红票对冲可实现供应商的红字应付单据与其蓝字应付单据、收款单与付款单之间的冲抵操作。

（1）应付冲应付（扫二维码6-14）。

① 执行"转账"/"应付冲应付"，弹出"应付冲应付"对话框，单击"转出户"栏的参照按钮，选择"02-北京联想公司"，再单击"转入户"栏的参照按

6-14 应付冲应付

钮, 选择"01-北京万科股份有限公司", 单击"查询"按钮, 在对应的"并账金额"栏中录入"16 380",
如图6-42所示。

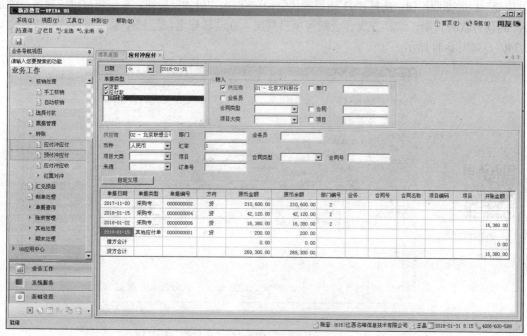

图6-42 "应付冲应付"对话框

② 单击"保存"按钮, 系统弹出"是否立即制单"对话框, 单击"是"按钮, 弹出"填制凭证"窗口, 修改凭证类别为"转账凭证", 单击"保存"按钮, 如图6-43所示。

③ 单击"退出"按钮, 回到"应付冲应付"窗口, 单击"关闭"按钮退出。

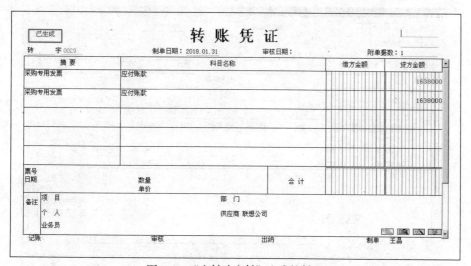

图6-43 "应付冲应付"生成的凭证

✧ 每一笔应付款的转账金额不能大于其付款金额。
✧ 每次只能选择一个转入单位。

（2）预付冲应付（扫二维码6-15）。

① 执行"转账"/"预付冲应付"，弹出"预付冲应付"对话框，在"预付款"标签项中，单击"供应商"栏的参照按钮，选择"03-南昌现代公司"，单击"过滤"按钮，系统将该供应商所有满足条件的预付款的日期、结算方式、金额等项目列出。在"转账金额"栏中录入预付款的转账金额"2 340"，如图6-44所示。

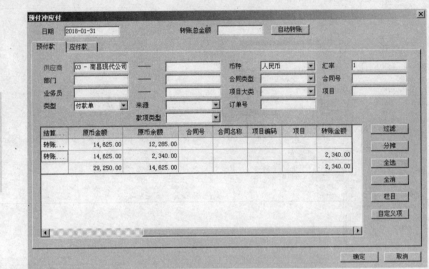

6-15 预付冲应付

图6-44 "预付款"标签项

② 在"应付款"标签项中，单击"供应商"栏的参照按钮，选择"03-南昌现代公司"，单击"过滤"按钮，系统将该供应商所有满足条件的应付款的日期、结算方式、金额等项目列出。在"转账金额"栏中录入应付款的转账金额"2 340"，如图6-45所示。

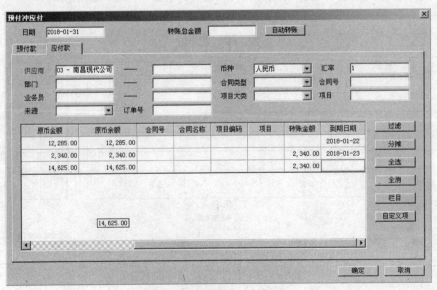

图6-45 "应付款"标签项

③ 单击"确定"按钮，系统提示"是否立即制单"，单击"是"按钮，生成一张转账凭证，单击"保存"按钮，如图6-46所示。

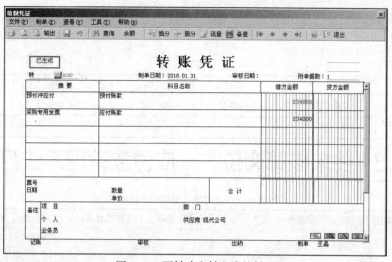

图 6-46　预付冲应付生成的凭证

④ 单击"退出"按钮，回到"预付冲应付"窗口，单击"取消"按钮退出。

　　✧　"预付冲应付"功能用来处理供应商的预付款、红字预付款和该供应商应付
　款、红字应付款之间的转账核销业务。

　　✧　应付款的转账金额合计应该等于预付款的转账金额合计。

　✧　此处所说的预付款是指结算单表体款项类型为"预付款"的记录。

　✧　如果是红字预付款和红字应付单进行冲销，要把过滤条件中的"类型"选为"收款单"。

4．账套备份

退出"企业应用平台"，在"系统管理"中由系统管理员执行"账套"/"输出"，将数据存储在
"D：\财务管理系统实训数据\616-6-2"中。

6.2.6　评价考核

1．评价标准

根据任务实施的情况，实行过程评价与结果评价相结合。评价标准如表 6-6 所示。

表 6-6　　　　　　　　　　　　　　　　评价标准

评价类别	评价属性	评价指标	分数
过程评价 （40%）	实训态度	遵章守纪	10
		按要求及时完成	10
		操作细致、有耐心	10
		独立完成	10
		小计	40
结果评价 （60%）	实施效果	应付单据的处理正确	20
		付款单据的处理正确	20
		应付款转账业务处理正确	20
		小计	60

2．评定等级

根据得分情况评定等级，如表6-7所示。

表6-7 评定等级

等级标准	优	良	中	及格	不及格
分数区间	90分以上	80～89分	70～79分	60～69分	60分以下
实际得分					

任务6.3 往来核算岗位——应付款管理系统月末处理

云班课——线上导航（邀请码348846）

翻转课堂	项目六 应付款管理系统				任务6.3 往来核算岗位——应付款管理系统月末处理			
	对象 性质 场景		学生		教师		互动	
空间分布	前置学习	线上云班课	探索	学习资源	**认知** 应付款管理系统月末业务内容	建立资源	**构建** 应付款管理系统资源库	沟通	**调查** 知识理解、技能掌握程度
					观看 应付款管理系统月末业务处理的操作视频		**上传** 拍摄操作视频并整理相应的学习资料	课前学习评价	**学生自评**
									教师测评
	课中学习	线下机房实训	归纳、导学	交流互动	**模拟** 1. 单据与账表的查询 2. 取消操作 3. 结账与反结账	交流互动	**演示** 应付款管理系统月末业务处理操作	检测效果	**跟踪** 学生团队、学生个人学习效果
				学习检测	**问题提出** 知识问题、技能问题	学习检测	**答疑解惑** 知识体系的剖析、技能操作的演示、常见错误的原因、解决问题的方法	知识的内化与应用	**教师讲解剖析**
									学生理解掌握
	课后学习	线上云班课	演绎、拓展	学习巩固	**巩固** 单项实训	评价学习效果	**评价** 通过练习、测试评价学习效果	拓展	**拓展练习**
									拓展测试
				学习拓展	**测试** 综合实训	资源推荐	**共享** 相关资源链接	课后反馈	**信息化工具交流**

6.3.1 工作情境

1月份日常业务的处理已经结束了，需要将本月的数据进行月末处理并结转至下月。考虑到数据的完整性，在总账系统结账前，应付款管理系统必须先结账。

6.3.2 岗位描述

往来核算岗位主要负责对企业的往来业务进行核算。企业与客户和供应商之间的业务交易，称为往来。他们之间因赊销、赊购商品或提供、接受劳务而发生的将要在一定时期内收回或支付款项的核算，称为往来核算。往来核算岗位除了处理应付款管理系统日常业务外，还可以进行期末业务的处理。

6.3.3　背景知识

应付款管理系统的月末处理工作主要包括查询各类账表、计算汇兑损益和月末结账。

应付款管理系统提供对发票、应付单、结算单、凭证等的查询功能。在查询列表中，系统提供自定义显示栏目、排序等功能，在进行单据查询时，若启用供应商、部门数据权限控制，则在查询单据时只能查询有权限的单据。

应付款管理系统提供了月末计算汇兑损益和单据结清时计算汇兑损益两种方式。如果单位有外币付款业务，同时在初始设置中汇兑损益的处理方式为月末计算，则在月末结账前须计算汇兑损益。若选取"单据结清时计算汇兑损益"，只有在外币应付款和应付票据两方面的外币全部付清时，才能对其进行汇兑损益处理。

如果确认本月的各项处理已经结束，可以使用本月结账功能。当执行了月末结账后，该月将不能再进行任何处理。

6.3.4　工作任务

1. 任务内容
（1）单据查询。
（2）账表查询。
（3）取消操作。
（4）结账与反结账。
（5）数据备份。

2. 任务资料
（1）查询1月26日向"联想公司"支付货款的付款凭证。
（2）查询账表。
（3）取消核销，将"万科公司" 购买A材料10吨的应付款23 400元与付款单的核销取消。
（4）结账与反结账。

6.3.5　任务实施

实施要求如下。
（1）理解月末处理的意义。
（2）熟悉各类单据和账表的查询操作。
（3）掌握取消操作的处理内容和方法。
（4）掌握结账与反结账的操作方法。
（5）备份账套。
具体实施步骤如下。

执行"系统"/"注册"，以admin的身份登录，密码为空，单击"登录"按钮，则以系统管理员的身份登录"系统管理"。执行"账套"/"引入"，引入"D：\财务管理系统实训数据\616-6-2"中的数据。

以"206"往来核算岗位的身份登录企业应用平台，进入应付款管理系统。

1. 单据的查询
（1）执行"单据查询"/"发票查询"，弹出"发票查询"对话框，单击"确定"按钮，弹出"单据查询结果列表"窗口，如图6-47所示。

图 6-47 "单据查询结果列表"窗口

（2）选择第一条单据，单击"单据"按钮，弹出"单据查询"窗口，如图 6-48 所示。

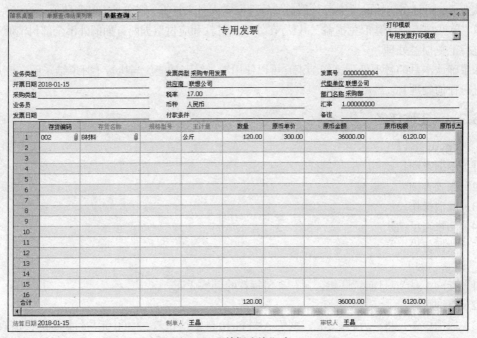

图 6-48 "单据查询"窗口

（3）单击"退出"按钮，退出"单据查询"窗口。在"单据查询结果列表"窗口中选择第一条单据，单击"凭证"按钮，弹出"联查凭证"窗口，如图 6-49 所示。

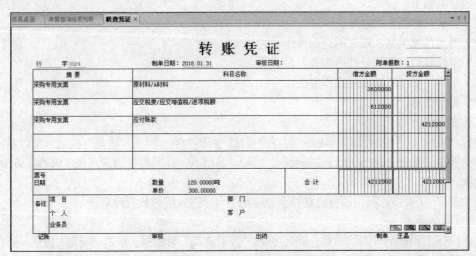

图 6-49 "联查凭证"窗口

（4）单击"退出"按钮，返回应付款管理系统主界面。

（5）执行"单据查询"/"凭证查询"，弹出"凭证查询条件"对话框，单击"确定"按钮，弹出"凭证查询"窗口，如图6-50所示。选中第二条记录，双击，即可查看2018年1月26日向联想公司付款的凭证。

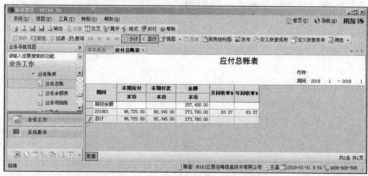

图 6-50 "凭证查询"窗口

◇ 在"凭证查询"窗口中可以联查相关的单据和凭证，并可以进行对凭证的修改、删除、冲销等操作。

◇ 单据查询主要包括发票查询、应付单查询、收付款单查询、凭证查询、单据报警查询、信用报警查询和应付核销明细表查询等。

2. 账表查询

（1）执行"账表管理"/"业务账表"/"业务总账"，弹出"应付总账表"对话框，单击"确定"按钮，弹出"应付款总账表"窗口，如图6-51所示。

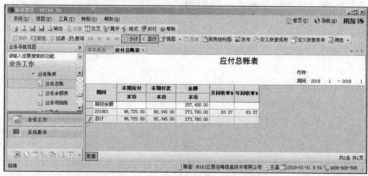

图 6-51 "应付总账表"窗口

◇ 在"应付总账表"窗口中可以以小计与总计的样式进行查询。

◇ 业务账表查询包括总账查询、业务余额表查询、业务明细账查询和对账单查询。

◇ 查询时，可以按照供应商、供应商分类、地区分类、部门、业务员、存货分类、存货、供应商总公司、主管业务员、主管部门等进行细分。

（2）执行"账表管理"/"统计分析"/"应付账龄分析"，弹出"应付账龄分析"对话框，单击"过滤"按钮，系统显示应付款账龄分析，如图6-52所示。

图 6-52 "应付账龄分析"窗口

✧ 统计分析包括应付账龄分析、付款账龄分析、欠款分析、付款预测等。
✧ 系统提供了丰富的过滤条件以及分析对象和明细对象的组合查询。

（3）执行"账表管理"/"科目账查询"/"科目明细账"，弹出"供应商往来明细账"对话框，单击"确定"按钮，弹出"科目明细账"窗口，如图6-53所示，在该窗口中还可以联查总账与凭证。

科目明细账

科目 全部　　　　　　　　　　　　　　　　　　　　　　金额式　　　期间：2018.01-2018.01

年	月	日	凭证号	编号	名称	编号	名称	摘要	借方 本币	贷方 本币	方向	余额 本币
2018	01	31	付-0014	1123	预付账款	03	现代公司	付款单	2,340.00		借	2,340.00
2018	01	31	转-0030	1123	预付账款	03	现代公司	预付冲应付	-2,340.00		平	
2018	01			1123	预付账款	03	现代公司	本月合计			平	
2018	01			1123	预付账款	03	现代公司	本年累计			平	
				1123	预付账款			合 计			平	
				1123	预付账款			累 计			平	
				2202	应付账款	01	万科公司	期初余额			贷	46,800.00
2018	01	26	付-0006	2202	应付账款	01	万科公司	支付万科前欠材料款	46,800.00		平	
2018	01	31	付-0012	2202	应付账款	01	万科公司	付款单	23,400.00		借	23,400.00
2018	01	31	转-0023	2202	应付账款	01	万科公司	采购专用发票		23,400.00	平	
2018	01	31	转-0029	2202	应付账款	01	万科公司	采购专用发票		16,380.00	贷	16,380.00
2018	01			2202	应付账款	01	万科公司	本月合计	70,200.00	39,780.00	贷	16,380.00
2018	01			2202	应付账款	01	万科公司	本年累计	70,200.00	39,780.00	贷	16,380.00
				2202	应付账款	02	联想公司	期初余额			贷	210,600.00
2018	01	31	付-0013	2202	应付账款	02	联想公司	付款单	42,320.00		贷	168,280.00
2018	01	31	转-0024	2202	应付账款	02	联想公司	采购专用发票		42,120.00	贷	210,400.00
2018	01	31	转-0026	2202	应付账款	02	联想公司	采购专用发票		16,380.00	贷	226,780.00
2018	01	31	转-0028	2202	应付账款	02	联想公司	其他应付单		200.00	贷	226,980.00
2018	01	31	转-0029	2202	应付账款	02	联想公司	采购专用发票		-16,380.00	贷	210,600.00
2018	01			2202	应付账款	02	联想公司	本月合计	42,320.00	42,320.00	贷	210,600.00
2018	01			2202	应付账款	02	联想公司	本年累计	42,320.00	42,320.00	贷	210,600.00
2018	01	31	付-0014	2202	应付账款	03	现代公司	付款单	12,285.00		借	12,285.00
2018	01	31	转-0025	2202	应付账款	03	现代公司	采购专用发票		12,285.00	平	
2018	01	31	转-0027	2202	应付账款	03	现代公司	采购专用发票		2,340.00	贷	2,340.00
2018	01	31	转-0030	2202	应付账款	03	现代公司	采购专用发票	2,340.00		平	
2018	01			2202	应付账款	03	现代公司	本月合计	14,625.00	14,625.00	平	
2018	01			2202	应付账款	03	现代公司	本年累计	14,625.00	14,625.00	平	
				2202	应付账款			合 计	127,145.00	96,725.00	贷	226,980.00
				2202	应付账款			累 计	127,145.00	96,725.00	贷	226,980.00
								合 计	127,145.00	96,725.00	贷	226,980.00

图6-53 "科目明细账"窗口

✧ 在完成每一个查询后，一定要退出当前窗口。
✧ 科目账查询包括科目明细账、科目余额表的查询。

3. 取消操作（扫二维码6-16）

（1）执行"其他处理"/"取消操作"，弹出"取消操作条件"对话框，单击"供应商"栏的参照按钮，选择"01"，操作类型选择"核销"，如图6-54所示。

6-16 取消操作

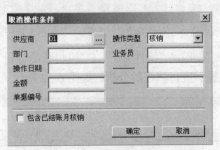

图6-54 "取消操作条件"对话框

（2）单击"确定"按钮，进入"取消操作"窗口，单击"全选"按钮，如图6-55所示。

（3）单击工具栏上的"确认"按钮，完成取消核销操作。

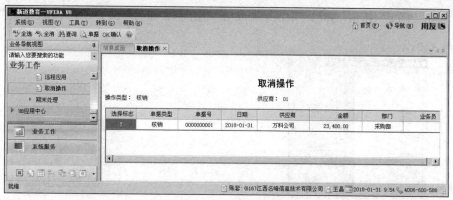

图 6-55 "取消操作"窗口

 ✧ 为了便于月末结账，请再完成一次"万科公司"的核销操作。执行"核销处理"/"手工核销"，具体操作见任务 6.2。

4. 结账（扫二维码 6-17）

（1）执行"期末处理"/"月末结账"，弹出"月末处理"对话框，在"一月"所对应的"结账标志"栏双击，出现"Y"字样，如图 6-56 所示。

（2）单击"下一步"按钮，系统列示月末结账的检查结果。如图 6-57 所示。

图 6-56 "月末处理"对话框

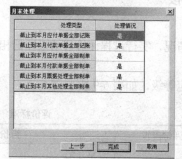

图 6-57 月末结账的检查结果

6-17 结账与反结账

（3）单击"完成"按钮，弹出"1 月份结账成功"信息提示框，如图 6-58 所示。单击"确定"按钮，完成结账工作。

5. 反结账（扫二维码 6-17）

在使用了月末结账功能后，发现该月还有未处理的业务或有误的操作，可以进行取消结账处理。

 （1）执行"期末处理"/"取消月结"，弹出"取消结账"对话框，在"一月"所对应的"结账标志"栏中显示"已结账"，如图 6-59 所示。

图 6-58 "1 月份结账成功"
信息提示框

 ✧ 如果当月业务已经全部处理完毕，应进行月末结账。只有当月结账后，才能开始下个月的业务处理。

✧ 进行月末处理时，一次只能选择一个月进行结账，前一个月末结账，则本月不能结账。

✧ 执行完结账操作后，该月不能再进行任何处理。

（2）单击"确定"按钮，弹出"取消结账成功"提示框，如图6-60所示。单击"确定"按钮后退出。

图6-59 "取消结账"对话框

图6-60 "取消结账成功"提示框

 ◇ 如果当月总账系统已经结账，则不能再使用应付款管理系统的取消结账功能。若要使用，则必须先在总账中取消结账。

6. 账套备份

退出"企业应用平台"，在"系统管理"中由系统管理员执行"账套"/"输出"，将数据存储在"D：\财务管理系统实训数据\616-6-3"中。

6.3.6 评价考核

1. 评价标准
根据任务实施的情况，实行过程评价与结果评价相结合。评价标准如表6-8所示。

2. 评定等级
根据得分情况评定等级，如表6-9所示。

表6-8　　　　　　　　　　　　　　　评价标准

评价类别	评价属性	评价指标	分数
过程评价 （40%）	实训态度	遵章守纪	10
		按要求及时完成	10
		操作细致、有耐心	10
		独立完成	10
		小计	40
结果评价 （60%）	实施效果	掌握月末处理的具体内容	10
		能够查询单据、账表	20
		结账/反结账的处理正确	30
		小计	60

表6-9　　　　　　　　　　　　　　　评定等级

等级标准	优	良	中	及格	不及格
分数区间	90分以上	80～89分	70～79分	60～69分	60分以下
实际得分					

项目七
应收款管理系统

应收款是企业资产的一个重要组成部分，是企业正常经营活动中由于销售商品、提供劳务，而向购货单位或接受劳务的单位应收而未收取的款项。应收款管理系统主要用于核算与管理客户往来款项。该系统以销售发票、收款单、其他应收单等原始单据为依据，记录销售业务及其他业务所形成的往来款项，处理应收款项的收回、坏账、转账等情况，同时提供票据管理功能，实现对应收票据的管理。

应收款管理系统提供了"详细核算"和"简单核算"两种应用方案，以满足用户不同的管理需要。如果企业的销售业务以及应收账款核算与管理业务比较复杂，或者企业需要追踪每一笔业务的应收款、收款等情况，或者企业需要将应收账款核算到产品一级，那么企业可以选择详细核算应用方案。如果企业的销售、出口业务以及应收账款业务比较简单，或者现结业务很多，可以选择简单核算方案。

任务 7.1 │ 账套主管岗位——应收款管理系统的初始化

云班课——线上导航（邀请码 348846）

翻转课堂		项目七 应收款管理系统		学生	任务 7.1 账套主管岗位——应收款管理系统的初始化		
	场景	对象 性质		学生	教师		互动
空间分布	前置学习	线上云班课	探索	**认知** 应收款管理系统初始化内容	**构建** 应收款管理系统资源库	沟通	**调查** 知识理解、技能掌握程度
				学习资源		建立资源	
				观看 应收款管理系统初始化的操作视频	**上传** 拍摄操作视频并整理相应的学习资料	课前学习评价	学生自评
							教师测评
	课中学习	线下机房实训	归纳、导学	交流互动 **模拟** 1. 参数设置 2. 基础信息设置 3. 录入期初余额	交流互动 **演示** 应收款管理系统初始化操作	检测效果	**跟踪** 学生团队、学生个人学习效果
				学习检测 **问题提出** 知识问题、技能问题	**答疑解惑** 知识体系的剖析、技能操作的演示、常见错误的原因、解决问题的方法	学习检测 知识的内化与应用	教师讲解剖析
							学生理解掌握
	课后学习	线上云班课	演绎、拓展	学习巩固 **巩固** 单项实训	评价学习效果 **评价** 通过练习、测试评价学习效果	拓展	拓展练习
							拓展测试
				学习拓展 **测试** 综合实训	资源推荐 **共享** 相关资源链接	课后反馈	信息化工具交流

7.1.1 工作情境

当企业的客户比较多，销售业务比较频繁，企业应收款管理内容比较复杂，甚至需要追踪每一笔业务的应收款、收款等情况，或者需要将应收款核算到产品级时，就需要设立专门的往来核算岗位来对应收款业务进行核算。在手工方式下，涉及客户和库存商品，往来核算岗位的工作是非常繁杂的，于是企业打算使用用友 ERP-U8 管理软件中的应收款管理模块，当然，在使用之前需要进行初始化设置。

7.1.2 岗位描述

账套主管是针对某个账套的管理员。在账套中，账套主管起着统领作用，负责账套操作员的管理和基础数据环境的建立，主要包括系统设置、基础资料设置和初始化数据输入等整个账套前期的工作过程，这个过程称为系统的初始化。系统的初始化一般由账套主管岗位来完成。

7.1.3 背景知识

在启用应收款管理系统之前，一定要启用总账系统。在启用应收款管理系统后，进行正常应收业务处理前，应根据企业核算要求和实际业务情况进行有关的设置，主要内容包括选项设置、初始设置、基础档案、单据设计及录入期初余额。

7.1.4 工作任务

1．任务内容

（1）系统启用。
（2）参数设置。
（3）基础信息设置。
（4）期初余额录入。
（5）数据备份。

2．任务资料

（1）控制参数设置。应收款核销方式为"按单据"，单据审核日期依据为"单据日期"，坏账处理方式为"应收余额百分比法"，代垫费用类型为"其他应收单"，受控科目制单方式为"明细到客户"，非受控科目制单方式为"汇总方式"。

（2）初始设置如表 7-1 所示。

表 7-1　　　　　　　　　　　　　　　　　　初始设置

科目类型	设置方式
基本科目设置	应收科目：1122 应收账款
	预收科目：2203 预收账款
	销售收入科目：6001 主营业务收入
	税金科目：22210102 应交税费—应交增值税—销项税额
	销售退回科目：6001 主营业务收入
	银行承兑科目：1121 应收票据
	现金折扣科目：6603 财务费用
	票据利息科目：6603 财务费用
	票据费用科目：6603 财务费用
	收支费用科目：6603 财务费用
控制科目设置	应收科目：1122 应收账款
	预收科目：2203 预收账款

续表

科目类型	设置方式
结算方式科目设置	现金结算　币种：人民币；科目：1001 库存现金
	现金支票　币种：人民币；科目：100201 银行存款—工行存款
	转账支票　币种：人民币；科目：100201 银行存款—工行存款
	商业承兑汇票　币种：人民币；科目：100201 银行存款—工行存款
	银行承兑汇票　币种：人民币；科目：100201 银行存款—工行存款

（3）坏账准备设置如表 7-2 所示。

表 7-2　　　　　　　　　　　　　　　　坏账准备设置

控制参数	参数设置
提取比率	0.5%
坏账准备期初余额	800
坏账准备科目	1231 坏账准备
对方科目	6701 资产减值损失

（4）逾期账龄区间设置如表 7-3 所示。

表 7-3　　　　　　　　　　　　　　　逾期账龄区间设置

序号	起止天数	总天数
01	1～30	30
02	31～60	60
03	61～90	90
04	91～120	120
05	121 以上	

（5）期初余额如表 7-4 所示。

表 7-4　　　　　　　　　　　　　　　　期初余额

单据名称	方向	开票日期	客户	摘要	数量	无税单价	价税合计
销售专用发票	正	2017-11-12	加各公司	销售甲产品	137.5	3 200	514 800
销售专用发票	正	2017-11-28	海达公司	销售乙产品	8	537.5	5 031
预收款单	正	2017-12-10	中兴公司	预收款			30 000

7.1.5　任务实施

实施要求如下。

（1）掌握应收款管理系统初始化的内容。

（2）理解应收款参数设置的作用。

（3）进行应收款初始设置。

（4）能够正确地录入期初余额并对账成功。

（5）备份账套。

实施的具体步骤如下。

执行"系统"/"注册"，以 admin 的身份登录，密码为空，单击"登录"按钮，则以系统管理员的身份登录"系统管理"。执行"账套"/"引入"，引入"D：\财务管理系统实训数据\616-6-3"中的数据。

将系统的时间修改为2018年1月1日，以"201"账套主管的身份登录企业应用平台。

执行"基础设置"/"基本信息"/"系统启用"，弹出"系统启用"对话框，启用"应收款管理"系统，启用自然日期为"2018-01-01"，如图7-1所示。

图7-1 "系统启用"对话框

1. 账套参数设置（扫二维码7-1）

7-1 账套参数设置

（1）执行"业务工作"/"财务会计"/"应收款管理"/"设置"/"选项"，弹出"账套参数设置"对话框，单击"编辑"按钮，依据任务资料的内容进行设置，如图7-2和图7-3所示。

（2）完成设置后，单击"确定"按钮退出。

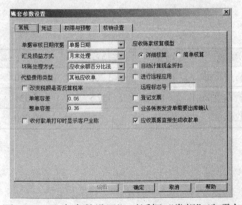

图7-2 "账套参数设置"对话框"常规"选项卡

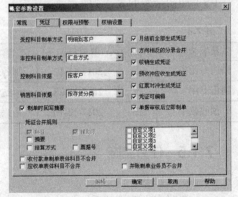

图7-3 "账套参数设置"对话框"凭证"选项卡

◇ 选择按单据核销，系统将满足条件的未结算单据全部列出，选择要结算的单据，根据所选择的单据进行核销。

◇ 选择按产品核销，系统将满足条件的未核销发票、应收单按产品列出，选择要结算的产品，根据所选择的记录进行核销。

◇ 系统提供了两种坏账处理方式，即备抵法和直接转销法。备抵法可细分为3种：即应收余额百分比法、销售收入百分比法、账龄分析法。这3种方法均需要在初始设置中录入坏账准备期初和计提比例或输入账龄区间等，并在坏账处理中进行后续处理。直接转销法是当坏账发生时，直接在坏账发生的当期将应收账款转为费用。

  ✧ 在账套的使用过程中，可以随时修改该账套参数的设置。

2. 初始设置

（1）执行"设置"/"初始设置"，弹出"初始设置"窗口，选择"基本科目设置"，单击"增加"按钮，依据任务资料表7-1中的内容进行设置，设置完成后，如图7-4所示，扫二维码7-2。

基础科目种类	科目	币种
应收科目	1122	人民币
预收科目	2203	人民币
销售收入科目	6001	人民币
税金科目	22210102	人民币
销售退回科目	6001	人民币
银行承兑科目	1121	人民币
现金折扣科目	6603	人民币
票据利息科目	6603	人民币
票据费用科目	6603	人民币
收支费用科目	6603	人民币

7-2　基本科目设置

图 7-4　"基本科目设置"窗口

（2）单击"控制科目设置"，在弹出的右侧窗口的"应收科目"栏里输入"1122"，"预收科目"栏里输入"2203"，如图7-5所示。

客户编码	客户简称	应收科目	预收科目
01	加各公司	1122	2203
02	海达公司	1122	2203
03	中兴公司	1122	2203
04	华夏公司	1122	2203

图 7-5　"控制科目设置"窗口

  ✧ 进行控制科目设置时，所设科目必须是末级应收系统的受控科目。

（3）依据任务资料表7-1中所提供的内容完成"产品科目设置"和"结算方式科目设置"，如图7-6和图7-7所示。

类别编码	类别名称	销售收入科目	应交增值税科目	销售退回科目	税率
1	原料及主要材料	6051	22210102	6051	
2	库存商品	6001	22210102	6001	
3	劳务				

图 7-6　"产品科目设置"窗口

图 7-7 "结算方式科目设置"窗口

✧ 销售原料及主要材料记入"其他业务收入"账户。

✧ 劳务因未明确具体的商品类别，暂时不设。

（4）单击"坏账准备设置"，按任务资料表 7-2 中所提供的内容进行设置，单击右上角的"确定"按钮，弹出"储存完毕"提示框，如图 7-8 所示。单击"确定"按钮，完成设置，扫二维码 7-3。

7-3 坏账准备设置

图 7-8 "储存完毕"提示框

✧ 进行任意一种坏账处理（坏账计提、坏账发生、坏账收回）后，便不能再修改坏账准备数据，只能查询。下一年度使用本系统时，可以修改提取比率、区间、科目。

✧ 如果在系统选项中选择坏账直接转销，则不用进行坏账准备设置。

✧ 设置坏账准备，一定要单击右上角的"确定"按钮，出现"储存完毕"提示框才算设置成功，否则会默认取消设置。

7-4 录入期初余额

（5）单击"逾期账龄区间设置"，按任务资料表 7-3 中所提供的内容进行设置，如图 7-9 所示。单击"退出"按钮，完成初始设置。

3．录入期初余额（扫二维码 7-4）

（1）执行"应收款管理"/"设置"/"期初余额"，弹出"期初余额—查询"对话框，单击"确定"按钮，弹出"期初余额"窗口。单击"增加"按钮，弹出"单据类别"对话框，如图 7-10 所示。

图 7-9 "逾期账龄区间设置"窗口　　　　　　　图 7-10 "单据类别"对话框

（2）单击"确定"按钮，进入销售专用发票录入窗口。单击"增加"按钮，依据任务资料表 7-4 中的内容录入或参照录入销售专用发票的各项内容，如图 7-11 和图 7-12 所示。

图 7-11　期初第一张销售专用发票

图 7-12　期初第二张销售专用发票

❖　期初余额所录的单据保存后自动审核。

（3）单击"退出"按钮，返回到"期初余额"窗口，单击"增加"按钮，在弹出的"单据类别"对话框中选择单据名称为"预收款"，单据类型为"收款单"，如图 7-13 所示。

（4）单击"确定"按钮，在弹出的"期初单据录入"窗口中单击"增加"按钮，依据任务资料表 7-4 中的内容输入，单击"保存"按钮，如图 7-14 所示。

（5）单击"退出"按钮，返回到"期初余额"窗口，单击"对账"按钮，显示总账系统与应收款管理系统期初对账结果，如图 7-15 所示。

图 7-13　"单据类别"对话框

❖　发票和应收单的方向包括正向和负向，类型包括系统预置的各种类型以及用户定义的类型。如果是预收款和应收票据，则不用选择方向，系统默认预收款方向为贷，应收票据方向为借。

❖　当第一个会计期已结账后，期初余额只能查询，不能修改。

❖　与总账系统对账，必须要在总账系统与应收款管理系统同时启用后才可以进行。

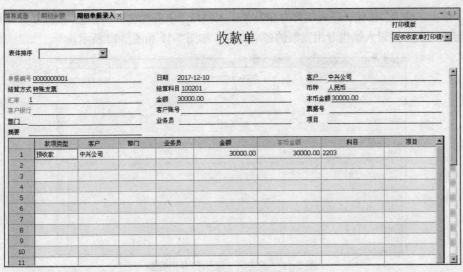

图 7-14 “期初单据录入”窗口

科目		应收期初		总账期初		差额	
编号	名称	原币	本币	原币	本币	原币	本币
1121	应收票据	0.00	0.00	0.00	0.00	0.00	0.00
1122	应收账款	519,831.00	519,831.00	519,831.00	519,831.00	0.00	0.00
2203	预收账款	-30,000.00	-30,000.00	-30,000.00	-30,000.00	0.00	0.00
	合计		489,831.00		489,831.00		0.00

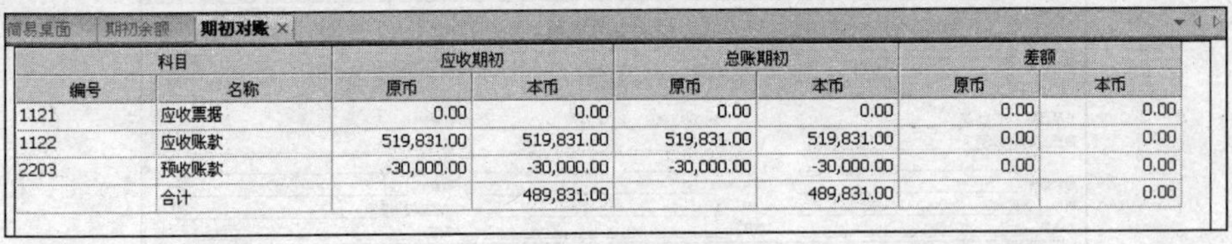

图 7-15 期初对账结果

4．备份账套

退出“企业应用平台”，在“系统管理”中由系统管理员执行“账套”/“输出”，将数据存储在“D：\财务管理系统实训数据\616-7-1”中。

7.1.6 评价考核

1．评价标准

根据任务实施的情况，实行过程评价与结果评价相结合。评价标准如表 7-5 所示。

表 7-5 评价标准

评价类别	评价属性	评价指标	分数
过程评价（40%）	实训态度	遵章守纪	10
		按要求及时完成	10
		操作细致、有耐心	10
		独立完成	10
		小计	40
结果评价（60%）	实施效果	完成账套参数的设置	10
		应收款管理系统初始设置正确	25
		能够录入期初余额并对账正确	25
		小计	60

2．评定等级

根据得分情况评定等级，如表 7-6 所示。

表 7-6　　　　　　　　　　　　　　　评定等级

等级标准	优	良	中	及格	不及格
分数区间	90分以上	80~89分	70~79分	60~69分	60分以下
实际得分					

任务 7.2　往来核算岗位——应收款日常业务的处理

云班课——线上导航（邀请码 348846）

翻转课堂		对象 性质 场景	学生		教师		互动	
			项目七　应收款管理系统		任务 7.2　往来核算岗位——应收款日常业务的处理			
空间分布	前置学习	线上云班课	探索	学习资源	**认知** 应收款管理系统日常业务内容	建立资源	**构建** 应收款管理系统资源库	沟通	**调查** 知识理解、技能掌握程度
					观看 应收款管理系统日常业务处理的操作视频		**上传** 拍摄操作视频并整理相应的学习资料	课前学习评价	学生自评
									教师测评
	课中学习	线下机房实训	归纳、导学	交流互动	**模拟** 1. 应收单据的处理 2. 收款单据的处理 3. 应收款核销 4. 转账处理 5. 坏账处理	交流互动	**演示** 应收款管理系统日常业务处理操作	检测效果	**跟踪** 学生团队、学生个人学习效果
				学习检测	**问题提出** 知识问题、技能问题	学习检测	**答疑解惑** 知识体系的剖析、技能操作的演示、常见错误的原因、解决问题的方法	知识的内化与应用	教师讲解剖析
									学生理解掌握
	课后学习	线上云班课	演绎、拓展	学习巩固	**巩固** 单项实训	评价学习效果	**评价** 通过练习、测试评价学习效果	拓展	拓展练习
									拓展测试
				学习拓展	**测试** 综合实训	资源推荐	**共享** 相关资源链接	课后反馈	信息化工具交流

7.2.1　工作情境

　　企业在销售的过程中为了增加销售量，提高市场份额，多半会采用赊销的方式，这不可避免地会产生应收项。为了加强对应收账款的管理，防范坏账的发生，会对客户有一个账龄区间的控制，对于不同期间的应收款项，采用不同的方法进行处理。在日常工作中对于销售的产品进行明细核算，确认应收款项及收到款项，及时地做好登记，对于已收到的款项进行核销，对于未收到的款项要采用适当的方法进行催款，减少坏账的发生。使用了用友 ERP-U8 系统后，对改善应收款项的管理起到了较好的作用。

7.2.2　岗位描述

　　往来核算岗位主要负责对企业的往来业务进行核算。企业与客户和供应商之间的业务交易，称为往来。他们之间因赊销、赊购商品或提供、接受劳务而发生的将要在一定时期内收回或支付款项的核算，称为往来核算。往来核算岗位可以对应收款管理系统的日常业务进行处理。

7.2.3　背景知识

日常业务的处理是应收款管理系统的重要组成部分，是经常性的应收业务处理工作。日常业务主要完成企业日常的应收款、收款业务录入，应收款、收款业务核销，应收并账、汇兑损益及坏账的处理，及时记录应收、收款业务的发生，为查询和分析往来业务提供完整、正确的资料，加强对往来款项的监督管理，提高工作效率。

7.2.4　工作任务

1. 任务内容

（1）应收单据的处理。

（2）收款单据的处理。

（3）应收款核销。

（4）票据管理。

（5）转账处理。

（6）坏账处理。

（7）数据备份。

2. 任务资料

（1）应收单据处理。

① 2018年1月5日，向"加各公司"销售甲产品12台，无税单价3 200元，增值税税率17%。以转账支票代垫运费5 000元。

② 2018年1月13日，向"海达公司"销售乙产品10台，无税单价560元，增值税税率17%。

③ 2018年1月18日，向"中兴公司"销售甲产品15台，无税单价3 200元，增值税税率17%。以转账支票代垫运费480元。

④ 2018年1月25日，向"华夏公司"销售乙产品20台，无税单价560元，增值税税率17%。

⑤ 2018年1月27日，发现2018年1月13日向"海达公司"销售乙产品10台，无税单价应为580元。

⑥ 2018年1月27日，发现2018年1月25日向"华夏公司"销售乙产品20台，无税单价560元，增值税税率17%的销售发票填制有误，应删除。

（2）收款单据处理。

① 2018年1月23日，收到银行通知，收到"加各公司"以转账支票方式支付购买的"甲产品"款项及税款44 928元。

② 2018年1月23日，收到"海达公司"交来的转账支票一张，支付乙产品的货税款6 786元。

③ 2018年1月23日，收到"加各公司"所填制的收款单金额44 928应改为48 000元，核销时按"44 928"核销。

（3）票据管理。

① 2018年1月5日，收到银行通知，收到"加各公司"签发并承兑的商业承兑汇票一张（NO.234987），面值为10 000元，到期日为2018年2月28日。

② 2018年1月8日，收到银行通知，收到"中兴公司"签发并承兑的商业承兑汇票一张（NO.222097），面值为5 031元，到期日为2018年1月31日。

③ 2018年1月25日，将2018年1月5日的商业承兑汇票到银行贴现，贴现率为7%。

（4）转账处理。

① 2018年1月31日，经三方同意，将应向"加各公司"收取的代垫费用款中的5 000元转为

"中兴公司"的应收款项。

② 2018 年 1 月 31 日，经双方同意，将 2018 年 1 月 31 日转入的应向"中兴公司"收取的 5 000 元货款用预收款冲抵。

（5）坏账处理。

① 2018 年 1 月 24 日，将 1 月 18 日形成的应向"中兴公司"收取的应收账款 56 640 元转为坏账。

② 2018 年 1 月 31 日，收到一张转账支票（NO.89765），收回已作为坏账处理的应向"中兴公司"收取的应收账款 56 640 元。

③ 2018 年 1 月 31 日，计提坏账准备。

7.2.5　任务实施

实施要求如下。

（1）掌握应收单据的处理。

（2）掌握收款单据的处理。

（3）理解应收单据与收款单据核销的意义。

（4）掌握坏账的处理方法。

（5）备份账套。

实施的具体步骤如下。

执行"系统"/"注册"，以 admin 的身份登录，密码为空，单击"登录"按钮，则以系统管理员的身份登录"系统管理"。执行"账套"/"引入"，引入"D:\财务管理系统实训数据\616-7-1"中的数据。

将系统的时间修改为"2018-01-31"，以"201"账套主管的身份登录企业应用平台，增加销售类型。执行"应收款管理"/"应收单据处理"/"应收单据录入"，在录入销售专用发票窗口中直接单击"销售类型"后面的按钮，弹出"销售类型基本参照"窗口，单击"编辑"按钮，增加销售类型"01 普通销售"，编辑收发类别，如图 7-16 所示。单击"退出"按钮，返回"销售类型基本参照"窗口，完成销售类型的设置，如图 7-17 所示。单击"确定"按钮后退出。

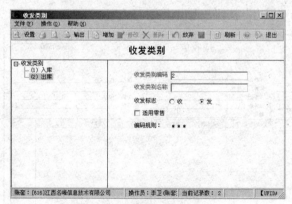

图 7-16　"收发类别"窗口

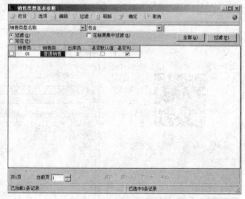

图 7-17　"销售类型基本参照"窗口

重新注册，以"206"往来核算岗位的身份登录企业应用平台，进入应收款管理系统。

1.应收单据的处理

（1）单据的录入（扫二维码 7-5）。

第 1 笔业务。

① 执行"应收款管理"/"应收单据处理"/"应收单据录入"，弹出"单

7-5　录入销售专用发票

据类别"对话框，单据类型选择"销售专用发票"，如图7-18所示。

② 单击"确定"按钮，弹出"销售发票"窗口，依据任务资料第1笔业务的内容录入，如图7-19所示。

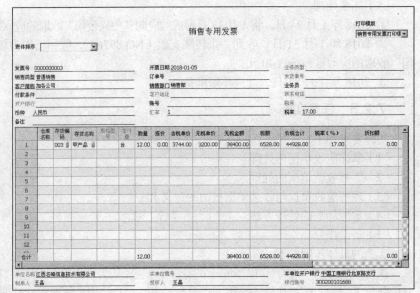

图7-18 "单据类型"窗口   图7-19 "销售专用发票"窗口

③ 单击"保存"按钮后退出。

④ 执行"日常处理"/"应收单据处理"/"应收单据录入"，弹出"单据类别"对话框，单据类型选择"其他应收单"，如图7-20所示，扫二维码7-6。

⑤ 单击"确定"按钮，在弹出的"应收单"窗口中，单击"增加"按钮，录入代垫的运费5 000元，单击"保存"按钮，如图7-21所示，单击"退出"按钮，退出该窗口。

7-6 录入其他应收单

图7-20 "单据类别"窗口   图7-21 "应收单"窗口

	◇ 在应收单保存完毕后，也可以直接审核、制单。
小提示	◇ 已审核的单据不能修改，已生成凭证或进行核销的单据在单据界面不再显示。
	◇ 已审核的单据不能直接删除，需先弃审，再删除。

第2笔业务。在"销售发票"窗口中单击"增加"按钮，依据任务资料第2笔业务的内容录入，单击"保存"按钮，如图7-22所示。

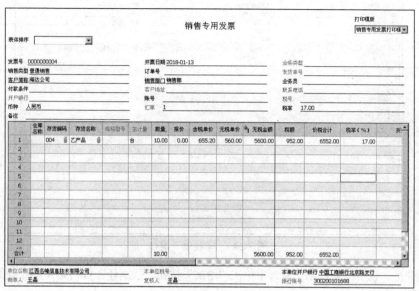

图7-22 "销售专用发票"窗口

第3笔业务。

① 在"销售发票"窗口中单击"增加"按钮，依据任务资料第3笔业务的内容录入，单击"保存"按钮，如图7-23所示。

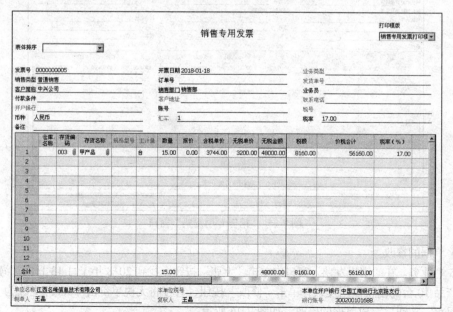

图7-23 "销售专用发票"窗口

② 单击 "退出" 按钮，执行 "应收单据处理" / "应收单据录入"，弹出 "单据类别" 对话框，单据类型选择 "其他应收单"，录入代垫运费480元，单击 "保存" 按钮，如图7-24所示，单击 "退出" 按钮，退出该窗口。

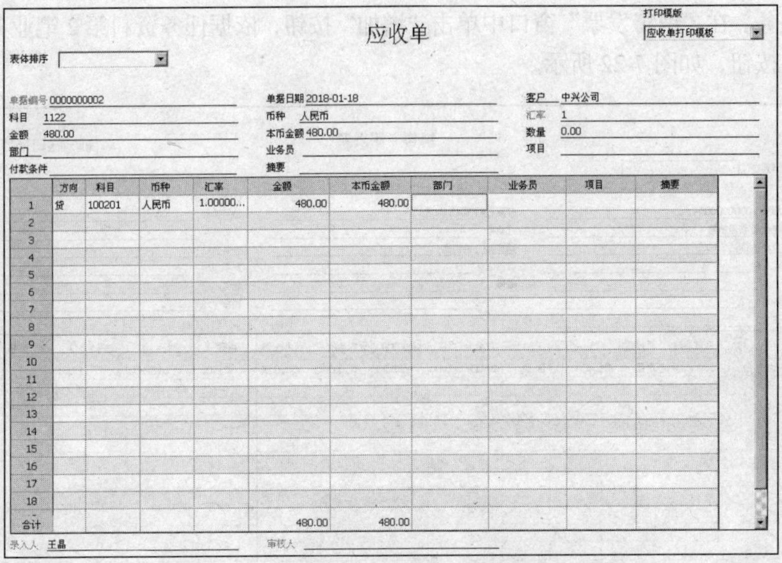

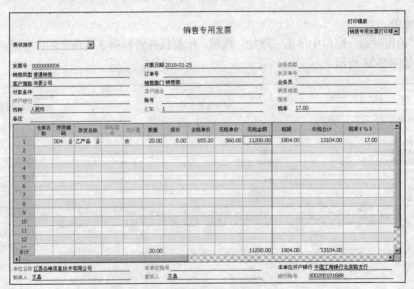

图7-24 "应收单" 窗口

第4笔业务。在 "销售发票" 窗口中单击 "增加" 按钮，依据任务资料第4笔业务的内容录入，单击 "保存" 按钮，如图7-25所示。

图7-25 "销售专用发票" 窗口

（2）单据的修改。

第5笔业务。在 "销售发票" 窗口中单击 "上张" 按钮，找到2018年1月13日向 "海达公司" 销售乙产品10台的销售专用发票，单击 "修改" 按钮，直接将无税单价由 "560" 更改为 "580"，单击 "保存" 按钮，完成单据的修改，如图7-26所示。

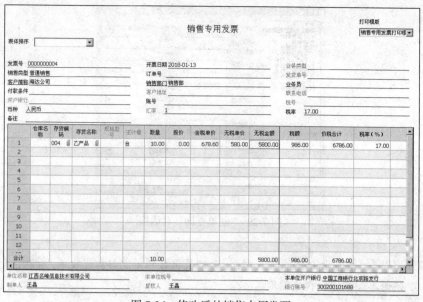

图 7-26　修改后的销售专用发票

◇ 单据在没有审核之前都可以直接修改。
◇ 单据如果已经审核并生成凭证，若要修改，则需删除凭证，取消审核后才能修改。

（3）单据的删除。

第 6 笔业务。在"销售发票"窗口中单击"上张"或"下张"按钮，找到 2018 年 1 月 25 日向"华夏公司"销售乙产品 20 台的销售专用发票，单击"删除"按钮，弹出"单据删除后不能恢复，是否继续？"提示框，如图 7-27 所示，单击"是"按钮，完成单据的删除。

图 7-27　提示框

（4）应收单据的审核（扫二维码 7-7）。

① 执行"应收单据处理"/"应收单据审核"，弹出"应收单查询条件"对话框，单击"确定"按钮，打开"单据处理"窗口，单击"全选"按钮，如图 7-28 所示。

选择	审核人	单据日期	单据类型	单据号	客户名称	部门	业务员	制单人	币种
Y		2018-01-05	其他应收单	0000000001	北京加客公司			王晶	人民币
Y		2018-01-05	销售专...	0000000003	北京加客公司	销售部		王晶	人民币
Y		2018-01-13	销售专...	0000000004	天津海达公司	销售部		王晶	人民币
Y		2018-01-18	其他应收单	0000000002	上海中兴公司			王晶	人民币
Y		2018-01-18	销售专...	0000000005	上海中兴公司	销售部		王晶	人民币
合计									

图 7-28　"单据处理"窗口

② 单击"审核"按钮，系统弹出审核结果提示框，单击"确定"按钮，完成单据的审核。在"审核人"栏中会有"王晶"字样，单击"退出"按钮，返回应收款管理系统主界面。

（5）应收单据的制单（扫二维码 7-8）。

① 执行"应收款管理"/"制单处理"，弹出"制单查询"对话框，选择"发票制单"和"应收单制单"，如图 7-29 所示。

7-7　应收单据的审核

7-8　应收单据的制单

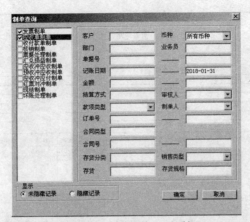

图 7-29 "制单查询"对话框

 小提示 ✧ 在应收单据的录入中，因为涉及销售专用发票和应收单，所以在此选择"发票制单"和"应收单制单"。

② 单击"确定"按钮，弹出"制单"窗口，将凭证类别修改为"转账凭证"，单击"全选"按钮，如图 7-30 所示。

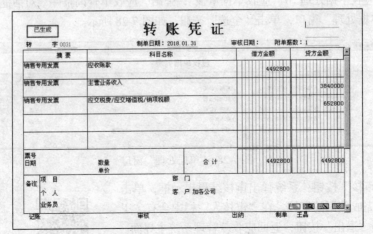

图 7-30 "制单"窗口

③ 单击"制单"按钮，系统弹出第 1 笔业务的凭证，单击"保存"按钮，如图 7-31 所示。

图 7-31 第 1 笔业务生成的凭证

④ 单击"下张凭证"按钮，修改凭证类别和会计科目，完成所有应收单据的制单。其中，第 1 笔业务代垫运费生成的凭证如图 7-32 所示。

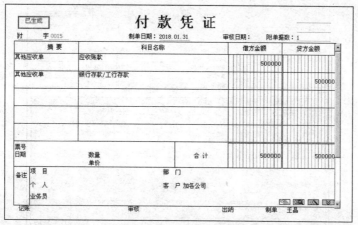

图 7-32　第 1 笔业务代垫运费生成的凭证

⑤ 单击"退出"按钮，退出"制单"窗口。

2. 收款单据的处理

（1）收款单据的录入（扫二维码 7-9）。

7-9　收款单据的录入

第 1 笔业务。执行"应收款管理"/"收款单据处理"/"收款单据录入"，打开"收付款单录入"窗口，单击"增加"按钮，依据任务资料收款单据处理中第 1 笔业务的内容录入，单击"保存"按钮，如图 7-33 所示。

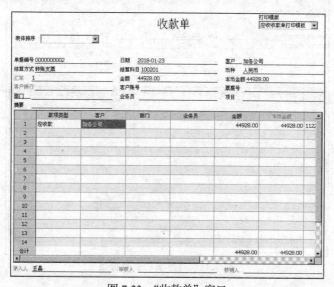

图 7-33　"收款单"窗口

✦　在收款单录入保存后，也可以直接审核、制单。

✦　收到客户款项时，该款项有 3 种用途：一是客户结算所欠货款；二是客户提前支付的预付款；三是用于支付其他费用。

✦　对单据进行修改、删除的操作同应收单据的处理。

✦　单据编号不能修改。

第 2 笔业务。在"收付款单录入"窗口中单击"增加"按钮，根据任务资料收款单据处理录入第 2 笔业务的各项内容，单击"保存"按钮，如图 7-34 所示。

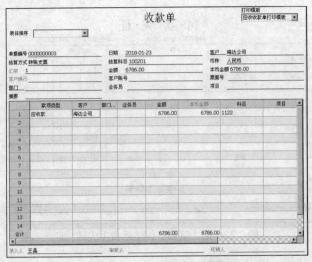

图7-34 "收款单"窗口

（2）收款单据的修改。在"收付款单录入"窗口中单击"上张"按钮，找到"加各公司"以转账支票的方式支付的收款单，单击"修改"按钮，将表头的金额修改为"48 000"，单击表体的第一行，修改其金额为"48 000"，单击"保存"按钮，如图7-35所示。

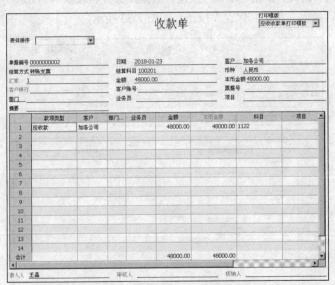

图7-35 修改第一笔收款单

（3）收款单据的审核。执行"收款单据处理"/"收款单据审核"，弹出"收款单查询条件"对话框，单击"确定"按钮，打开"收付款单列表"窗口，单击"全选"按钮，再单击"审核"按钮，弹出"审核"信息提示框，单击"确定"按钮，如图7-36所示。单击"退出"按钮，返回主界面。

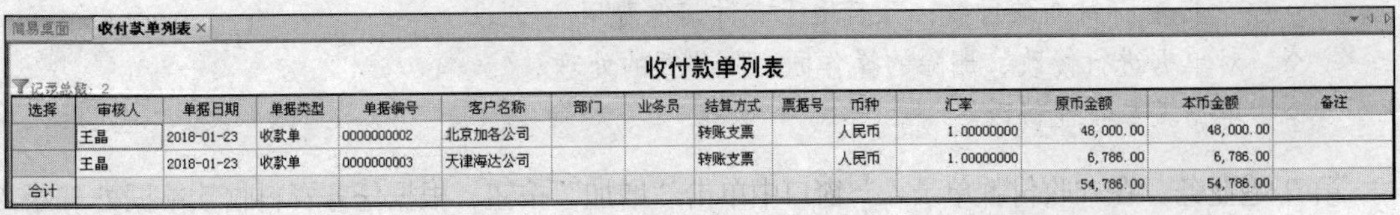

选择	审核人	单据日期	单据类型	单据编号	客户名称	部门	业务员	结算方式	票据号	币种	汇率	原币金额	本币金额	备注
	王晶	2018-01-23	收款单	0000000002	北京加各公司			转账支票		人民币	1.00000000	48,000.00	48,000.00	
	王晶	2018-01-23	收款单	0000000003	天津海达公司			转账支票		人民币	1.00000000	6,786.00	6,786.00	
合计												54,786.00	54,786.00	

图7-36 "收付款单列表"窗口

（4）收款单据的制单（扫二维码 7-10）。

① 执行"应收款管理"/"制单处理"，弹出"制单查询"对话框，选择"收付款单制单"，如图 7-37 所示。

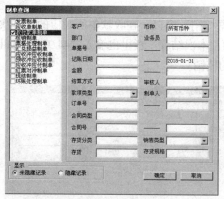

图 7-37 "制单查询"对话框

7-10 收款单据的制单

② 单击"确定"按钮，进入"制单"窗口，选择凭证类别为"收款凭证"，单击"全选"按钮，如图 7-38 所示。

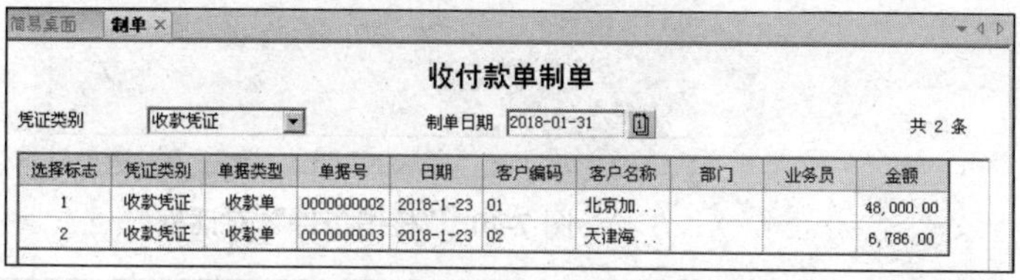

收付款单制单

凭证类别 收款凭证   制单日期 2018-01-31   共 2 条

选择标志	凭证类别	单据类型	单据号	日期	客户编码	客户名称	部门	业务员	金额
1	收款凭证	收款单	0000000002	2018-1-23	01	北京加…			48,000.00
2	收款凭证	收款单	0000000003	2018-1-23	02	天津海…			6,786.00

图 7-38 "收付款单制单"窗口

③ 单击"制单"按钮，弹出"填制凭证"窗口，单击"保存"按钮，如图 7-39 所示。

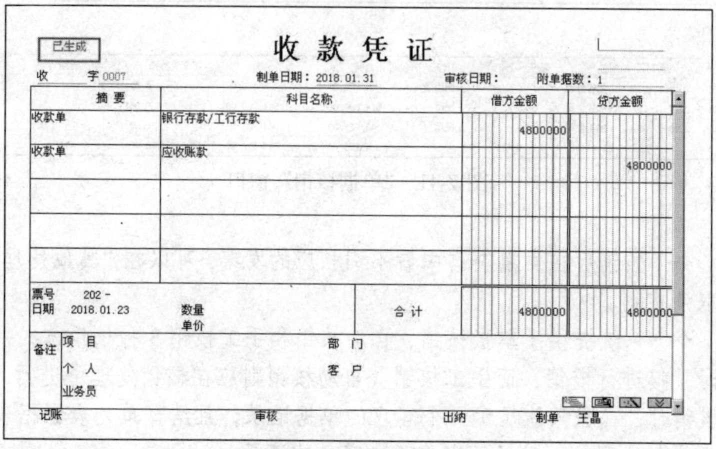

收 款 凭 证

已生成

收 字 0007   制单日期：2018.01.31   审核日期：   附单据数：1

摘 要	科目名称	借方金额	贷方金额
收款单	银行存款/工行存款	4800000	
收款单	应收账款		4800000

票号 202-
日期 2018.01.23   数量
单价   合 计   4800000   4800000

备注 项 目   部 门
个 人   客 户
业务员

记账   审核   出纳   制单 王晶

图 7-39 收款单生成的凭证

④ 单击"下张凭证"按钮，单击"保存"按钮，完成所有收款单的制单。

小提示   ❖ 如果凭证出现错误，可以执行"单据查询"/"凭证查询"，在"凭证查询"窗口中对已生成凭证进行修改、删除和冲销。

3. 收款单据的核销（扫二维码7-11）

第3笔业务。

① 执行"核销处理"/"手工核销"，弹出"核销条件"对话框，在"客户"栏里选择"01-北京加各公司"，如图7-40所示。

② 单击"确定"按钮，打开"单据核销"窗口，在收款单所对应的"本次结算金额"栏内输入"44 928"，在销售专用发票所对应的"本次结算"栏里也输入"44 928"，如图7-41所示。

③ 单击"保存"按钮，完成单据的核销。

7-11 收款单据的核销

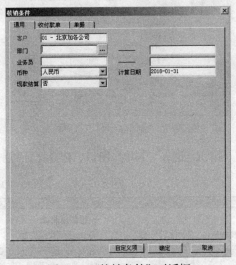

图7-40 "核销条件"对话框

单据日期	单据类型	单据编号	客户	款项类型	结算方式	币种	汇率	原币金额	原币余额	本次结算金额	订单号
2018-01-23	收款单	0000000002	加各公司	应收款	转账支票	人民币	1.00000000	48,000.00	48,000.00	44,928.00	
合计								48,000.00	48,000.00	44,928.00	

单据日期	单据类型	单据编号	到期日	客户	币种	原币金额	原币余额	可享受折扣	本次折扣	本次结算	订单号	凭证号
2018-01-05	其他应收单	0000000001	2018-01-05	加各公司	人民币	5,000.00	5,000.00	0.00				付-0015
2017-11-12	销售专...	0000000001	2017-11-12	加各公司	人民币	514,800.00	514,800.00	0.00				
2018-01-05	销售专...	0000000003	2018-01-05	加各公司	人民币	44,928.00	44,928.00	0.00	0.00	44,928.00		转-0031
合计						564,728.00	564,728.00	0.00		44,928.00		

图7-41 "单据核销"窗口

◇ 核销后在发票查询中看不到相应的发票，可以在"其他处理"/"取消操作"中取消核销。

◇ 系统提供了单张核销、自动核销和手工核销3种核销方式，单张核销可以在填制付款单时直接进行核销，而手工核销及自动核销则应在核销处理中进行。

◇ 手工核销时，一次只能显示一个客户的单据记录，且结算单列表根据表体记录明细显示。当结算单有代付处理时，只显示当前所选客户的记录。

◇ 手工核销保存时，若结算单列表的本次结算金额合计不等于被核销单据列表的本次结算金额合计，系统将提示用户：结算金额不相等，不能保存。

◇ 自动核销可对多个客户进行核销处理，依据核销规则对客户单据进行核销处理。

◇ 自动核销允许在取消操作中按客户分别进行取消核销处理。

4．票据管理

票据管理主要是对商业承兑汇票和银行承兑汇票进行日常的业务处理，所有涉及票据的收入、结算、贴现、背书、转出、计息等处理都应该在票据管理中进行。

（1）票据增加（扫二维码7-12）。

① 执行"应收款管理"/"票据管理"，弹出"查询条件选择"对话框，单击"确定"按钮，打开"票据管理"窗口。单击"增加"按钮，录入"加各公司"签发并承兑的商业承兑汇票一张（NO.234987），面值为10 000元，单击"保存"按钮，如图7-42所示。

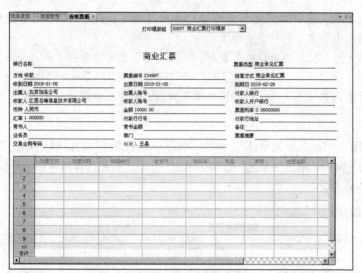

7-12　票据的增加

图 7-42　"应收票据"窗口

② 单击"增加"按钮，录入"中兴公司"签发并承兑的商业承兑汇票 1 张（NO.222097），面值为5 031元，单击"保存"按钮，如图7-43所示。

图 7-43　"应收票据"窗口

③ 单击"退出"按钮，返回"票据管理"窗口。单击"刷新"按钮，显示刚才增加的票据，如图7-44所示。

简易桌面 票据管理

票据总数：2

票据管理

记录总数：2

选择	序号	方向	票据类型	收到日期	票据编号	银行名称	票...	币种	出票日期	结算方式	背书人	背书...	金额	汇率	票面利率	票面余额	出票人
	1	收款	商业承...	2018-1-5	234987			人民币	2018-1-5	商业承...			10,000.00	1.00000000	0	10,000.00	北京加各公司
	2	收款	商业承...	2018-1-8	222097			人民币	2018-1-8	商业承...			5,031.00	1.00000000	0	5,031.00	上海中兴公司
合计												0.00	15,031.00			15,031.00	

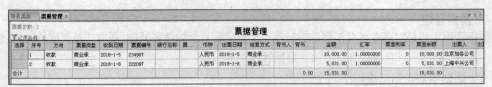

图 7-44 “票据管理”窗口

小提示

✧ 在“票据管理”窗口中可以对票据进行增加、修改、删除、贴现、背书、转出等处理。

✧ 票据贴现是指持票人因急需资金，将未到期的承兑汇票背书后转让给银行，贴给银行一定利息后收取剩余票款的业务活动。

✧ 票据背书是指当无法支付其他单位的欠款时，可以将自己拥有的票据背书，冲减自己的应付款。

✧ 当票据到期，而承兑单位无法付款时，应将票据转出，转为应收账款。

（2）审核票据。

① 执行“收款单据处理”/“收款单据审核”，弹出“收款单查询条件”对话框，单击“确定”按钮，打开“收付款单列表”窗口，单击“全选”按钮，单击“审核”按钮，弹出审核结果提示框，单击“确定”按钮，如图 7-45 所示。

简易桌面 收付款单列表

收付款单列表

记录总数：2

选择	审核人	单据日期	单据类型	单据编号	客户名称	部门	业务员	结算方式	票据号	币种	汇率	原币金额	本币金额	备注
	王晶	2018-01-05	收款单	0000000005	北京加各公司			商业承...	234987	人民币	1.000...	10,000.00	10,000.00	
	王晶	2018-01-08	收款单	0000000006	上海中兴公司			商业承...	222097	人民币	1.000...	5,031.00	5,031.00	
合计												15,031.00	15,031.00	

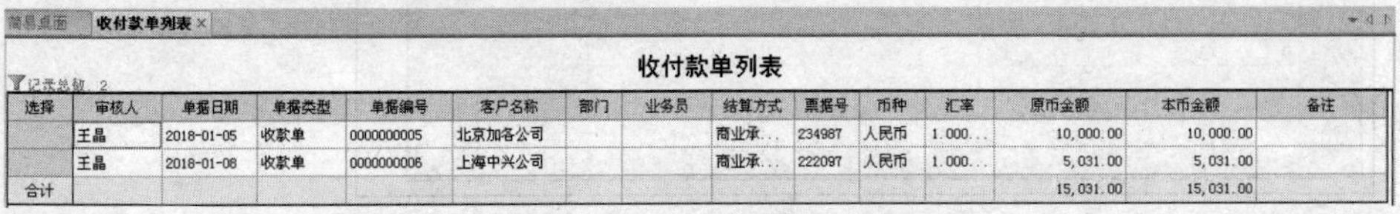

图 7-45 “收付款单列表”窗口

② 单击“退出”按钮后退出。

（3）票据的制单（扫二维码 7-13）。

① 执行“应收款管理”/“制单处理”，弹出“制单查询”对话框，选择“收付款制单”，单击“确定”按钮，在弹出的“制单”窗口中单击“全选”按钮，将凭证类别修改为“转账凭证”，单击“制单”按钮，弹出“填制凭证”窗口，单击“保存”按钮，单击“下张凭证”按钮，单击“保存”按钮，完成两张票据的制单，如图 7-46 和图 7-47 所示。

7-13 票据的制单

转账凭证

已生成

转 字 0034 制单日期：2018.01.31 审核日期： 附单据数：1

摘要	科目名称	借方金额	贷方金额
收款单	应收票据	1000000	
收款单	应收账款		1000000
票号 234987 日期 2018.01.31	数量 单价 合计	1000000	1000000

备注 项目 部门

个人 客户 加各公司

业务员

记账 审核 出纳 制单 王晶

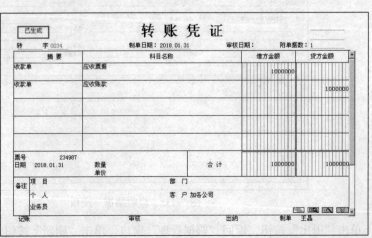

图 7-46 收到加各公司汇票生成的凭证

② 单击"退出"按钮，退出"制单"窗口。

（4）票据的贴现（扫二维码 7-14）。

① 执行"应收款管理"/"票据管理"，在打开的"票据管理"窗口中选中北京加各公司签发的商业承兑汇票，单击"贴现"按钮，在打开的"票据贴现"对话框中输入贴现日期、贴现率、结算科目等内容，系统自动计算贴现息和贴现净额，如图 7-48 所示。

7-14　票据的贴现

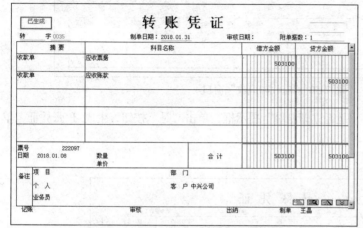

图 7-47　收到中兴公司汇票生成的凭证

图 7-48　"票据贴现"对话框

② 单击"确定"按钮，弹出"是否立即制单"提示框，单击"是"按钮，打开"填制凭证"窗口，修改凭证类别和会计科目，单击"保存"按钮，如图 7-49 所示。

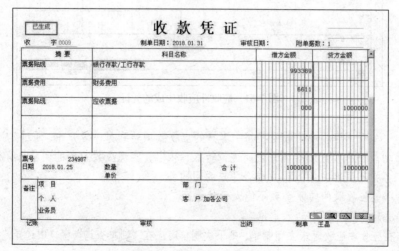

图 7-49　票据贴现生成的凭证

5. 转账处理

（1）应收冲应收（扫二维码 7-15）。

① 执行"转账"/"应收冲应收"，打开"应收冲应收"窗口，在转入区域的客户栏里参照选择"03 中兴公司"，在中间区域的客户栏里参照选择"01 加各公司"。单击"查询"按钮，在"其他应收单"对应的"并账金额"栏中录入"5 000"，如图 7-50 所示。

7-15　应收冲应收

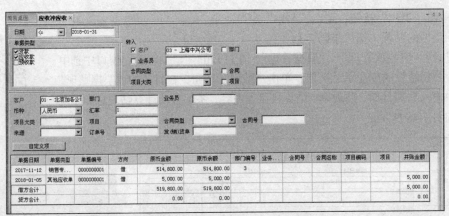

图 7-50 "应收冲应收"窗口

② 单击"保存"按钮，弹出"是否立即制单"提示框，单击"是"按钮，生成 1 张凭证，单击"保存"按钮，如图 7-51 所示。

③ 单击"退出"按钮后退出。

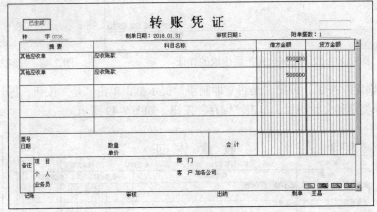

图 7-51 应收冲应收生成的凭证

✧ 应收冲应收是指将一客户的应收款项转到另一客户中，通过"应收冲应收"功能将应收账款在客户之间进行转入、转出，实现应收业务的调整，解决应收款业务在不同客户间入错户或合并户的问题。

✧ 每一笔应收款的转账金额不能大于其金额。

✧ 每次只能选择一个转入单位。

✧ 若在应收冲应收时未立即制单，则下次制单时应在"制单查询"窗口中选择"并账制单"。

（2）预收冲应收（扫二维码 7-16）。

① 执行"转账"/"预收冲应收"，弹出"预收冲应收"对话框，在"预收款"标签项中单击"客户"栏参照选择"03-上海中兴公司"，单击"过滤"按钮，系统将显示该客户所有满足条件的预收款的日期、结算方式、金额等项目。在"转账金额"栏里输入"5 000"，如图 7-52 所示。

② 单击"应收款"标签项，单击"客户"栏参照选择"03-上海中兴公司"，单击"过滤"按钮，系统将显示该客户所有满足条件的应收款的日期、结算方式、金额等项目。在"其他应收单"所对应的"转账金额"栏里输入"5 000"，如图 7-53 所示。

7-16 预收冲应收

图 7-52 "预收冲应收—预收款"标签项

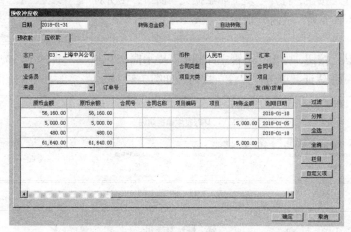

图 7-53 "预收冲应收—应收款"标签项

③ 单击"确定"按钮，弹出"是否立即制单"提示框，单击"是"按钮，系统生成一张凭证，单击"保存"按钮，如图 7-54 所示。

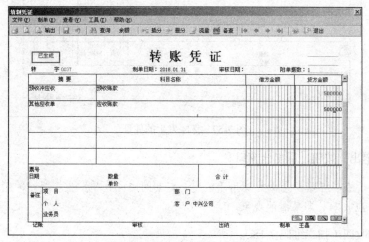

图 7-54 预收冲应收生成的凭证

④ 单击"退出"按钮后退出。

◇ 转账处理主要是针对应收款项与其他款项之间的转账业务，主要包括应收冲应收业务、预收冲应收业务、应收冲应付业务和红票对冲业务的处理。

◇ "应收冲应付"功能用于实现用客户的应收款项来冲抵供应商的应付款项。

◇ "红票对冲"功能可用来实现客户的红字应收单据与其蓝字应收单据、收款单与付款单之间的冲抵操作。

7-17 坏账的发生

6. 坏账处理

坏账是指无法收回的应收账款。坏账处理主要包括坏账的发生、坏账的收回、计提坏账准备及坏账的查询等工作。

（1）坏账的发生（扫二维码7-17）。

① 执行"坏账处理"/"坏账发生"，弹出"坏账发生"对话框。单击"客户"栏中的参照按钮，选择"03-上海中兴公司"，如图7-55所示。

② 单击"确定"按钮，打开"发生坏账损失"窗口，在所对应的"本次发生坏账金额"栏内分别输入"56 160"和"480"，如图7-56所示。

③ 单击"确认"按钮，弹出"是否立即制单"提示框，单击"是"按钮，生成一张凭证，单击"保存"按钮，如图7-57所示。

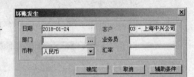

图7-55 "坏账发生"对话框

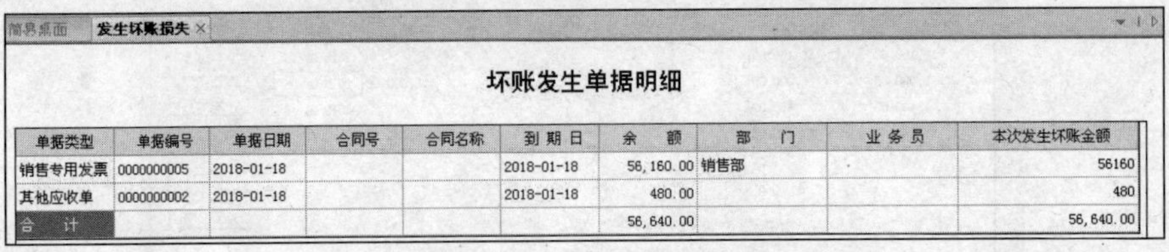

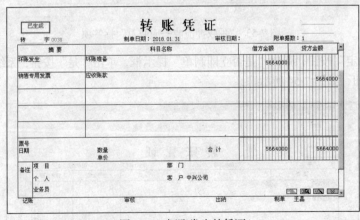

图7-56 "发生坏账损失"窗口

图7-57 坏账发生的凭证

④ 单击"退出"按钮，退出该窗口。

◇ 坏账发生的处理用于确定一定期间内应收款发生坏账时冲销坏账准备，避免应收款长期呆滞的现象。

（2）坏账的收回（扫二维码7-18）。

① 执行"收款单据处理"/"收款单录入"，录入1张收款单，该收款单的金额即为收回的坏账金额。**该收款单不需要审核，如图7-58所示。单击"退出"按钮，退出该窗口。**

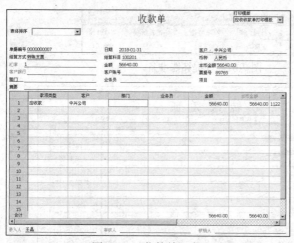

7-18 坏账的收回

图 7-58 "收款单"窗口

② 执行"坏账处理"/"坏账收回",弹出"坏账收回"对话框,单击"客户"栏中的参照按钮,选择"03-上海中兴公司",单击"结算单号"栏中的参照按钮,选择结算单,如图 7-59 所示。

③ 单击"确定"按钮,提示"是否立即制单"提示框,单击"是"按钮,生成 1 张凭证,单击"保存"按钮,如图 7-60 所示。

图 7-59 "坏账收回"对话框

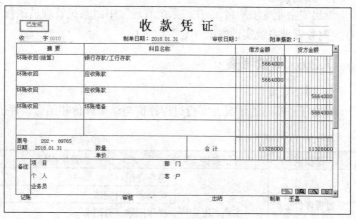

图 7-60 坏账收回的凭证

④ 单击"退出"按钮,退出该窗口。

◇ 坏账收回是系统提供的对已确定为坏账后又被收回的应收款进行处理的功能。

◇ 在录入一笔坏账收回的款项时,应该注意不要把客户其他的收款业务与该笔坏账收回业务录入到一张收款单中。

(3)计提坏账准备(扫二维码 7-19)。

① 执行"坏账处理"/"计提坏账准备",系统自动计算出当年应收账款的余额,并根据初始设置中的计提比率计算出本次计提坏账金额,如图 7-61 所示。

② 单击"确认"按钮,系统提示"是否立即制单"提示框,单击"是"按钮,生成一张凭证,单击"保存"按钮,如图 7-62 所示。

7-19 计提坏账

图 7-61　计提坏账准备

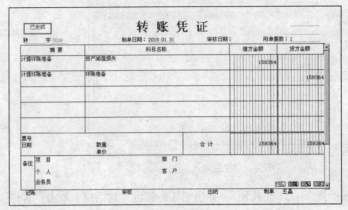

图 7-62　计提坏账准备生成的凭证

③ 单击"退出"按钮，退出该窗口。

7. 账套备份

退出"企业应用平台"，在"系统管理"中由系统管理员执行"账套"/"输出"，将数据存储在"D：\财务管理系统实训数据\616-7-2"中。

7.2.6　评价考核

1. 评价标准

根据任务实施的情况，实行过程评价与结果评价相结合。评价标准如表 7-7 所示。

表 7-7　　　　　　　　　　　　　　　　　评价标准

评价类别	评价属性	评价指标	分数
过程评价 （40%）	实训态度	遵章守纪	10
		按要求及时完成	10
		操作细致、有耐心	10
		独立完成	10
		小计	40
结果评价 （60%）	实施效果	应收单据处理正确	15
		收款单据处理正确	15
		能够熟练地进行票据管理	10
		转账及坏账处理正确	20
		小计	60

2. 评定等级

根据得分情况评定等级，如表 7-8 所示。

表 7-8　　　　　　　　　　　　　　　　　评定等级

等级标准	优	良	中	及格	不及格
分数区间	90 分以上	80～89 分	70～79 分	60～69 分	60 分以下
实际得分					

任务 7.3 | 往来核算岗位——应收款管理系统月末处理

云班课——线上导航（邀请码 348846）

项目七 应收款管理系统				任务 7.3 往来核算岗位—— 应收款管理系统月末处理		
翻转课堂	对象 性质 场景		学生	教师		互动
前置 学习	线上 云班课	探索	学习 资源	**认知** 应收款管理系统月末 业务内容	建立 资源	**构建** 应收款管理系统资源库	沟通	**调查** 知识理解、技能掌握 程度
空 间 分 布	前置 学习	线上 云班课	探索	学习 资源	**观看** 应收款管理系统月末 业务处理的操作视频	建立 资源	**上传** 拍摄操作视频并整理相应 的学习资料	课前 学习 评价	学生自评
									教师测评
	课中 学习	线下 机房 实训	归纳、 导学	交流 互动	**模拟** 1. 单据与账表的查询 2. 取消操作 3. 结账与反结账	交流 互动	**演示** 应收款管理系统月末业务 处理操作	检测 效果	**跟踪** 学生团队、学生个人 学习效果
				学习 检测	**问题提出** 知识问题、技能问题	学习 检测	**答疑解惑** 知识体系的剖析、技能操 作的演示、常见错误的原 因、解决问题的方法	知识 的内 化与 应用	教师讲解剖析
									学生理解掌握
	课后 学习	线上 云班课	演绎、 拓展	学习 巩固	**巩固** 单项实训	评价 学习 效果	**评价** 通过练习、测试评价学习 效果	拓展	拓展练习
									拓展测试
				学习 拓展	**测试** 综合实训	资源 推荐	**共享** 相关资源链接	课后 反馈	信息化工具交流

7.3.1 工作情境

1 月日常业务的处理已经结束了，需要将本月的数据进行月末处理并结转至下月。考虑到数据的完整性，在总账系统结账前，应收款管理系统必须先结账。

7.3.2 岗位描述

往来核算岗位主要负责对企业的往来业务进行核算。企业与客户和供应商之间的业务交易，称为往来。他们之间因赊销、赊购商品或提供、接受劳务而发生的将要在一定时期内收回或支付款项的核算，称为往来核算。往来核算岗位除了处理应收款管理系统的日常业务外，还可以进行期末业务的处理。

7.3.3 背景知识

应收款管理系统的期末处理主要包括汇兑损益、单据查询、账表查询和结账。

如果客户往来有外币核算，且在总账中"账簿选项"选取客户往来由"应收系统"核算，则在此计算外币单据的汇兑损益并对其进行相应的处理。在使用本功能之前，应首先在系统选项中选择汇兑损益的处理方法。本企业往来业务中没有外币核算，所以不需要处理汇兑损益。

如果确认本月的各项业务处理已经结束，可以选择执行月末结账功能。结账后本月不能再进行单据、票据、转账等业务的增加、删除、修改和审核等处理。如果用户觉得某月的月末结账有错误，可以取消月末结账。但取消月末结账操作只有在该月总账未结账时才能进行。如果启用了销售管理系统，则需等销售管理系统结账后，应收款管理系统才能结账。

7.3.4 工作任务

1. 任务内容

（1）单据查询。

（2）账表查询。

（3）结账与反结账。

（4）数据备份。

2. 任务资料

（1）查询1月5日，收到"加各公司"签发并承兑的商业承兑汇票所生成的单据。

（2）查询凭证。

（3）查询账表。

（4）结账与反结账。

7.3.5 任务实施

实施要求如下。

（1）理解月末处理的意义。

（2）熟悉各类单据和账表的查询操作。

（3）掌握结账与反结账的操作方法。

（4）备份账套。

实施的具体步骤如下。

执行"系统"/"注册"，以 admin 的身份登录，密码为空，单击"登录"按钮，则以系统管理员的身份登录"系统管理"。执行"账套"/"引入"，引入"D：\财务管理系统实训数据\616-7-2"中的数据。

以"206"往来核算岗位的身份登录企业应用平台，进入应收款管理系统。

1. 单据的查询

（1）执行"单据查询"/"收付款单查询"，弹出"查询条件选择—收付款单查询"对话框，单击"确定"按钮，弹出"单据查询结果列表"窗口，如图 7-63 所示。

选择打印	单据日期	单据类型	单据编号	客户	币种	汇率	原币金额	原币余额	本币金额	本币余额	打印次数
	2018-01-05	收款单	0000000005	北京加各公司	人民币	1.00000000	10,000.00	10,000.00	10,000.00	10,000.00	0
	2018-01-08	收款单	0000000006	上海中兴公司	人民币	1.00000000	5,031.00	5,031.00	5,031.00	5,031.00	0
	2018-01-23	收款单	0000000002	北京加各公司	人民币	1.00000000	48,000.00	3,072.00	48,000.00	3,072.00	0
	2018-01-23	收款单	0000000003	天津海达公司	人民币	1.00000000	6,786.00	6,786.00	6,786.00	6,786.00	0
合计							69,817.00	24,889.00	69,817.00	24,889.00	

图 7-63 "单据查询结果列表"窗口

（2）单击选择"单据日期"为"2018-01-05"的这张收款单，单击"单据"按钮，弹出"单据查询"窗口，如图 7-64 所示。

（3）单击"退出"按钮，返回"单据查询结果列表"窗口，单击"凭证"按钮，弹出"联查凭证"窗口，如图 7-65 所示。

（4）执行"单据查询"/"凭证查询"，弹出"凭证查询条件"对话框，凭证类型与业务类型均选择"全部"，单击"确定"按钮，弹出"凭证查询"窗口，如图 7-66 所示。在该窗口中可以对凭证进行删除、修改、冲销等操作。

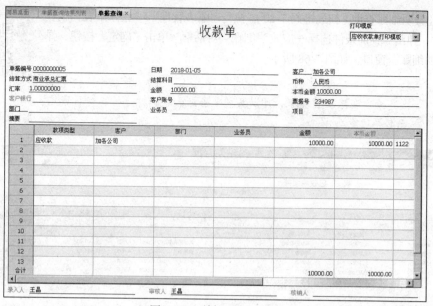

图 7-64 "单据查询"窗口

图 7-65 "联查凭证"窗口

图 7-66 "凭证查询"窗口

 小提示

✧ 在单据查询中，可以完成发票查询、应收单查询、收付款单查询、凭证查询、单据报警查询、信用报警查询和应收核销明细表等功能。

2. 账表的查询

（1）业务总账查询。执行"账表管理"/"业务账表"/"业务总账"，弹出"查询条件选择—应收总账表"对话框，单击"确定"按钮，弹出"应收总账表"窗口，如图 7-67 所示。

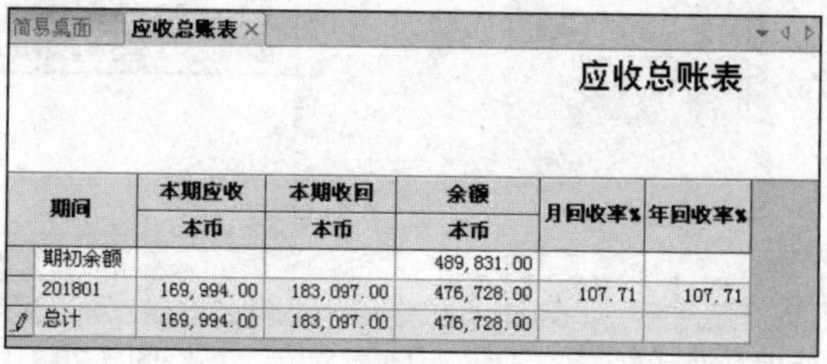

期间	本期应收 本币	本期收回 本币	余额 本币	月回收率%	年回收率%
期初余额			489,831.00		
201801	169,994.00	183,097.00	476,728.00	107.71	107.71
总计	169,994.00	183,097.00	476,728.00		

图 7-67 "应收总账表"窗口

（2）业务明细账查询（扫二维码7-20）。执行"账表管理"/"业务账表"/"业务明细账"，弹出"查询条件选择—应收明细账"对话框，单击"确定"按钮，弹出"应收明细账"窗口，如图7-68所示。

7-20 业务明细账查询

◇ 在账表管理中，可以实现业务账表、统计分析和科目账查询等功能。

图7-68 "应收明细账"窗口

3. 结账（扫二维码7-21）

（1）执行"期末处理"/"月末结账"，弹出"月末处理"对话框，在一月所对应的"结账标志"栏内双击，出现"Y"字，如图7-69所示。

（2）单击"下一步"按钮，系统显示月末处理结果，如图7-70所示。

（3）单击"完成"按钮，弹出"1月份结账成功"提示框，单击"确定"按钮，完成结账工作。

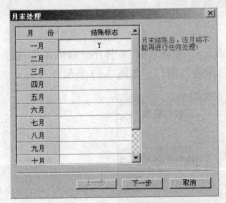

图7-69 "月末处理"对话框

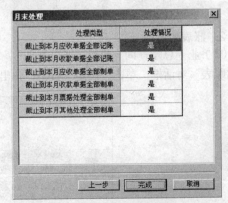

图7-70 月末处理结果

◇ 在月末处理结果中，有一项未通过都不能结账。

◇ 进行月末处理时，一次只能选择一个月进行结账。

◇ 前一个月末结账，则本月不能结账。

◇ 结算单还有未审核的，不能结账；有未制单的，不能结账。

◇ 如果结账期间为 12 月，则本年度进行的所有核销、坏账、转账等处理必须制单，否则不能向下一个年度结转，而且对于本年度外币余额为 0 的单据必须将本币余额结转为 0，即必须执行汇兑损益。

4．反结账（扫二维码 7-21）

在使用了"月末结账"功能后，发现该月还有未处理的业务或有错误的操作，可以执行取消结账处理。

（1）执行"期末处理"/"取消月结"，弹出"取消结账"对话框，选择显示"已结账"的一月，单击"确定"按钮，弹出"取消结账成功"提示框，如图 7-71 所示。

7-21 结账与反结账

（2）单击"确定"按钮，完成取消结账。

5．账套备份

退出"企业应用平台"，在"系统管理"中由系统管理员执行"账套"/"输出"，将数据存储在"D：\财务管理系统实训数据\616-7-3"中。

图 7-71 "取消结账成功"提示框

7.3.6 评价考核

1．评价标准

根据任务实施的情况，实行过程评价与结果评价相结合。评价标准如表 7-9 所示。

表 7-9 评价标准

评价类别	评价属性	评价指标	分数
过程评价（40%）	实训态度	遵章守纪	10
		按要求及时完成	10
		操作细致、有耐心	10
		独立完成	10
		小计	40
结果评价（60%）	实施效果	掌握月末处理的业务内容	15
		月末处理的流程正确	30
		结账与反结账的处理正确	15
		小计	60

2．评定等级

根据得分情况评定等级，如表 7-10 所示。

表 7-10 评定等级

等级标准	优	良	中	及格	不及格
分数区间	90 分以上	80～89 分	70～79 分	60～69 分	60 分以下
实际得分					

项目八
财务管理系统期末处理

在财务管理系统中，启用了除总账以外的各个子系统，在每个系统中进行业务处理后都会生成凭证，这些凭证会自动地传递到总账的未记账凭证库文件中去，需要由具有相应权限岗位的人员对相关的凭证进行审核、记账，将所有的工作处理完毕后，这个月的业务才能结束，总账才能结账，总账结账之前要确保其他系统均已结账。

任务 8.1 账套主管岗位——期末结转业务

云班课——线上导航（邀请码 348846）

项目八　财务管理系统期末处理				任务 8.1　账套主管岗位——期末结转业务		
翻转课堂	对象 性质 场景		学生	教师		互动
前置 学习	线上 云班课	探索	学习 资源	**认知** 财务管理系统期末结转 业务的内容	建立 资源	**构建** 财务管理系统资源库	沟通	**调查** 知识理解、技能掌握 程度
				观看 财务管理系统期末结转 业务的操作视频		**上传** 拍摄操作视频并整理相应 的学习资料	课前 学习 评价	学生自评
								教师测评
空间 分布	课中 学习	线下 机房 实训	归纳、 导学	交流 互动	**模拟** 1. 结转前数据的处理 2. 数据处理的流程 3. 期末转账生成	交流 互动	**演示** 财务管理系统期末结转业 务操作	检测 效果	**跟踪** 学生团队、学生个人 学习效果
				学习 检测	**问题提出** 知识问题、技能问题	学习 检测	**答疑解惑** 知识体系的剖析、技能操 作的演示、常见错误的原 因、解决问题的方法	知识 的内 化与 应用	教师讲解剖析
									学生理解掌握
	课后 学习	线上 云班课	演绎、 拓展	学习 巩固	**巩固** 单项实训	评价 学习 效果	**评价** 通过练习、测试评价学习 效果	拓展	拓展练习
									拓展测试
				学习 拓展	**测试** 综合实训	资源 推荐	**共享** 相关资源链接	课后 反馈	信息化工具交流

8.1.1 工作情境

其他系统中发生的业务生成凭证后，需要在总账中进一步进行处理，涉及现金、银行存款业务的要由出纳签字，所有的凭证均需要主管进行审核、记账。除此之外，还需要特别注意期间损益的结转顺序。期末的时候，在手工处理方式下，会计的工作量特别大，好在现在企业有用友 ERP-U8

系统。不过，主管在这个时候也要特别仔细，要注意业务处理的先后顺序，否则数据会出现错误。

8.1.2 岗位描述

出纳岗位的主要任务是负责货币资金的收发核算，及时对库存现金和银行存款的收付业务进行核算和检查，确保企业财产物资的安全、完整。出纳工作，是按照有关规定和制度，办理本单位的库存现金收付、银行结算等有关业务，保管库存现金、有价证券、财务印章及有关票据等工作的总称。出纳可以进行出纳签字、银行对账等工作。

审核记账岗位的主要任务是审核制单是否正确，凭证中所列示的各个项目是否已经填写齐全、完整，有关经办人员是否按照规定的手续和程序在记账凭证上签章、完成记账（将凭证数据转载到规定格式的账簿上去）、账簿管理和结账工作。该岗位的操作是否正确，直接关系到账簿和会计报表的数据是否正确。该岗位也可以由账套主管兼任。

账套主管是针对某个账套的管理员。在账套中，账套主管起着统领作用，负责账套操作员的管理和基础数据环境的建立，主要包括系统设置、基础资料设置和初始化数据输入等整个账套前期的工作过程，这个过程称为系统的初始化。账套主管的主要任务是负责账套操作员的管理和基础数据环境的建立，到了期末，主要负责数据的汇总、对账、结账与反结账工作。

8.1.3 背景知识

对其他系统中传递过程的凭证要进行查询、审核、记账，这些凭证可能会涉及损益类账户，所以要注意先将损益类账户结转到"本年利润"账户中去，再重新计算所得税并结转"本年利润"到"利润分配—未分配利润"账户中去。

8.1.4 工作任务

1．任务内容

（1）删除凭证。

（2）对其他系统中传递来的凭证进行审核、记账。

（3）期末转账生成。

（4）数据备份。

2．任务资料

（1）删除转账凭证 0006～0009。

（2）结转"制造费用"，按产品工时分配，甲产品耗用工时 7 000 小时，乙产品耗用工时 3 000 小时。

（3）对所有其他系统传递过来的未记账凭证进行审核、记账处理。

（4）完成期末转账处理。

8.1.5 任务实施

实施要求如下。

（1）掌握财务管理系统期末处理的方法。

（2）掌握期末数据处理的流程。

（3）灵活地使用期末转账生成。

（4）完成凭证的审核、记账。

（5）备份账套。

实施的具体步骤如下。

执行"系统"/"注册"，以 admin 的身份登录，密码为空，单击"登录"按钮，以系统管理员的身份登录"系统管理"。执行"账套"/"引入"，引入"D：\财务管理系统实训数据\616-7-3"中的数据。

8-1 删除凭证

1. 删除凭证（扫二维码8-1）

以"201"账套主管的身份登录企业应用平台，进入总账系统。

（1）执行"总账"/"凭证"/"查询凭证"，弹出"凭证查询"对话框，单击"确定"按钮，弹出"查询凭证列表"窗口，如图 8-1 所示。查找需要删除的凭证编号。

制单日期	凭证编号	摘要	借方金额合计	贷方金额合计	制单人	审核人	系统名	备注	审核日期	年度
2018-1-5	收 - 0001	收到好苹果集团投资款	62,750.00	62,750.00	赵青	李卫			2018-1-31	2018
2018-1-7	收 - 0002	黄剑报销差旅费	2,000.00	2,000.00	赵青	李卫			2018-1-31	2018
2018-1-17	收 - 0003	收到加音公司前欠货款	514,800.00	514,800.00	赵青	李卫			2018-1-31	2018
2018-1-25	收 - 0004	转让无形资产	60,000.00	60,000.00	赵青	李卫			2018-1-31	2018
2018-1-26	收 - 0005	收存本月利息	0.00	0.00	赵青	李卫			2018-1-31	2018
2018-1-31	收 - 0006	资产减少 - 累计折旧	11,490.00	11,490.00	白雪	李卫	固定资产系统		2018-1-31	2018
2018-1-31	收 - 0007	收款单	48,000.00	48,000.00	王晶		应收系统			2018
2018-1-31	收 - 0008	收款单	6,786.00	6,786.00	王晶		应收系统			2018
2018-1-31	收 - 0009	票据贴现	10,000.00	10,000.00	王晶		应收系统			2018
2018-1-31	收 - 0010	坏账收回（结算）	113,280.00	113,280.00	王晶		应收系统			2018
2018-1-1	付 - 0001	提取现金	10,000.00	10,000.00	赵青	李卫			2018-1-31	2018
2018-1-3	付 - 0002	支付办公室办公费	800.00	800.00	赵青	李卫			2018-1-31	2018
2018-1-10	付 - 0003	支付厂告费	2,000.00	2,000.00	赵青	李卫			2018-1-31	2018
2018-1-15	付 - 0004	采购A材料，款已付	28,080.00	28,080.00	赵青	李卫			2018-1-31	2018
2018-1-20	付 - 0005	支付罚款	1,000.00	1,000.00	赵青	李卫			2018-1-31	2018
2018-1-26	付 - 0006	支付万科前欠材料款	46,800.00	46,800.00	赵青	李卫			2018-1-31	2018
2018-1-31	付 - 0007	直接购入资产	106,400.00	106,400.00	白雪	李卫	固定资产系统		2018-1-31	2018
2018-1-31	付 - 0008	直接购入资产	5,850.00	5,850.00	白雪	李卫	固定资产系统			2018
2018-1-31	付 - 0009	直接购入资产	5,850.00	5,850.00	白雪	李卫	固定资产系统			2018
2018-1-31	付 - 0010	直接购入资产	5,850.00	5,850.00	白雪	李卫	固定资产系统			2018
2018-1-31	付 - 0011	原值增加	100,000.00	100,000.00	白雪	李卫	固定资产系统		2018-1-31	2018
2018-1-31	付 - 0012	付款单	23,400.00	23,400.00	王晶		应付系统			2018
2018-1-31	付 - 0013	付款单	42,320.00	42,320.00	王晶		应付系统			2018
2018-1-31	付 - 0014	其他应收单	14,625.00	14,625.00	王晶		应收系统			2018
2018-1-31	付 - 0015	其他应收单	5,000.00	5,000.00	王晶		应收系统			2018
2018-1-31	付 - 0016	其他应收单	480.00	480.00	王晶		应收系统			2018
2018-1-13	转 - 0001	销售甲产品，款未收到	93,600.00	93,600.00	赵青	李卫			2018-1-31	2018
2018-1-18	转 - 0002	结转已销商品成本	64,000.00	64,000.00	赵青	李卫			2018-1-31	2018
2018-1-19	转 - 0003	生产领用A材料	10,000.00	10,000.00	赵青	李卫			2018-1-31	2018
2018-1-22	转 - 0004	乙产品完工入库	6,000.00	6,000.00	赵青	李卫			2018-1-31	2018
2018-1-31	转 - 0005	计提短期借款利息	13,485.23	13,485.23	赵青	李卫			2018-1-31	2018
2018-1-31	转 - 0006	期间损益结转	96,400.00	96,400.00	赵青	李卫			2018-1-31	2018
2018-1-31	转 - 0007	计提所得税	3,468.69	3,468.69	赵青	李卫			2018-1-31	2018

凭证共65张 □ 已审核 32 张 □ 未审核 33 张 ● 凭证号排序 ○ 制单日期排序

图 8-1 "查询凭证列表"窗口

小提示

✧ 在没有启用其他系统前所生成的"期间损益结转""计提所得税""结转本年利润"的 4 张凭证需删除。

✧ 启用其他系统后所发生的业务中涉及损益类账户的，数据需要修改。

✧ 这 4 张凭证已经审核记账，若删除的话有两种方法：一是取消记账、审核后才能删除；二是红字冲销。在本任务中采用第一种方法。

（2）执行"财务会计"/"总账"/"期末"/"对账"，弹出"对账"对话框，选中"2018.01"，按"Ctrl+H"组合键，弹出"恢复记账前状态功能已被激活"提示框，单击"确定"按钮。

（3）执行"凭证"/"恢复记账前状态"，弹出"恢复记账前状态"对话框，选择"2018 年 01 月初状态"，如图 8-2 所示。单击"确定"按钮，弹出对话框要求输入主管口令，口令为空，单击"确定"按钮，弹出"恢复记账完毕"提示框，完成取消记账的操作。

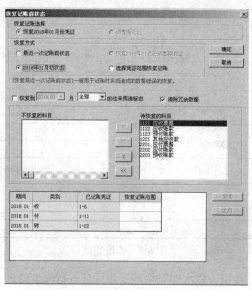

图 8-2 "恢复记账前状态"对话框

（4）执行"凭证"/"审核凭证"，弹出"凭证审核"对话框，如图 8-3 所示，设置凭证类别为"转账凭证"，凭证号为"0006"，单击"确定"按钮，弹出"凭证审核列表"窗口，选中该凭证，双击，弹出"审核凭证"窗口，单击"取消"按钮，取消该凭证的审核。

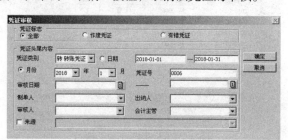

图 8-3 "凭证审核"对话框

（5）采用刚才的方法，依次取消转账凭证 0007~0009 的审核。单击"退出"按钮，退出"审核凭证"窗口。

（6）重新注册，以制单岗位"203"的身份登录企业应用平台，进入总账系统。执行"凭证"/"填制凭证"，在"填制凭证"窗口中，单击"查询"按钮，在弹出的"凭证查询"对话框内输入凭证类别为"转账凭证"，凭证号为"0006-0009"，如图 8-4 所示，单击"确定"按钮。弹出"填制凭证"窗口，单击"作废/恢复"按钮，作废第一张凭证，如图 8-5 所示。

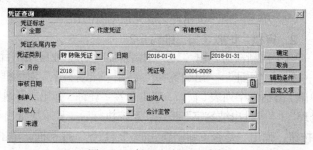

图 8-4 "凭证查询"对话框

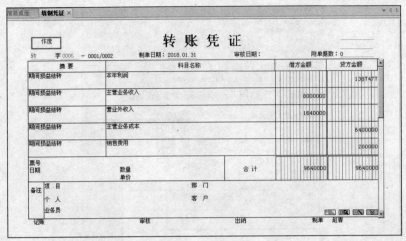

图 8-5 作废凭证

（7）单击"下张凭证"按钮，依次对剩余的 3 张凭证进行作废处理，在"填制凭证"窗口中单击"整理凭证"按钮，弹出"凭证期间选择"对话框，默认凭证期间为"2018.01"，单击"确定"按钮，弹出"作废凭证表"窗口，单击"全选"按钮，如图 8-6 所示。

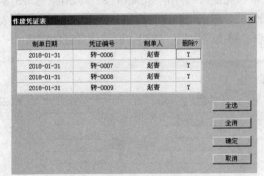

图 8-6 "作废凭证表"窗口

（8）单击"确定"按钮，弹出"是否还需整理凭证断号"提示框，如图 8-7 所示。

图 8-7 "是否还需整理凭证断号"提示框

（9）单击"是"按钮，完成凭证删除的操作。

2. 审核、记账（扫二维码 8-2）

（1）重新注册，由"202"出纳岗位登录企业应用平台，进入总账系统。

执行"凭证"/"出纳签字"，弹出"出纳签字"对话框，单击"确定"按钮，弹出"出纳签字列表"窗口，双击未签字凭证，弹出"出纳签字"窗口，单击"批处理"/"成批出纳签字"按钮，系统执行后，显示成批出纳签字结果，如图 8-8

8-2 审核、记账

所示。单击"确定"按钮，弹出"是否重新刷新凭证列表数据"提示框，单击"是"按钮，完成出纳签字后退出。

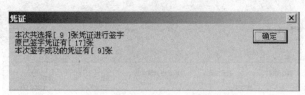

图 8-8 成批出纳签字结果

（2）重新注册，由"201"审核记账岗位登录企业应用平台，进入总账系统。

执行"凭证"/"审核凭证"，弹出"凭证审核"对话框，单击"确定"按钮，弹出"凭证审核列表"窗口，双击一张未审核的凭证，弹出"审核凭证"窗口，执行"批处理"/"成批审核凭证"，系统执行后，显示成批审核凭证结果，如图 8-9 所示。单击"确定"按钮，弹出"是否重新刷新凭证列表数据"提示框，单击"是"按钮，完成凭证的审核后退出。

图 8-9 成批审核凭证结果

（3）执行"凭证"/"记账"，弹出"记账"对话框，选择本次记账范围，单击"全选"按钮，如图 8-10 所示。

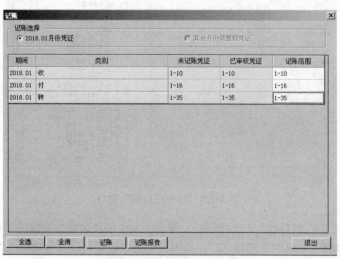

图 8-10 "记账"对话框

（4）单击"记账"按钮，按照系统向导进行记账，完成记账后，弹出"记账完毕！"提示框，如图 8-11 所示。单击"确定"按钮，完成凭证的记账操作。再单击"退出"按钮后退出。

3．期末转账处理

（1）结转制造费用（扫二维码 8-3）。登录"系统管理"，修改"203 赵青"权限，执行"权限"菜单下的"权限"命令，选中"203 赵青"，单击"修改"按钮，修改相应的权限，如图 8-12 所示。将账表"余额表"的权限赋予他，单击"保存"按钮后退出。

8-3 结转制造费用

由"203"制单岗位登录企业应用平台，进入总账系统。

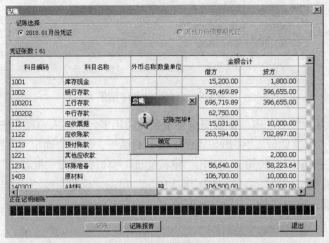

图 8-11 "记账完毕！"提示框

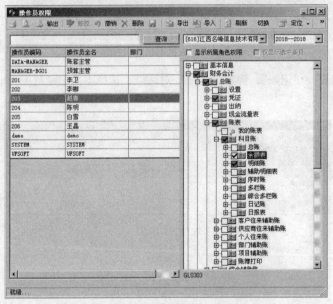

图 8-12 "操作员权限"窗口

① 执行"账表"/"科目账"/"余额表"，弹出"发生额及余额查询条件"对话框，在"科目"栏里输入"5101-5101"，"级次"选择"1"，选中"包含未记账凭证"复选框，如图 8-13 所示。

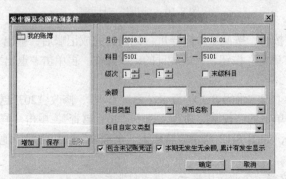

图 8-13 "发生额及余额查询条件"对话框

② 单击“确定”按钮，弹出“发生额及余额表”窗口，如图 8-14 所示。

简易桌面 | 发生额及余额表 ×

金额式

发生额及余额表

月份：2018.01-2018.01

科目编码	科目名称	期初余额		本期发生		期末余额	
		借方	贷方	借方	贷方	借方	贷方
5101	制造费用			5,188.74		5,188.74	
成本小计				5,188.74		5,188.74	
合计				5,188.74		5,188.74	

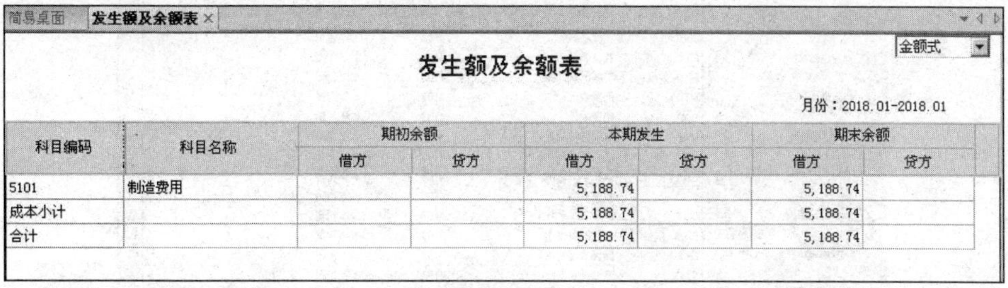

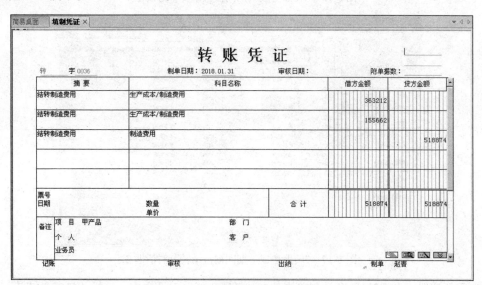

图 8-14 “发生额及余额表”窗口

③ 执行“凭证”/“填制凭证”，打开“填制凭证”窗口，单击“增加”按钮，按任务资料 2 的要求结转制造费用，转入甲产品 3 632.12（5 188.74 × 0.7），乙产品 1 556.62，单击“保存”按钮，凭证如图 8-15 所示。

图 8-15 结转制造费用生成的凭证

④ 重新注册，由“201”登录企业应用平台，对该张凭证进行审核、记账。

（2）期间损益结转（扫二维码 8-4）。重新注册，由“203”登录企业应用平台，进入总账管理系统。

8-4 期间损益结转

① 执行“期末”/“转账生成”，弹出“转账生成”对话框，选择“期间损益结转”，结转月份为“2018.01”，类型为“收入”，单击“全选”按钮，如图 8-16 所示。

② 单击“确定”按钮，系统自动生成一张凭证，单击“保存”按钮后退出。

③ 回到“转账生成”对话框，选择“期间损益结转”，结转月份为“2018.01”，类型为“支出”，单击“全选”按钮，如图 8-17 所示。

④ 单击“确定”按钮，系统自动生成一张凭证，单击“保存”按钮后退出。

⑤ 执行“凭证”/“查询凭证”，查询期间损益结转的两张凭证，如图 8-18 和图 8-19 所示。

⑥ 更换操作员，重注册，由“201”账套主管岗位登录企业应用平台，进入总账系统，对刚成生成的凭证进行审核、记账。

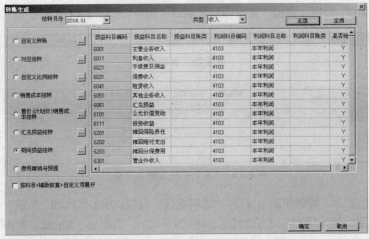

图 8-16 "转账生成—期间损益结转"对话框 1

图 8-17 "转账生成—期间损益结转"对话框 2

⑦ 重新注册，由"203"会计制单岗位在"转账生成"对话框中，选择"自定义结转"，选择"0002 计提所得税"，单击"确定"按钮，生成计提所得税的凭证，如图 8-20 所示。

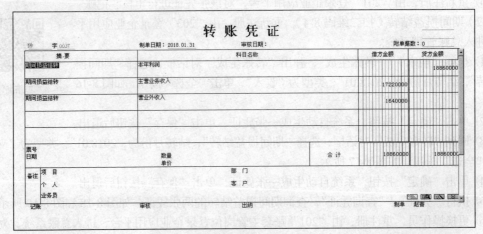

图 8-18 期间损益结转生成的凭证 1

图 8-19　期间损益结转生成的凭证 2

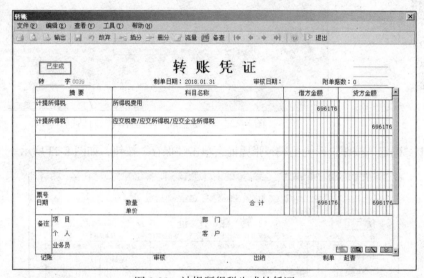

图 8-20　计提所得税生成的凭证

小提示

✧　本年利润=188 600-160 752.95=27 847.05
✧　计提所得税额 = 27 847.05×25% = 6 961.76

⑧　更换操作员，重注册，由"201"账套主管岗位登录企业应用平台，进入总账系统，对刚成生成的凭证进行审核、记账。

⑨　更换操作员，重注册，由"203"会计制单岗位再次对损益类账户进行期间损益的转账生成。即将"所得税费用"结转到"本年利润"中去，生成的凭证如图 8-21 所示。

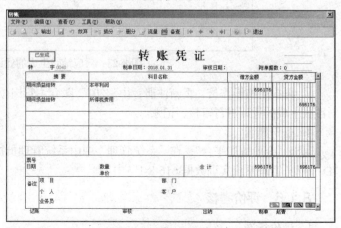

图 8-21　期间损益结转生成的凭证

⑩ 再次更换操作员，重注册，由"201"账套主管岗位登录企业应用平台，进入总账系统，对刚成生成的凭证进行审核、记账。

（3）对应结转（扫二维码8-5）。

① 重新注册，由"203"制单人员登录企业应用平台，进入总账系统，执行"期末"/"转账生成"，弹出"转账生成"对话框，选择"对应结转"，单击"全选"按钮，如图8-22所示。

8-5 对应结转

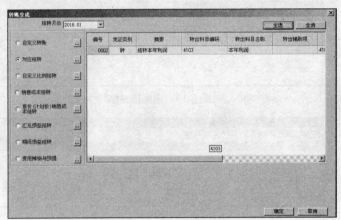

图8-22 "转账生成—对应结转"对话框

② 单击"确定"按钮，系统生成一张凭证，单击"保存"按钮，如图8-23所示。

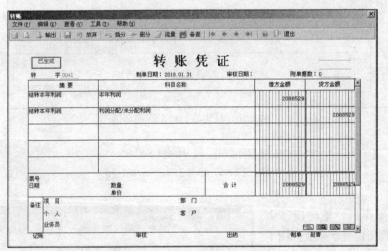

图8-23 对应结转生成的凭证

③ 再次更换操作员，重新注册，由"201"账套主管岗位登录企业应用平台，进入总账系统，对刚成生成的凭证进行审核、记账。

4．备份账套

退出"企业应用平台"，在"系统管理"中由系统管理员执行"账套"/"输出"，将数据存储在"D：\财务管理系统实训数据\616-8-1"中。

8.1.6 评价考核

1．评价标准

根据任务实施的情况，实行过程评价与结果评价相结合。评价标准如表8-1所示。

表 8-1 评价标准

评价类别	评价属性	评价指标	分数
过程评价（40%）	实训态度	遵章守纪	10
		按要求及时完成	10
		操作细致、有耐心	10
		独立完成	10
		小计	40
结果评价（60%）	实施效果	删除凭证处理得当	20
		审核、记账处理正确	10
		期末转账处理正确	30
		小计	60

2．评定等级

根据得分情况评定等级，如表 8-2 所示。

表 8-2 评定等级

等级标准	优	良	中	及格	不及格
分数区间	90 分以上	80～89 分	70～79 分	60～69 分	60 分以下
实际得分					

任务 8.2 账套主管岗位——结账

云班课——线上导航（邀请码 348846）

翻转课堂		对象性质 场景	学生		教师		互动	
		项目八 财务管理系统期末处理			任务 8.2 账套主管岗位——结账			
空间分布	前置学习	线上云班课 探索	学习资源	认知 财务管理系统期末结账	建立资源	构建 财务管理系统资源库	沟通	调查 知识理解、技能掌握程度
			学习资源	观看 财务管理系统期末结账的操作视频	建立资源	上传 拍摄操作视频并整理相应的学习资料	课前学习评价	学生自评
								教师测评
	课中学习	线下机房实训 归纳、导学	交流互动	模拟 1．除总账管理系统外的其他系统结账 2．总账管理系统结账	交流互动	演示 财务管理系统结账操作	检测效果	跟踪 学生团队、学生个人学习效果
			学习检测	问题提出 知识问题、技能问题	学习检测	答疑解惑 知识体系的剖析、技能操作的演示、常见错误的原因、解决问题的方法	知识的内化与应用	教师讲解剖析
								学生理解掌握
	课后学习	线上云班课 演绎、拓展	学习巩固	巩固 单项实训	评价学习效果	评价 通过练习、测试评价学习效果	拓展	拓展练习
								拓展测试
			学习拓展	测试 综合实训	资源推荐	共享 相关资源链接	课后反馈	信息化工具交流

8.2.1　工作情境

这个月的业务终于要结束了，将除总账外的各个系统结账后，总账就可以结账了，结账后，将不能再处理这个月的任何业务。

8.2.2　岗位描述

账套主管是针对某个账套的管理员。在账套中，账套主管起着统领作用，负责账套操作员的管理和基础数据环境的建立，主要包括系统设置、基础资料设置和初始化数据输入等整个账套前期的工作过程，这个过程称为系统的初始化。账套主管的主要任务是负责账套操作员的管理和基础数据环境的建立，到了期末，主要负责数据的汇总、对账、结账与反结账工作。

8.2.3　背景知识

在财务管理系统中，启用的模块比较多，涉及总账系统、薪资管理系统、固定资产管理系统、应收款管理系统和应付款管理系统，在期末结账的时候，要注意相应的结账顺序。

（1）薪资管理系统、固定资产管理系统先结账，且不分先后顺序。

（2）其次是应收款管理系统、应付款管理系统进行月末结账。

（3）除总账系统外的各个系统均进行月末结账后，总账才能结账。

8.2.4　工作任务

1．任务内容

（1）财务管理系统除总账外各系统结账。

（2）总账结账。

（3）数据备份。

2．任务资料

（1）薪资管理系统结账。

（2）固定资产管理系统结账。

（3）应收款管理系统、应付款管理系统结账。

（4）总账结账。

8.2.5　任务实施

实施要求如下。

（1）理解结账的先后顺序。

（2）完成各个系统的结账。

（3）备份账套。

实施的具体步骤如下。

执行"系统"/"注册"，以 admin 的身份登录，密码为空，单击"登录"按钮，则以系统管理员的身份登录"系统管理"。执行"账套"/"引入"，引入"D：\财务管理系统实训数据\616-8-1"中的数据。

由"201"账套主管岗位登录企业应用平台，对所有系统进行结账处理。

1．其他系统结账

（1）薪资管理系统结账。

① 执行"人力资源"/"薪资管理"，进入薪资管理系统，执行"业务处理"/"月末处理"，弹出"月末处理"对话框，单击"确定"按钮，弹出"月末处理之后，本月工资将不许变动！继续月末处理吗？"提示框，如图 8-24 所示。

② 单击"是"按钮，弹出"是否选择清零项？"对话框，单击"是"按钮，弹出"选择清零项目"对话框，将"病假天数""事假天数""代扣税"选入清零项目的右侧列表框内，如图 8-25 所示。

图 8-24　提示框

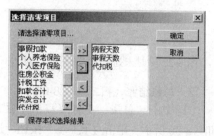

图 8-25　"选择清零项目"对话框

③ 单击"确定"按钮，弹出"月末处理完毕"提示框，单击"确定"按钮，完成月末的处理。

（2）固定资产管理系统结账。进入固定资产管理系统，执行"处理"/"月末结账"，弹出"月末结账…"提示框，单击"开始结账"按钮，进行固定资产月末结账的操作，显示结账的进程及对账的结果。单击"确定"按钮，弹出"月末结账成功完成！"提示框，再单击"确定"按钮，完成固定资产月末结账。

（3）应收款管理系统结账。

① 执行"期末处理"/"月末结账"，弹出"月末处理—结账标志"对话框，在一月所对应的"结账标志"栏内双击，出现"Y"字，如图 8-26 所示。

② 单击"下一步"按钮，弹出"月末处理—处理情况"对话框，如图 8-27 所示。

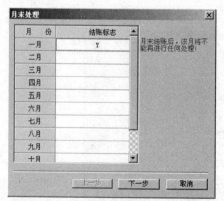

图 8-26　"月末处理—结账标志"对话框

图 8-27　"月末处理—处理情况"对话框

③ 单击"完成"按钮，弹出"1 月份结账成功"提示框，单击"确定"按钮，完成结账工作。

（4）应付款管理系统结账。

① 执行"期末处理"/"月末结账"，弹出"月末结账—结账标志"对话框，在一月所对应的"结账标志"栏内双击，出现"Y"字样，如图 8-28 所示。

② 单击"下一步"按钮，弹出"月末处理—处理情况"对话框，如图 8-29 所示。

（5）单击"完成"按钮，弹出"1 月份结账成功"提示框，单击"确定"按钮，完成结账工作。

图 8-28 "月末处理—结账标志"对话框　　　　图 8-29 "月末处理—处理情况"对话框

2. 总账结账（扫二维码 8-6）

（1）执行"总账"/"期末"/"结账"，弹出"结账—开始结账"对话框，选中月份为"2018.01"，如图 8-30 所示。单击"下一步"按钮，进入"结账—核对账簿"对话框，单击"对账"按钮，系统自动进行对账，如图 8-31 所示。

8-6 总账结账

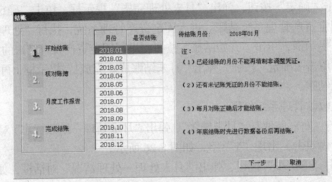

图 8-30 "结账—开始结账"对话框

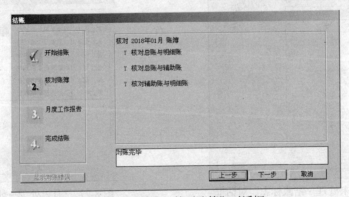

图 8-31 "结账—核对账簿"对话框

（2）单击"下一步"按钮，系统显示"2018 年 01 月工作报告"，如图 8-32 所示。

（3）单击"下一步"按钮，弹出"结账—完成结账"对话框，如图 8-33 所示。

（4）单击"结账"按钮，完成总账的结账。

3. 账套备份

退出"企业应用平台"，在"系统管理"中由系统管理员执行"账套"/"输出"，将数据存储在"D：\财务管理系统实训数据\616-8-2"中。

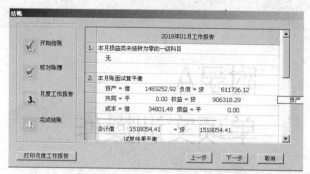

图 8-32　2018 年 01 月工作报告

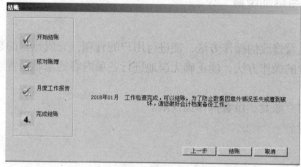

图 8-33　"结账—完成结账"对话框

8.2.6　评价考核

1. 评价标准

根据任务实施的情况，实行过程评价与结果评价相结合。评价标准如表 8-3 所示。

表 8-3　　　　　　　　　　　　　　　　　评价标准

评价类别	评价属性	评价指标	分数
过程评价 （40%）	实训态度	遵章守纪	10
		按要求及时完成	10
		操作细致、有耐心	10
		独立完成	10
		小计	40
结果评价 （60%）	实施效果	薪资/固定资产管理系统结账	10
		应收款/应付款管理系统结账	25
		总账结账	25
		小计	60

2. 评定等级

根据得分情况评定等级，如表 8-4 所示。

表 8-4　　　　　　　　　　　　　　　　　评定等级

等级标准	优	良	中	及格	不及格
分数区间	90 分以上	80～89 分	70～79 分	60～69 分	60 分以下
实际得分					

附录A
单项实训操作

A.1 系统管理与基础设置

【实训目的】

（1）掌握账套建立及修改的操作方法，能进行用户的管理，完成账套的数据备份及引入工作。

（2）掌握基础设置的操作方法，能正确无误地进行各项内容的基础设置。

【实训内容】

（1）增加用户、建立账套、设置操作员权限。

（2）进行基础设置。

（3）数据备份。

【实训资料及要求】

A.1.1 系统管理

1．建立新账套

（1）账套信息。账套号：0+两位数学号；账套名称：北京雷明科技有限公司；启用日期：2018年01月01日；会计期间设置：1月1日到12月31日。

（2）单位信息。单位名称：北京雷明科技有限公司；单位简称：雷明科技。法定代表人：张伟光；联系电话和传真均为：010-66888866；纳税人识别号：01022882288。

（3）核算类型。本币名称：人民币（代码：RMB）；企业类型：工业企业；行业性质：2007新会计制度科目；账套主管：白天；建账时按行业性质预置会计科目。

（4）基础信息。存货分类，客户、供应商不分类，有外币核算。

（5）分类编码方案。科目编码：42222；部门：22；收发类别：12；存货分类 22；其他采用系统默认。

（6）数据精度。采用系统默认。

（7）系统启用。启用总账、应收款管理、应付款管理、固定资产管理、薪资管理系统，启用日期统一为：2018 年 1 月 1 日。

2．增加用户及授权

操作员及权限如附表 A-1 所示。

附表 A-1　　　　　　　　　　　　　　操作员及权限

操作员编号	操作员姓名	系统权限
BT	白天	账套主管
学生姓名首字母缩写	学生姓名	公共目录、公共单据、应收款管理、应付款管理、总账、固定资产管理、薪资管理中的全部权限

3．设置备份计划

计划编号：2018；计划名称：学生自己的账套号+账套备份；发生频率：每周；发生天数：7天；开始时间：09:00:00；有效触发：2小时；保留天数：30天；备份路径：E：\；账套：学生自己的账套号。

A.1.2 基础设置

1．机构人员设置

（1）部门档案如附表 A-2 所示。

附表 A-2　　　　　　　　　　　　　　部门档案

部门编码	部门名称	部门编码	部门名称
01	总裁办	05	人力资源部
02	财务部	06	采购部
03	营销中心	07	库管中心
04	生产车间		

（2）人员档案如附表 A-3 所示。

附表 A-3　　　　　　　　　　　　　　人员档案

人员编号	人员姓名	性别	行政部门	人员类别	是否业务员
001	张伟光	男	总裁办	在职人员	是
002	李磊	男	总裁办	在职人员	是
003	王冰	女	财务部	在职人员	是
004	张森	男	财务部	在职人员	是
005	赵艳	女	营销中心	在职人员	是
006	梁静	女	营销中心	在职人员	是
007	张文丽	女	生产车间	在职人员	是
008	王军伟	男	生产车间	在职人员	是
009	王姗姗	女	营销中心	在职人员	是
010	崔山明	男	营销中心	在职人员	是
011	吴立勇	男	采购部	在职人员	是
012	李贝贝	女	采购部	在职人员	是
013	张宇峰	男	库管中心	在职人员	是

2．往来单位设置

（1）供应商档案如附表 A-4 所示。

附表 A-4　　　　　　　　　　　　　　供应商档案

编号	供应商名称	简称
001	北京通达数码产品科技公司	通达数码
002	神州数码股份公司	神州数码
003	上海艾丰嘉业商贸中心	艾丰商贸

（2）客户档案如附表 A-5 所示。

附表 A-5　　　　　　　　　　　　　　客户档案

编号	客户名称	简称
C01	北京金飞扬通讯公司	金飞扬
C02	大连明讯信息公司	明讯信息
C03	武汉联易通公司	武汉联易通
C04	北京手机商贸中心	手机商贸
C05	南京迅捷公司	南京迅捷

3. 存货设置

（1）存货分类如附表 A-6 所示。

附表 A-6　　　　　　　　　　　　　　存货分类

存货分类编号	存货分类名称	存货分类编号	存货分类名称
01	库存商品	0103	固态硬盘
0101	移动硬盘	02	原材料
0102	U盘	03	低值易耗品

（2）计量单位。01 计量单位组：无换算计量单位组（无换算率）；计量单位：001 部、002 台、003 个。

（3）存货档案如附表 A-7 所示。

附表 A-7　　　　　　　　　　　　　　存货档案

存货编码	存货名称	单位	税率	存货属性
0101001	雷明 500G 移动硬盘	个	17%	内销、外销、自制
0101002	雷明 1T 移动硬盘	个	17%	内销、外销、自制
0102003	雷明 32GU 盘	个	17%	内销、外销、自制
0102002	雷明 16G U 盘	个	17%	内销、外销、自制
0103001	雷明 120G 固态硬盘	个	17%	内销、外销、自制
0103002	雷明 64G 固态硬盘	个	17%	内销、外销、自制
02001	存储芯片	个	17%	外购、内销、外销、生产耗用
02002	1T 硬盘	台	17%	外购、内销、外销、生产耗用
02003	硬盘防震外壳	个	17%	外购、内销、外销、生产耗用
02004	包装盒	个	17%	外购、内销、外销、生产耗用
03001	紧固螺丝	个	17%	外购、内销、外销、生产耗用

4. 财务相关设置

（1）外币汇率设置。定义外币：币符为$；币名为美元；固定汇率；2018 年 1 月记账汇率 6.40，其他默认。

（2）结算方式设置。01 现金结算；02 现金支票（票据管理）；03 转账支票（票据管理）。

（3）凭证类别设置。类别字：记；类别名称：记账凭证；限制类型：无限制。

（4）设置本单位开户银行。编号：B01；银行账号：876578954588；开户银行/账户名称：工行北京中关村东区支行；所属银行编码：01 中国工商银行。

A.1.3 完成任务后备份

建文件夹"E：\学生姓名\单项实训1"，将备份的文件存储在该文件夹中。

A.2 总账系统

【实训目的】

（1）掌握总账系统的初始化工作原理及内容。

（2）掌握凭证处理操作。

（3）理解期末业务处理的流程。

【实训内容】

（1）设置会计科目、录入期初余额。

（2）凭证处理（填制、修改、查询、作废、整理凭证断号）。

（3）主管审核凭证、记账。

（4）数据备份。

【实训资料及要求】

引入"E：\学生姓名\单项实训1"文件夹中的数据。

A.2.1 总账初始化设置

1. 设置会计科目并录入期初余额

会计科目及期初余额如附表A-8所示。

附表A-8　　　　　　　　　　会计科目及期初余额

科目名称	方向	辅助核算	期初余额
库存现金（1001）	借	现金账	43 000
银行存款（1002）	借	现金账、银行账	980 000
银行存款—北京银行（100201）	借	现金账、银行账	980 000
银行存款—建设银行（100202）	借	现金账、银行账	
银行存款—建设银行—美元户（10020201）		外币核算	
应收账款（1122）	借	客户往来	237 340
应收票据（1121）	借	客户往来	
预付账款（1123）	借	供应商往来	
其他应收款（1221）	借	个人往来	
原材料（1403）	借	数量核算	250 000
存储芯片（140301）	借		20 000
	借	个	1 000
硬盘防震外壳（140302）	借		5 000
	借	个	500
IT硬盘（140303）	借		200 000
	借	个	400
包装盒（140304）	借		25 000
	借	个	500
库存商品（1405）	借		70 000
雷明IT移动硬盘（140501）			70 000

续表

科目名称	方向	辅助核算	期初余额
固定资产（1601）	借		7 730 770
累计折旧（1602）	贷		325 170
在建工程（1604）	借		500 000
短期借款（2001）	贷		39 340
应付票据（2201）	贷	供应商往来	
应付账款（2202）	贷	供应商往来	46 600
预收账款（2203）	贷	客户往来	
长期借款（2501）	贷		500 000
实收资本（4001）	贷		8 000 000
资本公积（4002）	贷		900 000

应收账款（1122）期初余额如附表 A-9 所示。

附表 A-9　　　　　　　　　应收账款（1122）期初余额

日期	客户名称	摘要	方向	余额
2017-12-15	北京手机商贸中心	客户欠款	借	138 600
2017-12-24	南京迅捷公司	客户欠款	借	98 740

应付账款（2202）期初余额如附表 A-10 所示。

附表 A-10　　　　　　　　应付账款（2202）期初余额

日期	供应商名称	摘要	方向	余额
2017-12-12	神州数码股份公司	欠供应商款	贷	17 600
2017-12-25	北京通达数码产品有限公司	欠供应商款	贷	29 000

2．指定会计科目

指定"现金科目1001"，"银行科目1002"。

3．录入所有期初余额后试算平衡

A.2.2　日常业务处理

以下业务由学生以自己的用户号登录企业应用平台，完成操作。

小提示：若无此说明，一般由账套主管 BT 用户来操作。

1．填制记账凭证

（1）1月1日，公司从北京银行提取现金18 000元作为备用金，现金支票的票号为7864。

（2）1月2日，财务现金支付本企业上月桶装水费用620元。

（3）1月3日，营销中心梁静报销业务招待费872.50元，现金付讫。

（4）1月4日，企业使用外单位高新技术，所以需要每月到北京银行用现金支票（本月票号为5566）支付技术转让费9 000元，请填写本月凭证，并生成常用凭证，（编号001；说明即摘要）以便日后使用。

（5）1月5日，生产车间领用原材料：存储芯片（单价20元）、1T硬盘（单价500元）、硬盘防震外壳（单价50元）、包装盒（单价5元）各200个，用于生产雷科1T移动硬盘。

（6）1月6日，李磊报销参加技术培训班的培训费2 000元，北京银行支付，现金支票票号为8518。

（7）1月8日，采购部李贝贝因去杭州考察，预借差旅费2 000元，以现金支付。

（8）1月9日，公司各个部门购买办公用品，发生金额分别为总裁办1 800元、财务部520元、采购部1 200元、人力资源部1 800元、营销中心1 500元、库管中心920元，财务现金付讫。

（9）1月11日，李贝贝报销差旅费，实际发生2 100元，以现金付讫。

2．由白天登录企业应用平台，审核、记账

A.2.3　完成任务后备份

建文件夹"E：\学生姓名\单项实训2"，将备份的文件存储在该文件夹中。

A.3　UFO报表

【实训目的】

（1）掌握UFO报表系统中各种报表的格式定义与公式定义。

（2）掌握自定义报表设计与数据生成的处理方法。

（3）理解利用报表模板生成资产负债表和利润表的操作方法。

（4）理解报表间数据的勾稽关系。

【实训内容】

（1）资产负债表与利润表的格式定义、公式设置及数据生成。

（2）自定义报表的格式设计、公式设置及数据生成。

（3）增加表页。

【实训资料及要求】

引入"E：\学生姓名\单项实训2"文件夹中的数据。

（1）利用报表模板生成资产负债表与利润表，保存为"E：\学生姓名\资产负债表.rep"与"E：\学生姓名\利润表.rep"。

（2）自定义财务指标分析表，如附表A-11所示。

附表A-11　　　　　　　　　　　　主要财务指标分析表　　　　　　　　　　　　2018年1月

比率类型	比率名称	比值（%）
短期偿债能力比率	流动比率	
	速动比率	
盈利能力比率	总资产报酬率	
	净资产收益率	

（3）在利润表中增加2张表页，分别录入关键字为"2018年2月"和"2018年3月"。

A.4　薪资管理系统

【实训目的】

（1）掌握薪资管理系统初始化、日常业务处理和月末处理的操作。

（2）掌握工资分摊的设置及相应凭证的生成操作。

【实训内容】

（1）建立工资账套。

（2）薪资管理系统初始设置。

（3）工资变动、工资分摊、个人所得税税率设置。

（4）账簿及凭证的查询、月末处理。

（5）数据备份。

【实训资料及要求】

引入"E：\学生姓名\单项实训2"文件夹中的数据。

A.4.1 薪资管理系统初始设置

（1）建立工资账套。

工资类别个数：单个；核算币别：人民币（RMB）；从工资中代扣个人所得税；工资不扣零；人员编码长度：与公共平台的人员编码一致。

（2）人员类别：行政人员、业务人员、其他人员。

（3）工资项目设置如附表A-12所示。

附表A-12　　　　　　　　　　　　　　　　工资项目设置

工资项目名称	类型	长度	小数	增减项
基本工资	数字	8	2	增项
岗位工资	数字	8	2	增项
奖金	数字	8	2	增项
应发合计	数字	10	2	增项
事假天数	数字	3	0	其他
事假扣款	数字	8	2	减项
扣款合计	数字	10	2	减项
实发合计	数字	10	2	增项

（4）工资公式设置。

岗位工资：基本工资×0.75。

奖金：人员类别是行政人员，奖金1 300元；人员类别是业务人员，奖金1 800元；其余1 690元。要求使用IFF函数进行设置。

事假扣款：（基本工资+岗位工资）/22×事假天数。

（5）银行名称设置：中国工商银行，账号定长，账号长度10位，录入时自动带入账号长度7位。

（6）录入工资数据，如附表A-13所示。

附表A-13　　　　　　　　　　　　　　　　工资变动数据表

人员编号	人员姓名	行政部门	人员类别	银行账号	基本工资（元）	事假天数
001	张伟国	总裁办	行政人员	8765789001	8 800	
002	李磊	总裁办	行政人员	8765789002	6 200	1
003	王冰	财务部	行政人员	8765789003	5 500	
004	张森	财务部	行政人员	8765789004	4 890	
005	赵艳	营销中心	业务人员	8765789005	5 130	
006	梁静	营销中心	业务人员	8765789006	4 980	2
007	张文丽	生产车间	其他人员	8765789007	5 300	
008	王军伟	生产车间	其他人员	8765789008	4 800	
009	王姗姗	营销中心	业务人员	8765789009	4 600	
010	崔山明	营销中心	业务人员	8765789010	4 700	1
011	吴立勇	采购部	业务人员	8765789011	5 000	
012	李贝贝	采购部	业务人员	8765789012	4 625	
013	张宇峰	库管中心	其他人员	8765789013	5 050	

（7）扣缴所得税设置。计税基数：3 500元，附加费用1 300元。

A.4.2 日常业务处理

（1）工资变动。以附表13中的数据录入基本工资和事假天数的数值，并进行计算、汇总。

（2）银行代发。生成"银行代发一览表"。

（3）工资分摊并生成凭证。设置工资分摊，以应发合计的100%与14%分别计提工资、福利费，并生成凭证。

A.4.3 月末处理

薪资管理系统月末结账。

A.4.4 完成任务后备份

建文件夹"E：\学生姓名\单项实训4"，将备份的文件存储在该文件夹中。

A.5 固定资产管理系统

【实训目的】

（1）掌握固定资产管理系统初始化、日常业务处理的操作。

（2）掌握固定资产管理系统月末处理的操作。

【实训内容】

（1）固定资产初始化设置。

（2）录入固定资产原始卡片。

（3）资产增加、资产减少、计提固定资产折旧、制单。

（4）固定资产月末处理。

（5）数据备份。

【实训资料及要求】

引入"E：\学生姓名\单项实训4"文件夹中的数据。

A.5.1 固定资产初始设置

1. 启用固定资产账套

（1）启用月份：2018.1；固定资产类别编码方式为2-1-1-2，固定资产按"类别编码+序号"自动编码；当月初已计提月份=可使用月份-1时，要求将剩余折旧全部提足。

（2）用平均年限法按月计提折旧；卡片序号长度为5。

2. 参数设置

（1）系统参数设置。固定资产入账科目："1601 固定资产"；累计折旧入账科目："1602 累计折旧"；对账不平衡的情况下允许月末结账；业务发生后立即制单。

（2）部门对应折旧科目如附表A-14所示。

附表A-14　　　　　　　　　　　　　　部门对应折旧科目

部门	对应折旧科目
总裁办	6602 "管理费用"
采购部	6602 "管理费用"
财务部	6602 "管理费用"
营销中心	6601 "销售费用"
生产车间	5101 "制造费用"
库管中心	6602 "管理费用"
人力资源部	6602 "管理费用"

（3）资产类别设置如附表A-15所示。

附表A-15   资产类别设置

编码	类别名称	计提属性	折旧方法	卡片式样
01	房屋建筑类	正常计提	平均年限法	通用
02	工器具	正常计提	平均年限法	通用
03	办公用品	正常计提	平均年限法	通用

（4）固定资产增减方式及对应入账科目如附表A-16所示。

附表A-16   固定资产增减方式及对应入账科目

增减方式	对应入账科目
增加方式：直接购入	100201 "银行存款—北京银行"
减少方式：报废	1606 "固定资产清理"

（5）录入固定资产原始卡片并期初对账，如附表A-17所示。

附表A-17   固定资产原始卡片

编号	固定资产名称	类别编号	所在部门（存放地点）	增加方式	可使用年限	开始使用日期	单位	原值（元）	累计折旧（元）	使用状况	净残值率
001	办公大楼	01	总裁办	在建工程转入	80	2014-8-01	平方米	7 500 000	273 470	在用	7%
002	容量测试仪	02	库管中心	直接购入	10	2016-3-12	台	62 300	12 100	在用	10%
003	功率测试器	02	库管中心	直接购入	8	2017-1-1	台	50 000	11 000	在用	10%
004	频率试波仪	02	采购部	直接购入	5	2016-6-12	台	43 000	9 800	在用	10%
005	办公用计算机	03	采购部	直接购入	5	2016-11-1	台	6 500	1 300	在用	10%
006	办公用计算机	03	营销中心	直接购入	5	2016-11-1	台	6 500	1 300	在用	10%
007	办公用计算机	03	人力资源	直接购入	5	2016-11-1	台	6 500	1 300	在用	10%
008	办公用计算机	03	总裁办	直接购入	5	2016-11-1	台	6 500	1 300	在用	10%
009	办公用计算机	03	财务部	直接购入	5	2016-11-1	台	6 500	1 300	在用	10%
010	办公用计算机	03	库管中心	直接购入	5	2016-11-1	台	6 500	1 300	在用	10%
011	复印机	03	总裁办	直接购入	6	2015-3-13	台	11 000	2 300	在用	10%
012	电子稳压器	02	采购部	直接购入	6	2011-3-13	台	25 470	8 700	在用	10%
合计								7 730 770	325 170		

A.5.2 日常业务的处理

以下业务由学生以自己的用户号登录企业应用平台，完成操作。

（1）设置卡片项目；自定义项目名称：保管人；其他默认；设置卡片样式：在通用样式中增加"保管人"一项，并把保管人放置在录入人与录入日期的中间位置，并保持通用样式卡片。

（2）2018年1月27日，总裁办购入办公用固定资产饮用水净化机一台，使用年限为5年，净残值率为10%；存放在办公室，价值8 900元，北京银行现金支票支付，票号为66892，生成资产购入凭证。

（3）2018年1月27日，在卡片管理中，设置卡片列头编辑，要求显示卡片编号、固定资产名称、使用部门、原值、累计折旧、净残值率，另存为"固定资产期初明细表.xls"保存在"E:\学生姓名\"文件夹中。

（4）2018年1月27日，计提1月份折旧，生成折旧凭证。

A.5.3 月末处理

固定资产月末处理，完成固定资产月末结账。

A.5.4　完成任务后备份

建文件夹"E:\学生姓名\单项实训5",将备份的文件存储在该文件夹中。

A.6　应付款管理系统

【实训目的】

（1）掌握应付款管理系统初始化、日常业务处理的操作。

（2）掌握应付款管理系统月末处理的操作。

【实训内容】

（1）应付款管理系统初始化设置。

（2）应付单据的处理、付款单据的处理、核销处理。

（3）单据及账簿的查询、取消操作。

（4）月末结账。

（5）数据备份。

【实训资料及要求】

引入"E:\学生姓名\单项实训5"文件夹中的数据。

A.6.1　应付款管理系统初始设置

1. 初始设置

基础科目设置：应付科目为2202，预付科目为1123，采购科目为1401，税金科目为2221，其他暂时不设；结算方式科目设置：现金对应1001，其他人民币结算方式均对应100201。

2. 期初余额

录入期初应付单，具体见"实训A.2　总账系统"中的附表A-10，录入完毕后，进行对账。

A.6.2　日常业务的处理

以下业务由学生以自己的用户号登录企业应用平台，完成操作。

1. 完成单据的处理并生成凭证

（1）2018年1月8日，采购部李贝贝从供应商通达数码采购200个存储芯片，原币金额2 000元，货款未支付，李贝贝将采购普通发票交给财务部门，财务部门暂不支付货款，生成应付款凭证。

（2）2018年1月10日，采购部吴立勇向神州数码采购1T硬盘300个，不含税单价500元；货已到库，采购发票已经收到，但财务部门暂不能支付货款，请录入采购专用发票，并生成相应的应付款凭证。

（3）2018年1月12日，财务部对1月8日采购通达数码的200个存储芯片进行全额付款，付款方式为在北京银行用现金支票支付，结算票号为008925，填写并审核付款单，生成相关财务凭证，并进行核销处理。

（4）2018年1月16日，采购部李贝贝从艾丰商贸采购硬盘防震外壳500台，含税单价50元；艾丰商贸送货上门，货款1个月后付，请根据业务录入采购专用发票，并生成应付款凭证。

（5）2018年1月18日，财务部对1月10日采购的神舟数码1T硬盘进行部分付款，付款金额为87 750元，付款方式为在北京银行用现金支票支付，结算票号为0135，填写并审核付款单，生成相关财务凭证，并进行核销处理。

（6）2018年1月25日，采购部需要从艾丰商贸订购硬盘防震外壳500台，由于此批货源比较紧缺，供应商要求先预付款10 000元，打款后一个月发货，本公司预付给艾丰商贸10 000元货款，在北京银行用现金支票支付。

2. 审核、记账

由BT登录企业应用平台，进入总账，对应付款管理系统生成的凭证进行审核、记账。

A.6.3 月末处理

（1）查询2018年1月25日产生的预付款单据。

（2）取消2018年1月18日的核销操作。

（3）月末结账。

A.6.4 完成任务后备份

建文件夹"E：\学生姓名\单项实训6"，将备份的文件存储在该文件夹中。

A.7 应收款管理系统

【实训目的】

（1）掌握应收款管理系统初始化、日常业务处理的操作。

（2）掌握应收款管理系统月末处理的操作。

【实训内容】

（1）应收款管理系统初始化设置。

（2）应收单据的处理、收款单据的处理、核销处理。

（3）单据及账簿的查询、取消操作。

（4）月末结账。

（5）数据备份。

【实训资料及要求】

引入"E：\学生姓名\单项实训6"文件夹中的数据。

A.7.1 应收款管理系统初始设置

1．控制参数设置

应收款核销方式为"按单据"，单据审核日期依据为"单据日期"，坏账处理方式为"应收余额百分比法"，代垫费用类型为"其他应收单"，受控科目制单方式为"明细到客户"，非受控科目制单方式为"汇总方式"。

2．初始设置

基础科目设置：应收科目为1122，预收科目为2203，销售收入科目为6001；税金科目为2221，其他暂时不设；结算方式科目设置：现金对应1001，其他人民币币种的结算方式均对应100201；坏账准备设置：提取比例为0.5%，坏账准备期初余额为0，坏账准备科目为1231，对方科目为6701。

3．期初余额

录入期初应收单，具体见"实训A.2 总账系统"中的附表A-9，录入完毕后，进行对账。

A.7.2 日常业务的处理

以下业务由学生以自己的用户号登录企业应用平台，完成操作。

1．完成单据的处理并生成凭证

（1）2018年1月9日，营销中心梁静销售给北京手机商贸中心100台雷明500G硬盘，含税单价650元，货款未收，请根据业务录入销售普通发票，并生成应收款凭证。

（2）2018年1月14日，营销中心梁静销售给北京金飞扬通讯公司雷明120G固态硬盘50个，含税单价3 500元；雷明64G固态硬盘200个，含税单价2 200元；货款暂未收到，请根据业务录入销售专用发票，生成应收款凭证。

（3）2018年1月20日，财务部收到北京手机商贸中心100台雷明500G硬盘的全部货款的现金支票，填写应收单并审核，生成收款凭证，并进行核销处理。

（4）2018 年 1 月 24 日，财务部收到北京金飞扬通讯公司现金支票，货款 10 000 元，其他货款下月付清，请填写收款单据并审核，生成收款凭证。

（5）2018 年 1 月 25 日，由于南京迅捷公司经营不善，已经倒闭，欠公司货款 98 740 元已无法追回，财务部做全额坏账发生业务处理，生成坏账发生业务凭证。

（6）2018 年 1 月 31 日，计提坏账准备并生成凭证。

2．审核、记账

由 BT 登录企业应用平台，进入总账，对应付款管理系统生成的凭证进行审核、记账。

A.7.3 月末处理

（1）查询 2018 年 1 月 20 日产生的收款单据。

（2）查询本月所有的凭证。

（3）月末结账。

A.7.4 完成任务后备份

建文件夹"E：\学生姓名\单项实训 7"，将备份的文件存储在该文件夹中。

A.8 财务管理系统期末处理

【实训目的】

（1）掌握财务管理系统各子系统的结账顺序。

（2）掌握总账管理系统期末处理的操作。

【实训内容】

（1）完成所有凭证的审核、记账。

（2）期末结转业务的操作。

（3）结账与反结账。

（4）数据备份。

【实训资料及要求】

引入"E：\学生姓名\单项实训 7"文件夹中的数据。

A.8.1 由 BT 完成所有凭证的审核、记账工作

A.8.2 期末结转业务

1．转账设置

（1）自定义结转：计提短期借款每月的利息，利息率为 6%；计提企业所得税，税率为 25%。

（2）期间损益结转。

2．转账生成

（1）生成短期借款利息的凭证。

（2）生成期间损益的凭证。

（3）生成计提企业所得税的凭证。

A.8.3 结账与反结账

（1）结账。

（2）反结账。

A.8.4 完成任务后备份

建文件夹"E：\学生姓名\单项实训 8"，将备份的文件存储在该文件夹中。

附录B
综合实训操作

【实训目的】

（1）掌握用友 ERP-U8 软件系统管理的相关内容。

（2）掌握用友 ERP-U8 软件基础设置和基础档案的录入方法。

（3）掌握用友 ERP-U8 软件各系统日常操作和月末处理的方法。

（4）理解用友 ERP-U8 软件各系统与总账系统间的数据传递关系。

（5）掌握用友 ERP-U8 软件各系统期末结账的顺序和方法。

【实训要求】

（1）ERP 软件采用用友 ERP-U8 V10.1 版本，会计科目采用"2007 新会计制度科目"。

（2）记账凭证摘要必须写完整。

（3）请把系统时间调到 2018-01-31。

（4）注册企业应用平台，完成各模块的初始设置操作（操作员编号：LM；姓名：李明；操作时间：2018-01-01）。

（5）注册企业应用平台，根据经济业务在相应的模块填制相关业务单据，生成会计凭证，并登记账簿，完成各模块的记账工作（操作员：WJ；姓名：王静；操作时间：2018-01-31；所有凭证制单日期均为业务发生日期，附单据数不用填写）。

（6）总账模块中审核凭证的操作员为李明，编号 LM。

（7）编制指定格式的报表保存到指定文件夹中。

【实训资料及要求】

B.1 企业概况

1．企业基本情况

企业名称：北京通达网络设备有限公司（简称：通达网络）；位于北京市海淀区中关村科技园；企业类型：商业企业；主营业务：批发、零售网络硬件产品；法定代表人：李然；联系电话和传真均为：010-64378662；纳税人识别号：54835428。

2．会计政策与核算方法

（1）企业记账本位币为人民币。

（2）固定资产折旧方法采用平均年限法二，按月计提折旧。

（3）所有操作员密码均为空。

B.2 企业初始数据

1．预置数据

账套信息如下。账套号：058；账套名称：北京通达网络设备有限公司；启用日期：2018 年 01

月 01 日。

基础信息：存货分类，客户、供应商不分类。

编码方案如下。科目编码：42222；部门：22；收发类别：12；存货分类：22；其他采用系统默认。

数据精度：采用系统默认。

2. 设置操作员及权限

操作员及权限如附表 B-1 所示。

附表 B-1　　　　　　　　　　　　　　　操作员及权限

操作员编号	操作员姓名	系统权限
LM	李明	账套主管

3. 系统启用

启用总账、应收款管理、应付款管理、固定资产管理和薪资管理系统，启用日期统一为 2018 年 1 月 1 日。

4. 基础档案

（1）部门档案如附表 B-2 所示。

附表 B-2　　　　　　　　　　　　　部门档案

部门编码	部门名称	部门编码	部门名称
01	总经理办公室	04	人力资源部
02	财务部	05	采购部
03	销售部	06	库房

（2）人员档案如附表 B-3 所示。

附表 B-3　　　　　　　　　　　　　人员档案

人员编号	人员姓名	性别	行政部门	人员类别	是否业务员
001	李杰	男	总经理办公室	在职人员	是
002	石芳	女	总经理办公室	在职人员	是
003	刘艳凤	女	财务部	在职人员	是
004	王旭明	男	财务部	在职人员	是
005	刘美然	女	销售部	在职人员	是
006	刘冕	女	销售部	在职人员	是
007	孙晓梅	女	销售部	在职人员	是
008	赵海	男	销售部	在职人员	是
009	崔国强	男	采购部	在职人员	是
010	刘甜甜	女	采购部	在职人员	是
011	周波	男	库房	在职人员	是

（3）供应商档案如附表 B-4 所示。

附表 B-4　　　　　　　　　　　　　　　供应商档案

编号	供应商名称	简称
001	北京神州数码科技公司	神州数码
002	华为网络设备公司	华为网络
003	3Com 网络设备公司	3Com

（4）客户档案如附表 B-5 所示。

附表 B-5　　　　　　　　　　　　　　　客户档案

编号	客户名称	简称
001	北京通四海网络科技公司	通四海网络
002	上海迅达信息公司	迅达信息
003	武汉惠达网络有限公司	武汉惠达
004	和讯网络信息公司	和讯网络
005	山东联拓公司	山东联拓

（5）结算方式如附表 B-6 所示。

附表 B-6　　　　　　　　　　　　　　　结算方式

编号	结算名称	是否票据结算
1	现金结算	否
2	现金支票	是
3	转账支票	是

（6）凭证类型设置。设置凭证类型为记账凭证，限制类型为无限制。

（7）存货分类如附表 B-7 所示。

附表 B-7　　　　　　　　　　　　　　　存货分类

存货分类编号	存货分类名称
01	网络设备
0101	路由器
0102	交换机
0103	防火墙
02	配件

（8）计量单位。计量单位组，01 无换算组；计量单位：01 台、02 支、03 部。

（9）存货档案如附表 B-8 所示。

附表 B-8　　　　　　　　　　　　　　　存货档案

存货编码	存货名称	单位	税率	存货属性
0101001	友讯 DLR-16 路由器	台	17%	内销、外销、外购
0101002	TP-LINK TL-16 路由器	台	17%	内销、外销、外购
0102001	中兴 ZXR10 交换机	台	17%	内销、外销、外购
0102002	腾达 S24 交换机	台	17%	内销、外销、外购
0103001	思科 K8 防火墙	台	17%	内销、外销、外购
0103002	锐捷 R450 防火墙	台	17%	内销、外销、外购
02001	UCS 功率放大器	部	17%	内销、外销、外购
02002	光纤分路器	支	17%	内销、外销、外购

5．各模块初始设置

（1）应收款管理系统，设置以下参数。应收款核销方式：按单据；坏账处理方式：应收账款余额百分比；其他参数为系统默认。

（2）应付款管理系统，确定以下设置。应付款核销方式：按单据；其他参数为系统默认。

（3）固定资产管理系统。

① 启用月份：2018.1；固定资产类别编码方式：2-1-1-2；固定资产编码方式：按"类别编码+序号"自动编码；已注销的卡片5年后删除；当月初已计提月份=可使用月份–1时，要求将剩余折旧全部提足。

② 用平均年限法二按月计提折旧；卡片序号长度为5。

6．会计科目及期初余额

2018年1月月初会计科目体系发生额及辅助核算账户期初余额如附表B-9所示。

附表 B-9　　　　　　　　　　　　会计科目及期初余额

科目名称	方向	辅助核算	期初余额
库存现金（1001）	借	现金账	47 000.00
银行存款—工商银行（100201）	借	现金账、银行账	890 000.00
银行存款—建设银行（100202）	借	现金账、银行账	
银行存款—建设银行—美元户（10020201）		现金账、银行账	
应收账款（1122）	借	客户往来	97 140.00
应收票据（1121）	借	客户往来	
预付账款（1123）	借	供应商往来	
原材料（1403）	借		620 388.00
库存商品（1405）	借		570 000.00
固定资产（1601）	借		491 700.00
累计折旧（1602）	贷		61 570.00
在建工程（1604）	借		500 000.00
短期借款（2001）	贷		85 458.00
应付票据（2201）	贷	供应商往来	
应付账款（2202）	贷	供应商往来	69 200.00
预收账款（2203）	贷	客户往来	
应交税费（2221）			
应交税费—应交增值税（222101）			
应交税费—应交增值税—进项税额（22210101）			
应交税费—应交增值税—销项税额（22210102）			
实收资本（4001）	贷		3 000 000.00

B.3　账套基础信息维护

1．操作员管理

新增操作员王静，编号WJ；拥有"公用目录设置""公共单据""应收款""应付款""总账""薪资管理""固定资产"中的所有权限。

2．基础档案设置

（1）账套主管李明修改账套。增加法定代表人：李然；有外币核算。

（2）设置会计科目。设置指定科目，指定"现金科目1001"，"银行科目1002"。

（3）定义外币。币符：\$；币名：美元；固定汇率；2018年1月记账汇率6.40，其他默认；会计科目100202（建设银行）下新增美元户科目（10020201），要求美元外币核算。

（4）设置本单位开户银行，如附表B-10所示。

附表 B-10		本单位开户银行		
编号	银行账号	开户银行/账户名称	币种	所属银行编码
B01	325433259132	工行中关村科技园支行	人民币	01 中国工商银行

（5）应收款管理系统初始设置。

基础科目设置：应收科目为1122，预收科目为2203，销售收入科目为6001；税金科目为22210102（应交税费—应交增值税—销项税额），其他暂时不设。

结算方式科目设置：现金（人民币）对应1001；其他人民币币种的结算方式均对应100201。

坏账准备设置：提取比例为2%，坏账准备期初余额为0，坏账准备科目为1231，对方科目为6701。

（6）应付款管理系统期初设置。

基础科目设置：应付科目为2202，预付科目为1123，采购科目为1405，税金科目为22210101（应交税费—应交增值税—进项税额），其他暂时不设。

结算方式科目设置：现金（人民币）对应1001，其他人民币结算方式均对应100201。

（7）固定资产选项设置。

设置固定资产、累计折旧入账科目：固定资产入账科目为"1601 固定资产"；累计折旧入账科目为"1602 累计折旧"；

业务发生后立即制单。

（8）会计科目的期初余额录入。

应收账款、应付账款期初余额：要求在应收款管理系统、应付款管理系统录入期初应收单或应付单，总账期初余额进行引入，如附表B-11和附表B-12所示。

附表 B-11	应收账款（1122）期初余额			
日期	客户名称	摘要	方向	余额
2017-08-05	和讯网络信息公司	往来期初引入	借	75 400.00
2017-11-24	山东联拓公司	往来期初引入	借	21 740.00

附表 B-12	应付账款（2202）期初余额			
日期	供应商名称	摘要	方向	余额
2017-1-12	华为网络设备公司	欠供应商款	贷	26 200.00
2017-11-23	北京神州数码产品有限公司	欠供应商款	贷	43 000.00

期初余额录入完毕后，请进行试算平衡。

B.4　日常业务处理

根据业务需要，自行选择相关产品模块进行操作；以下业务均由王静（WJ）操作完成。

（1）2018年1月1日，公司从工商银行提取现金21 000元作为备用金，现金支票票号为6488。

（2）2018年1月2日，财务现金支付本企业上月水费500元。

（3）2018年1月3日，由于企业使用外单位高新技术，所以需要每月在工商银行用现金支票（本月票号为5566）支付技术转让费6 800元，填写本月凭证，并生成常用凭证（代号001；说明即摘要），以便日后使用。

（4）2018年1月4日，销售部刘冕报销业务招待费680元，现金付讫。

（5）2018年1月5日，计提坏账准备金，在应收款管理系统中处理。

（6）2018年1月5日，石芳报销参加项目管理培训的培训费3 000元，在工商银行以现金支票支付，票号为3513。

（7）2018年1月6日，工商银行代发上月工资10 800元（现金支票，票号2867）。

（8）2018年1月7日，公司各个部门购买办公用品，发生金额分别为：总经理办公室1 800元；财务部520元；采购部1 200元；人力资源部1 800元；销售部1 500元；库房920元；财务现金付讫。

（9）2018年1月8日，采购部刘甜甜因去杭州考察，预借费用2 000元，以现金付讫（科目编号：122101，科目名称，单位个人，辅助核算：个人往来，需要新增科目）。

（10）2018年1月10日，采购部崔国强向华为网络采购TP-LINK TL-16路由器30台，单价3 800元；货已到库，采购发票已经收到，但财务部暂不能支付货款，录入采购专用发票，并生成相关应付凭证。

（11）2018年1月11日，采购部刘甜甜从供应商神州数码采购20台腾达S24交换机，原币单价3 200元，贷款未支付，刘甜甜将采购普通发票交给财务部门，财务部暂不支付货款，生成应付款凭证。

（12）2018年1月12日，销售部刘冕销售给和讯网络信息公司100部UCS功率放大器，含税单价650元，贷款未收，根据业务录入销售普通发票，生成应收款凭证。

（13）2018年1月14日，销售部赵海销售给北京通四海网络科技公司锐捷R450防火墙50台，含税单价1 100元；中兴ZXR10交换机20台，含税单价1 600元；货款暂未收到，根据业务录入销售专用发票，生成应收款凭证。

（14）2018年1月16日，采购部刘甜甜从3Con采购锐捷R450防火墙50台，原币单价1 800元；货已入库，货款1个月后付，根据业务录入采购专用发票，生成应付款凭证。

（15）2018年1月17日，财务部对1月11日采购神州数码20台腾达S24交换机进行全额付款，付款方式为在工商银行用现金支票支付，结算票号为008925，填写并审核付款单，生成相关财务凭证，并进行核销处理。

（16）2018年1月18日，销售部刘美然报销差旅费2 000元，现金付讫。

（17）2018年1月20日，财务部对1月10日采购华为网络30台TP-LINK TL-16路由器进行付款，付款方式为在工商银行用现金支票支付，结算票号为0135，填写并审核付款单，生成相关财务凭证，并进行核销处理。

（18）2018年1月22日，财务部收到北京通四海网络科技公司现金支票，货款50 000元，其他货款下月付清，填写收款单，生成收款凭证，并进行核销处理。

（19）2018年1月23日，销售部刘美然销售给上海迅达信息公司光纤分路器50支，含税单价120元，货款未收，根据业务录入销售专用发票，生成应收款凭证。

（20）2018年1月25日，由于山东联拓公司经营不善，已经倒闭，欠公司货款已无法追回，财务部做全额坏账发生业务处理，生成坏账发生业务凭证。

B.5　固定资产业务

2018年1月27日，根据提供的信息，由操作员王静（WJ）进行如下操作。

1．设置资产类别

资产类别如附表 B-13 所示。

附表 B-13　　　　　　　　　　　　　资产类别

编码	类别名称	净残值率	计提属性	折旧方法	卡片式样
01	生产用工器具	10	正常计提	平均年限法二	通用
02	非生产用工器具	10	正常计提	平均年限法二	通用

2．设置部门及对应折旧科目

根据附表 B-14 提供的信息，设置部门及对应折旧科目。

附表 B-14　　　　　　　　　　　部门及对应折旧科目

部门	对应折旧科目
总经理办公室	6602 "管理费用"
采购部	6602 "管理费用"
财务部	6602 "管理费用"
销售部	6601 "销售费用"
库房	6602 "管理费用"
人力资源部	6602 "管理费用"

3．设置增减方式的对应入账科目

根据附表 B-15 提供的信息，设置增减方式的对应入账科目。

附表 B-15　　　　　　　　　　　　增减方式

增减方式目录	对应入账科目
增加方式：直接购入	100201 "银行存款—工商银行"
减少方式：报废	1606 "固定资产清理"

4．录入固定资产原始卡片

根据附表 B-16 中所提供的资料，录入 2018 年 1 月的固定资产原始卡片。

附表 B-16　　　　　　　　　　　　固定资产原始卡片

编号	固定资产的名称	类别编号	所在部门（存放地点）	增加方式	使用年限（月）	开始使用日期	原值	12月份止累计折旧
001	网络信号放大器	01	除库房外，5个部门平均使用	直接购入	960	2012-10-11	355 080	22 010
002	信号测试仪	01	库房	直接购入	120	2015-6-22	32 400	14 700
003	网络测试器	01	库房	直接购入	96	2017-8-9	31 000	8 900
004	无线基站	01	采购部	直接购入	60	2016-1-12	43 000	9 800
005	办公用计算机	02	人力资源部	直接购入	60	2016-5-11	9 220	2 330
006	复印机	02	总经理办公室	直接购入	72	2015-6-13	21 000	3 830
合计							491 700	61 570

资产存放地点均为本部门内部，使用状况均为在用；录入完原始卡片，进行固定资产期初对账。

5．固定资产日常业务

（1）2018年1月27日，销售部购入办公用固定资产：光纤熔接器一台，使用年限5年，净残值率10%；存放在办公室，价值21 800元，工商银行现金支票支付，票号45891；生成资产购入凭证。

（2）2018年1月27日，计提1月份折旧，生成折旧凭证。

（3）2018年1月27日，在卡片管理中，设置卡片列头编辑，要求显示卡片编号、固定资产名称、使用部门、原值、累计折旧、净残值，另存为"固定资产明细表.xls"保存在文件夹"D:/班级名/姓名+学号/"中。

（4）固定资产模块月末结账。

B.6　薪资管理业务

2018年1月28日，由操作员王静（WJ）处理薪资业务。

（1）个人所得税按"应发合计"扣除"3 500"元后计税。

（2）参照设置工资项目：基本工资、岗位工资、奖金、迟到次数、迟到扣款。

（3）公司规定，迟到一次扣款25元，请设置迟到扣款公式。

（4）参照附表B-17所示的工资信息，录入工资变动数据。

附表 B-17　　　　　　　　　　　　　　　　工资变动数据

人员编号	姓名	部门	人员类别	基本工资	岗位工资	奖金	迟到次数
001	李杰	总经理办公室	在职人员	5 000.00	1 200.00	1 000.00	
002	石方	总经理办公室	在职人员	5 000.00	1 200.00	1 500.00	1
003	刘艳凤	财务部	在职人员	3 000.00	1 200.00	1 700.00	
004	王旭明	财务部	在职人员	3 000.00	1 200.00	1 500.00	2
005	刘美然	销售部	在职人员	2 500.00	1 200.00	3 200.00	2
006	刘冕	销售部	在职人员	2 500.00	1 200.00	3 500.00	

（5）以应发工资14%计提本企业福利费，生成相关计提费用凭证。

B.7　月末处理及报表生成

（1）2018年1月31日，由操作员李明对所有业务凭证进行审核、记账的业务处理。

（2）2018年1月31日，由操作员王静设置期间损益结转并结转本年利润，收入、支出类各生成一张凭证，并由李明对生成的凭证进行审核、记账的操作。

（3）所有业务模块结账：薪资管理系统、固定资产管理系统、应收款管理系统、应付款管理系统、总账模块结账。

（4）2018年1月31日，操作员李明在UFO报表中，利用报表模板编制1月份资产负债表、利润表，分别命名为"1月资产负债表.rep""1月利润表.rep"保存在"D:/班级名/姓名+学号/"中。

参 考 文 献

[1] 朱丽，何干君，黄进龙. 用友 ERP 财务管理系统项目化实训教程[M]. 北京：人民邮电出版社，2013.

[2] 汪刚，沈银萱. 会计信息系统[M]. 北京：高等教育出版社，2012.

[3] 牛永芹，刘大斌，杨琴. ERP 财务管理系统实训教程（第 2 版）[M]. 北京：高等教育出版社，2017.

[4] 王剑盛. 会计信息化[M]. 大连：东北财经大学出版社，2017.